ピアジェの構成主義と教育

Piaget's Theory of Constructivism and Childhood Education

ピアジェが私たちに投げかけたもの

竹内通夫

Michio Takeuchi

ARM
あるむ

まえがき

一九八〇年九月十六日、二十世紀最大の心理学者といわれたピアジェは、十日間ばかり床についたのち卒然と世を去った。

世界各国の新聞・雑誌は、その逝去を哀しみ、追悼の意を表した。アメリカの『タイム』誌は、「もしノーベル賞に心理学部門があったら、彼はまちがいなく受賞したであろう」とのべた。

今日、ピアジェの名は、私たちにとって比較的近いところにあるといってよいであろうか。

彼は、発達心理学者と称されることが多いが、彼自身は認識論の研究者と考えていた。

その関心領域は、心理学、生物学、哲学、教育学、社会学、論理学、物理学、数学、科学思想史等にまで及んでおり、その守備範囲の広さと著作の量は、六十年以上に及ぶ研究生活の中で七十冊もあり、年平均一冊以上の数である。その他、厖大な量の論文がある。(1)

著作数、論文数のこの厖大な執筆量は、常識の範囲をはるかに超えており、起きている間は常に執筆していたのではないかと思わせる質と量である。

その上彼は、各国で学会のシンポジウムや講演を行い、若き日には、ジュネーヴの国際教育局局長を務め、後年は、「国際発生的認識論センター」を創設し、その所長の責務も果たしていた。

子どもの認識の研究に関する一九二三年の最初の著作以来、多くの批判にさらされつつも、今日、彼の理論が注視されるのは、問題提起の新しさであり、今日なおわれわれが、乗り越えられない課題を提出したからであると考えられる。その点で、ピアジェはすでに古典である。そして、忘れられた古典ではなく、なお新鮮さを失わない古典であるといってもよいのではないであろうか。

その研究内容を厖大な数の著作と論文に書き著したのは、彼の中に、単なる研究者としての使命だけでなく、沸きあがってくる何か抑え難い「魔物」(Demon)が存在し、その「デーモン」と生涯、闘い続けたのではないかと思われる。

ピアジェは認識論の研究者として、子どもの認識の発達の研究に生涯を捧げた。

今回、私が本書でとりあげた内容は、子どもの認識の発達と教育に関する問題である。ピアジェの思想の根底にある前述の社会科学、自然科学等の理解は、私には、及ぶべくもなく、どこまでピアジェの心理学的研究を掘り下げることができたか、甚だ心許無い。

ピアジェは、「子どもが認識のあるレベルから、どのように次のレベルへ移っていくか」を発達段階論と発達要因論で明らかにした。

したがって、そこから明らかにされるのは「認識を教え、発達を急がせたり、段階を早めたりすることではなく、子どもの自発活動を高め、各々の発達段階のプロセスをより充実させる」ことであるとのべている。

つまり、直接何かを教え、理解させるという「直接教育」ではなく、「間接教育」あるいは「消極的教育」(ルソー)こそが、結局は発達をより高めることになるという考えであった。

ピアジェは、教育の方法として「活動的教育法」(「能動的教育法」Les méthods actives)を提唱したが、この子どもの自発性を重視する方法こそ、彼が生物学から学んだ「同化」と「調節」というキー・ワードで、子どもの認識の方法を解明しようとした教育学的表現であったと思われる。

注

（1）ピアジェの生涯にわたる著作（単行本）数は七十冊、論文数は、二九八編である。十一歳で、ツバメに関する論文や貝類の研究論文を専門誌に発表している。

単行本に寄稿した論文（章の担当）一四九編その他、ジュネーヴにあった「国際教育局」(BIE, Bureau international d'éducation) の局長時代のものが五四編、ピアジェ自らが設立した「国際発生的認識論センター」(Études d'épistémologie génétique) の「研究紀要」に発表したものが三二編ある。総計で、著作を除いて、実に五三三編である。（典拠 Fondation Archives Jean Piaget URL: www.fondationjeanpiaget.ch/fjp/site/bienvenue/index.php)

ピアジェの構成主義……目次

1970年来日の折　大阪にて

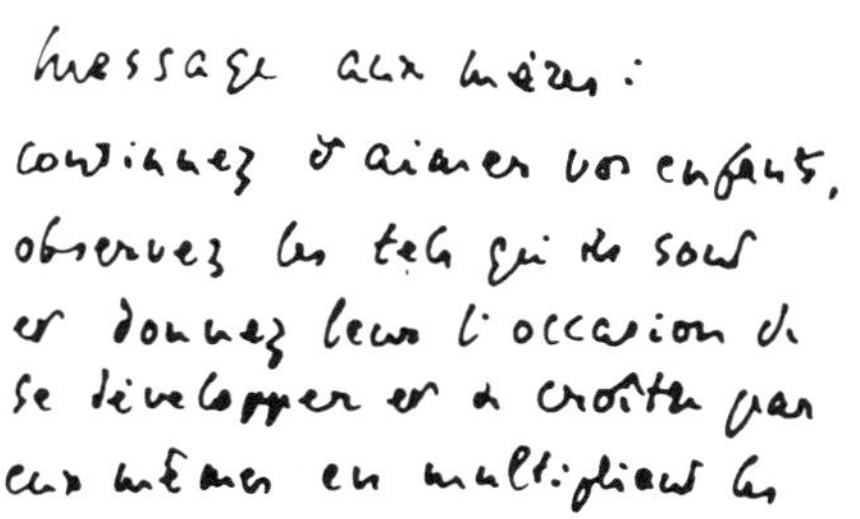

message aux mères :
continuez d'aimer vos enfants,
observez les tels qu'ils sont
et donnez leur l'occasion de
se développer et de croître par
eux mêmes en multipliant les
occasions d'activités spontanées.
J. Piaget

来日の折のピアジェからのメッセージ
（邦訳は次ページ）

ピアジェが色紙に残したメッセージ――

あなたたちの子どもらを、たえず愛しつづけなさい。

そして、子どもたちが、ありのままの姿でみてもらえるように祈ります。

また、子どもたちが自分の力で発達し自分自身で成長してゆく機会を与えてやってください。

それには、おかあさんたちが〔もちろん先生たちも〕、子どもらに、自発的な活動をじゅうぶんに発揮できるよう心がけてあげることがたいせつなのです。

第五章　ピアジェをめぐる人々（II）――ピアジェとデューイと上田薫――……133

第一章　ピアジェの発生的認識論と構成主義

愛用のパイプを片手に執筆中のピアジェ

第一節　ピアジェの生涯とその研究テーマ

ピアジェは、「自伝」の中で、自らの生涯を七つの時期に区分している。[1]
以下、おおよそ、それをもとに生涯とその思想を概観してみよう。

(1)　一八九六－一九一四年

ピアジェ（Piaget, Jean 1896–1980）は、一八九六年、スイスのヌーシャテルで生まれた。父は、歴史学者、母は熱心なプロテスタントであった。幼少時から生物学に関心をもっていたといわれ、十一歳で論文を発表し、十五歳の時に軟体動物に関する研究が国際的学術雑誌に発表されるほどの学才をそなえていた。その後、ヌーシャテル大学理学部へ進学した。若き日の軟体動物に関する適応の研究が、彼の後年の理論の基礎を与えるものとなった。

さらに、ベルグソン（Bergson, H.）の哲学に影響を受け、人間の認識の生物学的解明に一生を捧げようと決意するまでになった。

(2)　一九一四－一九一八年

十八歳になってバカロレア（大学入学資格試験）を受けた。

健康をそこねて山で一年間すごすことになった。その折に、哲学小説といわれる『探究』(*Recherche*)を書き上げた。

ベルグソンのショックはあったが、結局、「実験的基礎を欠いたような」印象を受けたとのべている。そして、「生物学と認識分析との中間には何かが必要だ。その何かは哲学ではない」。まさに、それは「心理学」ではないかと考えた。

そして、手当たり次第、哲学、心理学の本を読み始めた。カント、スペンサー、コント、デュルケーム、ギョー、心理学では、ジェームス、リボー、ジャネなどであった。

ピアジェは、青年期(十五―二十歳)にかかえていた精神的危機――母親の神経質な性格と青年期特有の知的生産的興味を乗り越えられたのは、少年の頃の動物学との接触によって獲得した精神の習慣のおかげだとのべている。

ピアジェは、自らの関心あるテーマについて次のように考えた。

生のあらゆる領域(有機体、精神、社会)においていつも全体が存在する。それは部分とは質的に異なるものである。部分に対して体制を強制するものである。したがって個々バラバラの孤立した「要素」というものは存在しない。要素的現実は必ず全体に依存しており、全体は要素に浸透している。

ピアジェは十代の時には、「全体」と「部分」をこのように考えたとのべている。

十代で、その後の生涯にわたる研究テーマを決定したということは、その能力と洞察力と創造力のすべてをもっていたということであり、同時に恐るべき驚異である。

(3)　一九一八―一九二一年

バカロレアの試験に合格して、ヌーシャテル大学の理学部に入学を許可された。そして、自然科学の理学士（リサンス）を取ることができ、一九一八年には、軟体動物の論文で理学博士の学位を請求することができるようになった。（一九七六年に、ピアジェは、自らが教えたジュネーヴ大学に、心理学の学位論文として認知構造の平衡に関する本を提出したかったのだが、大学当局は、彼の研究が一つの専門に収まらないという理由で拒否したというエピソードが残されている。）

ピアジェは、理学部で動物学、発生学、地質学、植物学、数学の講義を積極的に聴いた。しかし、大学には、心理学実験室がなかった。

シモン（Simon, T.）の下で、心理テストの標準化の仕事に従事する過程で、子どもの認識の発達に強い関心を抱くようになった。ピアジェが調べたのは、子どもの正答ではなく、まちがった答えの背後にある推理の過程を明らかにしようとすることであった。彼は、のべている。

　おどろいたことに、部分をまとめて全体をつくるとか、いくつかの関係をひとつに統合するとか、二つの全体の共通部分を発見するとかいった、ごく簡単な推理の問題が、十一、二歳までの正常児にとっては、大人には意外なほど、むずかしいものであることがわかった。

シモン博士の実験室で「論理というものは、決して、生得的なものではなく、少しずつ発達していくものだ。」ということを学んだ。

そして、一九二一年、弱冠二十五歳で、ジュネーヴ大学の発達心理学の権威クラパレード（Claparede, E.）に認められて、ジュネーヴのジャン・ジャック・ルソー研究所の主任研究員となり、認識論の研究に専念できるようになった。

その結果、後にピアジェの名を不朽のものとした子どもの認識発達の一連の業績を公刊した。

『子どもの言語と思考』（*Le langage et la pensée chez l'enfant*, 1923）
（本書で、ピアジェは、子どもの思考の特色として「自己中心性」をあげたが、これが内外に大きな反響をよんだ。）
『子どもの判断と推理』（*Le jugement et le raisonnement chez l'enfant*, 1924）
『子どもの世界観』（*La représentation du monde chez l'enfant*, 1926）
『子どもの物理的因果』（*La causalité physique chez l'enfant*, 1927）
『子どもの道徳観』（*Le jugement moral chez l'enfant*, 1932）
『子どもの知能の誕生』（*La naissance de l'intelligence chez l'enfant*, 1936）
『子どもの現実構成』（*La construction du réel chez l'enfant*, 1937）

第二次大戦前に主要な著作七冊を刊行し、戦後もそれ以上に精力的に活動を続け、独自の発達論を展開したのである。

(4)　一九二一－一九二五年
ピアジェが心理学的および生物学的認識論の研究のために、ルソー研究所附属「子どもの家」（La Maison des Petits）でのデータをもとにまとめたのが初期五冊の著作である。

ところが、予期に反して、これらの本は、予備的なものと受けとられることなく、これらのテーマについての、私の最終の決定的学説であると読まれてしまい、そのようにして論ぜられることになった。賛否、相反する論争が巻き起こった。ピアジェは、各国から招待講演を受けた。(仏、ベルギー、オランダ、イギリス、アメリカ、スペイン、ポーランドなど)

ピアジェが考えるに、彼の研究には二つの欠陥があったとのべている。

一つは、研究が言語およびはっきり言い表された思考に限られていたことである。知的環境の発生を完全に理解するには、赤ん坊が物を扱い、物に対して体験するありさまを考慮しなくてはならないわけで、「言語のやりとりに基礎をおいても研究をする前に、行動の図式の研究」がなければならないことであった。

第二は、論理的操作の全体構造が理解できていなかったことである。

(5)　一九二五－一九二九年

この頃からピアジェは、研究と国際的活動と両方に多忙となった。

ジュネーヴ大学の理学部で児童心理学を教え、文学部で児童心理学、科学哲学、社会科学研究所で社会学の講義をもち、ルソー研究所での児童心理学教授も務めていた。「人間は教わるよりも、教えることで学ぶもの」との思いから、自分の認識論研究に役立つと考えた。一九二五年に長女が生まれ、そして、次女と、一九三一年に長男が生まれ、妻の助力を得て赤ん坊たちの行動観察をして、その結果は、新しい三冊の本となった(『知能の誕生』一九三七年)他。

この研究の成果は、「知的操作は、言語の出現する以前に感覚運動的活動の形で準備され始められているということを、なんとしても疑い得ない形でつかむことができたことである。」とのべている。

この時期に、イネルデ(Inhelder, Bärbel)やシェミンスカ(Szeminska, Alina)女史の協力を得て、「量の保存」

や乳児の「事物の永続性」の研究成果が得られたことも大きな成果である。

また、ヌーシャテル大学を去る前に、軟体動物の研究に終止符をうった。ピアジェの中心課題であった遺伝構造と環境との関係の解明は、認識論の中心問題であったからである。ピアジェは、モノアラ貝の自然環境に棲息している八万個の個体と、人工移植した数千の個体を観察した生物学の経験から得たものは、「精神生活をすべて成熟だけで説明してはならない」ということであった。

(6) 一九二九－一九三九年――教育学者ピアジェの誕生――

一九二九年（ピアジェ三十三歳）、「わたしは無分別にも、国際教育局（Bureau international d'éducation）の局長の役を引きうけた。」とのべているが、多忙な中で引きうけたのは、この機関は政府間の国際協力機関であるので、うまく運営すれば、教授方法を改善し、児童心理学にもっと適合した教育技術を政府が公式に採用する気運をつくりだすことができるだろうと考えたからであった。

当初は、加盟国が少なかったが、数年後に三十五から四十五の国が加盟し、今日では、ユネスコの傘下に置かれている。

第二次大戦中も、国際教育局は活動をやめることなく活動し、ユネスコの傘下に入るための努力、スイスのユネスコ国内委員会会長、各国における会議での草案作成、講演を行い、ユネスコが「子どもの教育の権利」のパンフレットの編集にも携った。（後出、ピアジェの教育論参照）

そして、ユネスコの事務局次長就任依頼に対し、「国際的な仕事と自分の未完成な科学的研究の魅力とどちらを選ぶか、私は全く当惑」しつつも、ユネスコ執行評議会評議員を引きうけたのである。

このように、研究者としては、苦手で時間をとられるマネージメントの仕事もピアジェは積極的に引きうけたのである。

ピアジェは、精力的に研究を続け、「科学的認識の研究」、イネルデとシェミンスカ両女史との共同研究を続け、「数の発達」「量の発達」「空間・時間概念」の研究や、「具体的操作」の研究で、四歳から八歳の子どもは、全体と部分がどうなっているかを、「一対一対応」等の課題で解明した結果、「論理的操作と数学的操作とは、子どもにおいて別々に形成されるものではなく、相互に関連して発達するものである」ことが解明できた。

(7)　一九三九－一九五〇年

自伝は、一九五〇年で終っている。

一九三九年に第二次世界大戦が始まったが、「なぜ、ヒットラーがスイスを侵略しなかったかはナゾである」とピアジェはのべている。

ジュネーヴ大学では理学部で「社会思想史」の講座をもっていたが、「社会学」ももつことになる。そして、一九四〇年には、実験心理学の講座ももつことになった。

教育関係の仕事は、前述のように精力的に続け、国際教育局、ユネスコ関係で、ピアジェが発表した論文、講演原稿、冊子、パンフレット類への寄稿論文は、大浜の研究によれば、一九二一年から一九八〇年に亡くなるまでに実に七四本になるという。[2] 驚くべき数であり、ピアジェの多才な能力が発揮されたことをもの語る量である。

注

（1）ピアジェ『ピアジェ』（波多野完治訳）、C・マーチンソン他監修『現代心理学の系譜II――その人と学説』岩崎学術出版社、一九七五年、所収。
ピアジェ「自伝」、R・エヴァンス編『ピアジェとの対話』（宇津木保訳）、誠信書房、一九七五年、一六九頁。

（2）大浜幾久子「ピアジェと教育」『駒澤大学教育学研究論集』第十六号、二〇〇〇年。

第二節　科学的認識論の確立に向かって

ピアジェは、一九五五年には、ジュネーヴ大学に、「国際発生的認識論研究センター」（Le Centre International d'Épistémologie Génétique）を発足させ、心理学はもとより、その幅広い研究内容は生物学、社会学、哲学、論理学、科学思想史にまで及んでいる。

しかし、ピアジェは、子どもの心理的発達には関心があるが、教育については関心をもちつつも、主要な研究領域ではなかった。

たしかに、子どもの教育に関する著作は、二冊しか公刊されていない。

それは、次の二冊である。

『教育学と心理学』（邦訳、一九七五年、原題 *Psychologie et Pédagogie*, 1969）

『教育の未来』（邦訳、一九八二年、原題 *Où va l'éducation*, 1948）

『ワロン・ピアジェの教育論』（邦訳、一九六三年）

『ピアジェの教育学』（邦訳、二〇〇五年）

後の二冊は、邦訳の段階で、教育に関する論文を集めたもの。近年、フランスでピアジェの教育論文を集めたものが刊行されている（資料編参照）。

しかし、ピアジェは、長年の研究から、子どもが自ら活動した時にのみ、外界から学ぶという考えにもとづ

き、子どもの自発的活動を重視した「活動教育法」を展開している。（後出）

彼は、子どもの教育や教育を受ける権利に関心をもち、第一次大戦後にできた国際新教育連盟に一員として参加し、またユネスコの国際教育局長として、広く公教育の発展に尽くした。

彼は、自らの発達論を「合理主義」(rationalisme)でも「経験主義」(empirisme)でもなく、「構成主義」(constructivisme)と名付けている。(1)

ピアジェが発生的認識論について学際的な研究領域(interdisciplinary approach)として取り組みはじめたのは、「哲学」をはなれ、「科学」の研究が認識論研究には、必要と感じはじめたからである。

彼は、「わたしは何故哲学に進まなかったか」について、その著『哲学の知恵と幻想』(一九六五)の中で次のようにのべている。(2)ここに、ピアジェの心情が吐露されているので、やや長いが引用してみたい。

第一は、生物学者と心理学者特有の立証の習慣は、たえずわたしを誘惑したが次第に検証不能だということがわかってきた思弁的反省との葛藤の結果である。思弁的反省は、たしかに、すべての研究への発見的導入として、実り豊かであり、不可欠でさえあるが、仮説を構成することしかできないのであって、立証を試みない限り、真理の基準は、直観的満足の形や「明記」(évidence)の形などのもとで、主観的なものにとどまり得るにすぎない。

第二に、哲学の流れが、社会的変化や政治的変化に対してさえも、おどろくべきほど、依存しているということである。

第一次大戦後（次に、第二次大戦後にはいっそう）ヨーロッパを支配していた社会的・政治的不安定性の、思想運動に対する影響に、痛切なおどろきを感じたのである。わたくしは、このことによって、当然、こういう条件の中でとらえられる哲学的立場の客観的・普遍的価値を疑うようになった。

第三は、わたくしは、実験（臨床法による子ども観察——引用者）をやりはじめていたし、そのとき以来、たえず、実験をしてきた。そして、科学的心理学の普遍的な動きと自分との緊密な関係をわたくしが意識するに至ったのはひとえに実験のおかげである。じっさい、わたくしは、あらゆる水準の哲学者と交流した。彼らは、わたくしの規範を哲学一般の規範に従属させようとしていたのであった。

心理学は、認識の法則にしたがう特殊な科学であり、哲学は、あらゆる科学および認識の一般法則の基礎の科学である。

ピアジェの理想は、科学的認識論、つまり、発生的認識論を科学として体系化することであった。それは、ソクラテス、プラトンから、カント、ヘーゲル、フッサール、ジャネ、ビネー、シモン、ベルグソン、クラパレード、その他多くの哲学、精神医学、生物学、心理学、数学、物理学、論理学に学び、アインシュタインに「保存」(conservation) や時間の問題について尋ねた末にたどりついた結論であった。

注

(1) 下中邦彦編『哲学事典』平凡社、一九七一年、四六九頁。

「構成主義」〈英〉constructivism,〈独〉konstruktivismus,〈仏〉constructivisme）という語は、元々、ロシアにおいて、ロシア革命（一九一七年）前後にあらわれた抽象的芸術運動を称したもので絵画における純粋な感情と知覚の絶対性を主張し、絵画の純粋幾何学的構成の先駆となったものである。構成主義は芸術活動を新しい社会目的に用いようとするもので、そのダイナミックな構成は、舞台美術、印刷物、ポスター建築などの産業美術の分野で実を結んだとされている。

構成主義は第二次大戦後、一九六〇年代の英米諸国において、社会学における新しい発想として抬頭してきたといわれるが、今日、「社会構成主義」という分野の研究も開拓されつつあり、逆に定義や解釈も多様化し、曖昧になっているのが現状といえよう。「構成主義」は、constructionism と costructivism の訳語であるが、現在、その両方を「構成主義」と訳するもの、前者を「構築主義」、後者を「構成主義」と訳し分ける論者もいて、紛らわしく多様に使われているのが現状である。

近年の社会構成主義に関するものでは、次のようなものがある。

○中河伸俊他『社会構築主義のスペクトラム』ナカニシヤ出版、二〇〇一年。

○赤川学『構築主義を再構築する』勁草書房、二〇〇六年。

○平英美他編『新版構築主義の社会学』世界思想社、二〇〇六年。

○中河伸俊他編『方法として構築主義』勁草書房、二〇一三年。

（2）ピアジェ『哲学の知恵と幻想』（滝沢武久・岸田秀訳）、みすず書房、一九七一年、一七―四一頁。要約。

第三節　ピアジェの発達理論

一　発生的認識論

では、ピアジェは、発生的認識論と構成主義をどのように考えていたのであろうか。

ピアジェは、生涯にわたって研究成果を続々と発表しつづけ、その膨大な量で私たちを圧倒する。しかも、彼の理論の難解さが、その理解を妨げている。（これについては、いくつかのピアジェ批判と共に後述することにする。）しかし、先ずは、彼の認識論から始めることにしよう。

ピアジェが、自らの認識論を「発生的認識論」として学問的に体系づけたが、その内容は、次のようなものである。

「発生的認識論とは、特に科学的知識を、その歴史、社会発生、そしてとりわけその知識の基礎である諸概念と諸操作の心理的起源に基づいて説明しようとするもの」である[1]。言いかえれば、「発生的認識論（épistémologie génétique）とは、知識がつくられてゆく過程と知識のもつ意味について研究する学問で、人間の心が知識のより低いレベルから、より高いレベルに変わってゆく方法論を研究する学問である」と定義づけている[2]。そして、その知識の過程を研究する心理学者の役割について、次のようにのべている。

心理学者の役割は、どんな知識がより高い知識であり、どんな知識がより低い知識であるかを決定することでなく、知識があるレベルから、他のレベルに移ってゆく仕方を説明することである。この移り変わりの性質は、事実に関する問題であって、歴史的にあるいは心理学的に、時には生物学的に考察される問題である[3]。

ピアジェは、子どもの発達を研究するに際し、認識論的アプローチと発生的心理学アプローチをとる。このアプローチは、発生的視点をもつと同時に構造的視点をあわせもっている。

この「発生と構造」概念は、ピアジェ認識論の一つの大きなカギであるが、両者の総合的性格として、すべての構造は一つの発生をもち、すべての発生は構造をもつと考えている。

ピアジェの考える構造は、三つの体系から成り立っている[4]。

1、全体性——独立した要素から全体が構成される。構造は要素から成るが、要素は体系をつくっている法則にしたがっている。

2、変換性——個々の要素が変化しても変換システムが働き本質は変化しない。これは、数学的〈群〉から親族関係を支配する構造にあてはまる。

3、自己制御——構造の保存と閉鎖性をもつ。新しい要素の増加にもかかわらず境界の安定性を伴う保存が構造を支えている。

新しい構造——これが次々に仕上げられていくことは発生と歴史によって示されている。可能性のイデアの世界の中にも、主体の中にもあらかじめつくられていないということは、とりもなおさず、それらの歴史的・発生的構造が実に構成的であることを示しているのである。

次に、この逆の例として、「構造なき発生主義」と、「発生なき構造主義」をあげる。(5)

「構造なき発生主義」として、

ラマルキズム（生物学）

連合主義（心理学）

「発生なき構造主義」として、

前成説（生物学）

現象学・合理主義（哲学）

ゲシュタルト学説（心理学）

をあげ、ピアジェは、この両者を批判する。

「構造なき発生主義」である連合主義学説は、生物を学習や外部の影響や練習や経験によってたえず変えられる可塑的なものだと考えているが、そうではない。あるいは、「発生なき構造主義」である前成説のように、ある種の不変な構造によって内部から決定されているものではない。また、ゲシュタルト心理学のいうように構造は不変であって発達とは無関係なものでもない。

以上の批判に立って、ピアジェは、発生と構造の関係についてのべている。

すべての発生は、ある構造から出発し、ほかの構造に達する。すべての構造は、一つの発生をもつ。

ピアジェは、構造を一つのシステムとしてとらえ、全体性の法則や特性を示すものとしているが、それを論理数学的構造と心理学構造に分類する。

> 論理数学的構造のようなおとなの思考のなかでもっとも必要な構造でさえも、子どもでは生得的ではないということです。この構造は、次第につくりあげられていきます。(例、推移律の構造)同様に生得的な構造は存在せず、すべての構造は、構成を前提にしています。これらすべての構成は、次第に以前の構造へとさかのぼり、その構造は(中略)最後には生物学の問題にかえるのであります。要するに発生と構造とは不可分であります[6]。

以上が、ピアジェのいう発生的構造主義(genetic structuralism)である。このような考え方にもとづく認識の発達的研究がピアジェ理論の根底にある。

ピアジェの構成主義は、「臨床法」という精神医学の方法を応用した独特の方法で、少数の子どもを観察し、言語や行動を記録するという「個体発生的研究」(ontogenetic study)により認識の構造をとらえようとしたものである。

さらに、その構造の発達が普遍的な発達の段階を経るという「系統発生的研究」(phylogenetic study)をも含む壮大なものを構想していたのである。

「比較文化的研究」(cross-cultural study)では、文化の相違による発達の特殊性が強調されるが、ピアジェは、むしろ生物学的規定性を重視し、発達に対する社会的環境の影響を認めつつも、発達は、内的秩序の展開であると考えた。

二　発達段階論

ピアジェは、以上のような認識論的基礎にたって、人間の精神発達を次の四つの段階に分けている。(7)

(1)　感覚運動的知能段階（出生から二歳頃まで）
(2)　前操作的知能段階（二〜七・八歳頃）
(3)　具体的操作段階（七・八歳〜十一・十二歳頃）
(4)　形式的操作段階（十一・十二歳〜十五・十六歳で完成）

では、その具体的内容は、どのようなものであろうか。

(1)　感覚運動的知能段階（仏 Les niveaux sensori-moteurs　英 sensorimotor intelligence）

ピアジェのいう発達の第一段階で、年齢的にはだいたい誕生から二歳頃までとされる。乳児は、ことばを話し出す前に、知的な行動をとることができる。この段階では、対象への働きかけを感覚と身体運動によって行い、次第に意図的に働きかけるようになる（オモチャを動かすと音がすることを知り、それを喜んで何回も行う）。最初は対象の永続性（シェム）をもたないが、徐々に形成される。この結果、感覚運動的空間、時間の連続性、初歩的な感覚運動的因果性が構成される。

ピアジェは、感覚運動的段階を六つの段階に分けている。

①　生得的な反射運動（〇〜一カ月）原始反射運動（吸啜、把握、モロー反射、バビンスキ反射、眼・頭・身

体・腕の運動）――感覚と運動の二つのプロセスの相互作用、自発的かつ反射的である。

② 第一次循環反応（一～四カ月）何か好ましい結果を導いた行動がくり返される（例、指しゃぶりの習慣化）。

③ 第二次循環反応（四～十カ月）偶然に獲得された能力と習慣から、意図的知的行動への移行（例、ひもを引っぱる、オモチャを引きよせる）。

④ 獲得された行動シェマと新しい状況への応用（十～十二カ月）意志的行動の出現の時期（例、人形の腕を伸ばし、とり、見て、振り、たたいたりする）。

⑤ 第三次循環反応（十二～十八カ月）対象の永続性の確立の時期で、能動的実験による新しいシェマを発見する（例、ボールをとって投げ、椅子のかげにかくれて見えなくても、追いかけてゆく）。

⑥ 感覚運動的段階から表象機能があらわれる（ジェスチュア、描写、イメージ、言語等によって、知的活動を拡大）。

(2) 前操作的知能段階（仏 le stade de la pensée préopératoire　英 preoperational stage）

ピアジェのいう発達の第二段階で、年齢的には、二歳～七歳頃とされる。この段階では、言語や象徴機能があらわれる。すなわち、行動の内面化が始まり、イメージや象徴（遊び）によって、思考や表象することができるようになる。しかし、まだアニミズム的な「自己中心的思考」が支配的で、可逆的操作はできず「保存」は成立していない。ピアジェは、この段階を二つにわけている。

① 前概念的思考の段階（二～四歳頃）――紙をヒコーキにしたり、棒切れを刀の代わりにして象徴遊びをする。しかし、論理概念の形成の基本になる〈一つ、いくつか、すべて〉のような概念は、まだ、完全にはできあがっていない。

②　直観的思考の段階（四～七歳頃）――表象の手助けによって内面的に実験できる段階であるが、思考が知覚や状況に左右されやすく、単純な量の「保存」の課題も一面的な見方しかできず、わからないことがある。つまり、思考の非可逆性が特徴であるが、この直観的――象徴的思考の段階は、感覚運動的段階に比較して、子どもの活動の内面化という点で著しい進歩を示している。

ところで、この前操作的段階にみられる「自己中心性」概念は、ピアジェ理論の核ともいうべきものであるが、それについて、次にようにのべている。

自己中心性（egocentrisme）とは幼児の思考が、状況に左右されて、対象を客観的にみることができず、一面的な見方しかできないこと、つまり、「精神の一方向性」をいう。ピアジェは、自己中心性について、量や数の「保存」に関する実験（例、二つの同じ大きさの容器に各々同量の水を入れ、一方を底面積が狭く、高さの高い容器にうつしかえて、二つを比較して、量の不変を確認する）をおこなっている。

幼児は、一つの側面にだけ注意して集中して、他の側面を無視している段階から、徐々に客観的認識ができるようになる。これを「脱中心化」（décentration）という。「自己中心性」の概念は、ピアジェにとっては、社会的、道徳的領域や自己意識の領域外の「知的自己中心性」であり、「自己中心的思考」である。その代表的なものとして、ピアジェは三つあげている。

①　アニミズム（animism　汎心論）。これは、すべてのものには、生命が宿るとする考え方で、たとえば、木や石にも魂があるとするものである（客観の主観化）。

②　リアリズム（realism　実念論）は、自分が考えたものは、すべて実在する。例、夢は枕の中に存在する（主観の客観化）。

③　アーティフィシャリズム（artificialism　人工論）。すべてのものは、人間がつくったと考える。（太陽や月

は人間がつくったとする人工論―客観の主観化)。

この自己中心的思考は、自閉的思考と社会的思考との中間に位置するものとされる。言語については、「自己中心的言語」があるが、これには、「反復」(幼児は話すことの楽しみのために言葉をくり返す)、「独語」(声を出して、あたかも考えていたかのように自分自身に話す)、「集団的独語」(反復や独語をしつつ、自分の行動や思考に興味をもつが、他人の立場を全く考慮にいれず、第三者は、ただ刺激としてのみ存在している)の三つがあり、各々の過程を経て、徐々に「社会的言語」を獲得してゆく。ピアジェは、この「自己中心性」を次の公式により、係数的に測定できるとしている。

$$自己中心性係数 = \frac{自己中心性言語}{自発的言語}$$

(注:自発的言語とは、自己中心性言語(反復・独語・集団的独語の三つ)と適応的報告、批判・嘲笑、命令・要求・威嚇、質問の合計七つ)

自己中心性は、感覚運動期、前操作的知能段階の過程で、徐々に、主観(自己)と客観(外界)の未分化な状態から、論理的思考の段階に入り「脱中心化」してゆくのである。幼児は、集団生活の中で、遊びを通じて、第三者の視点でものをみることができるようになる。その意味で、社会性を養うことが幼児の発達にとって、きわめて大切である。

「保存」が成立し、徐々に「自己中心性」を脱してゆくには、三つの条件が必要である。前ページの「水の量の実験」を例にとると、

① 「同一性の思考」(水をつけ加えたり、とり去っていないから、水の量に変りはない。)

②「可逆性の思考」（もとのコップに水をもどすと、同じ状態になるから、水の量に変りはない。）
③「相補性の思考」（水面が高くなった分だけ幅が細くなったから、水の量に変りはない。）

(3)　具体的操作段階（仏 le stade des opérations concrètes　英 concrete operational stage）

ピアジェのいう認識発達の第三段階で、年齢的には、七〜十二歳頃をさす。この期にいたって、具体的な事物により、関係（大きい・小さい、多い。少ない）、数、一対一対応、系列性（大小の順）の操作が可能になる。たくさんの棒を、最も短いものから、最も長いものまで、逆に最も長いものから、最も短いものまで配列できる。A＞BとB＞CからA＞Cを推論できるようになる（推移律）。

思考においても、可逆性や、数量の「保存」が成立する。数と量の基礎となる「推移律」も可能になる。自己中心的思考から脱中心化した思考へ移行する。長さにしたがって棒の配列はできるが、重さ、体積の保存が成立するのは、九歳〜十二歳頃である。

(4)　形式的操作段階（仏 le stade des opérations formelles　英 formal operational stage）

ピアジェのいう認識発達の第四段階で十二歳〜十五歳で完成するとされる。具体的操作期とは異なり完全に形式的・抽象的レベルで操作がおこなわれる。

「もし〜ならば、〜である」という仮説演繹的操作や、命題の論理的操作も可能となる。科学的な時間や空間概念も確立し、完全に大人の思考が可能になってゆく。たとえば、「エディスはリリーよりも髪の毛が濃く、エディスはスザンナよりも明るい色である。三人の中のだれが一番黒っぽい髪の色をしているか？」という純粋に言語的形式化され、かつ事物に具体的に適用されない課題は形式的思考の典型的なもので、青年期になって、具体的対象を言語的概念におきかえ、一つの可逆的なシステムに結合させて、はじめてできるものである。

このような論理的操作は、乳児の感覚運動的行動と幼児の直観的・象徴的表象から構成されるのである。ピアジェは、形式的操作段階の最終段階としているが、この点については問題が残されている。十五〜十六歳以後、思考は全く発達しないものかどうか、生涯発達心理学的にみた場合、壮年期以後の思考の発達はどうなるのかという点であり、裏をかえせば、形式的操作段階を「完態」(complete state) として考えることは妥当であるかという点である。

三　発達要因論

次にピアジェは、発達段階を構成する要因として、次の四つのものを考えている。(8)

(1) 成熟 (maturation)

神経系の内的成熟という生物的要因。ピアジェは、これは、決して純粋なあるいは孤立した状態では作用しないし、学習や経験の結果と離すことはできないという。

(2) 経験 (experiences)

物理的環境が知能の発達に与える効果としての経験の役割である。そして、ピアジェは、経験の教育的重要性を指摘し、それを二種類に分ける。

① 物理的経験・知識 (physical experiences)

対象に働きかけることと、対象からの抽象作用によって、対象についての何らかの知識を引き出すこと。(例、パイプと腕時計の重さの比較——はかりではかればわかる)

②　論理数学的経験・知識（logico-mathematical experiences）

知識は対象から引き出されるのではなく、対象に働きかける活動から引き出される。（例、小石をならべ、数えて十個とわかる。逆方向から数えても同じだとわかること）

この経験から明らかにされたのは、小石の物理的特性ではなく、小石に加えられた行為の特性であって、これは数学的演繹の出発点である。この論理数学的経験では、論理は言語から派生するものではなく、その根源はもっと深いものである。

しかし、ピアジェは「保存」（conservation）、特に具体的操作期のはじめにあらわれる量の保存の形成について、それは発達の論理的必然によってもたらされるのかどうか、はっきり説明できないとのべている。

(3)　社会的伝達（social transmission）

これは、言語的伝達あるいは教育的伝達で、子どもは、おとなから言語や教育による価値ある情報を、彼が理解できる状態にあるときのみ受けとることができる。即ち、情報を受けとるためには、彼はこの情報を同化（assimilation）することのできる構造をもっていなければならない。ピアジェは、教育的要因をこの第三要因の中に入れている。

(4)　均衡（equilibration）

知るという行為の中で、主体的働きかけをなし、その結果、外的障害に直面し、補償しようと反応し、その結果、均衡に向かおうとする。均衡化とは、活動的過程で、同化（assimilation）と調節（accommodation）の自己調整の過程である。

そして、この自己調整が発達の基本的要因である。

ピアジェは、人間の認識の発達を四つに分けられると考えた。つまり、認識の発達を、単に加齢的変化としてとらえるのでなく、四つの段階の構造的変化としてとらえたのである。この構造の変化が認識能力の発達というべきもので、後の操作段階は、前の段階を含みつつ、それとは異なる操作段階に達するものと考えた。それは、「同化」と「調節」という「シェマ」(schema 認識の枠)の絶えざる変化から生じる。これらは、いずれも生物学の概念である。

「同化」は、生物体が、自己の周囲の世界に働きかけ、自己の認識の構造に対象を変えることである。一方、「調節」は、その逆で外界から働きかけに応じて、自己の認識の構造を合わせることである。たとえば、幼児は、「吸う」という反射的シェマを用いて、外界に働きかける。乳首、指、おしゃぶりへと適応範囲を拡大することにより、外界を同化するというのも一例である。

同化と調節は、個体と環境の相互作用を構成する二大機能であり、各々の発達段階の安定した構造(均衡)をつくり、さらに、次の段階へと向かう構造的変化の原動力をなすものである。

今日、発達論の中で、「前成説」や「先決説」のような単純な遺伝説や、環境説を信ずる人は少ないであろう。その中にあって、発達の遺伝的要因と環境的要因を認めた上で、両者のダイナミズムを考えたピアジェの発達論は「相互作用主義」(interactionism)と呼ばれているが、ピアジェは、他の理論と区別して、「構成主義」(constructivism)という言い方をしている。

注

(1) ピアジェ『発生的認識論——科学的知識の発達心理学』(芳賀純訳)、評論社、一九七二年、三頁。

他に、中垣啓「発生的認識論」（藤永保監修『最新心理学事典』平凡社、二〇一三年、六一〇–六一五頁）に詳細な説明がある。

（2）ピアジェ「発生的認識学について」、R・エヴァンス編『ピアジェとの対話』所収（宇津木保訳）、誠信書房、一九七五年、三〇頁。

（3）同書、三〇頁。

（4）ピアジェ『構造主義』（滝沢武久・佐々木明訳）、白水社（文庫クセジュ）、一九七〇年、一三–二五頁（序論と問題提起）。
前掲、ピアジェ『発生的認識論』一四四頁。

（5）ピアジェ『思考の心理学——発達心理学の6研究』（滝沢武久訳）、みすず書房、一九六八年、一八四–一八五頁。

（6）前掲、ピアジェ『思考の心理学』一九〇–一九一頁。

（7）ピアジェは、彼の著作の各所で、その段階をのべている。
①前掲、『ピアジェとの対話』第2部。
②ピアジェ『発生的認識論』（滝沢武久訳）、白水社（文庫クセジュ）、一九七二年。
③Piaget, J. "Piaget's Theory" in P. Mussen ed., *Carmichael's Manual of Child Psychology*, Wiley, 1970.（特に、七一〇–七一三頁。）
（ピアジェ『ピアジェに学ぶ認知発達の科学』（中垣啓訳、北大路書房、二〇〇七年）は、③の詳細な解説をつけた訳述書である。）

（8）①ピアジェ『心理学と認識論』（滝沢武久訳）、誠信書房、一九七七年、五〇–五六頁。
②ピアジェ『発生的心理学——子どもの発達の条件』（芳賀純訳）、誠信書房、一九七五年、二六–二八頁。

第二章　ピアジェの構成主義と教育（I）

ピアジェとイネルデ女史
（1970年６月19日　大阪）

第一節　ピアジェは、教育をどのように考えていたか

六十年余の長きにわたって、子どもの心理的発達を研究しつづけたピアジェは、四つの発達要因論の中で、「教育」を主要因としてあげてはいない。

その四要因とは、第一に成熟要因、第二に経験要因、第三に社会的伝達要因をあげ、それを教育的伝達要因と言語的要因に分類している。そして、第四は均衡要因である。

では、ピアジェは、子どもの精神発達の上で、教育という営みが与える影響をあまり重要視していなかったのだろうか。

ピアジェは、一九二〇年代に、ジュネーヴにあった国際教育局（Bureau international d'éducation）の局長を務め、教授方法の改善と児童心理学に適合した教育技術を各国に普及するために努力している。当初、世界的な教育運動の中で生まれた世界新教育連盟（World Education Fellowship）の会長も務めていた。ピアジェは当時、三十三歳で、多忙を極めていた。ジュネーヴ大学教授として理学部で「科学思想史」を教え、ルソー研究所の次長を務め（三二年に所長になる）、ローザンヌ大学で実験心理学を教えている。しかし、逆にピアジェの研究は、この多忙な時期に多くの成果を生み出している。

第二次大戦後、ユネスコ（国際連合教育科学文化機構）の誕生と共に「国際教育局」はその協力機関となり、ピアジェは、再び多忙を極めることになる。

ピアジェは、自伝の中で、のべている。(1)

スイスがユネスコに加盟した後は、私はスイス連邦政府の任命で、スイス・ユネスコ国内委員会の会長になりベイルート、パリ、フィレンツェでの会議にはスイス代表団の団長を務めた。ユネスコの派遣でフランスのセーヴル及びブラジルのリオ・デ・ジャネイロでの会議にユネスコ代表になった。また、ユネスコが『教育の権利』というパンフレットをつくったとき、その論集を委せられたこともある。

このように、教育の専門家以上の活躍ぶりである。この点からも、ピアジェは教育に対し、並々ならぬ関心をもっていたことが推察できるのである。

アメリカにおける最初の本格的ピアジェ理論の研究書であるフレイヴル（Flavell, J.）の『ピアジェ心理学入門』（原題 *Developmental Psychology of Jean Piaget*）が刊行されたのが一九六三年であった。

その翌年、即ち一九六四年三月、ピアジェはアメリカを訪問している。

全米科学財団（National Science Foundation）と連邦教育局（U.S. Office of Education）の招へいによる会議に出席するためであった。

会議は、二つの大学で行われた。一つは、コーネル大学（三月十一〜十三日）で他はカリフォルニア大学（三月十六〜十八日）で行われ、教育学者、心理学者、カリキュラム研究者、教育行政官ら九十余名が参加している。

ピアジェは、ここで四つの講演を行っている。その一つに「発達と学習」（Development and Learning）という演題の講演がある。(2)

その中で、次のようにのべている。

(第三の社会的伝達要因――言語的伝達と教育的伝達)は、基本的なものである。私は、四つのどの要因の役割も否定しないが、それらは、すべて一つの部分の役割を果たすのである。しかし、第三要因は不十分なものである。というのは、子どもは、彼が情報を理解できる状態にある場合にのみ、大人によって示された言語や教育による価値ある情報を受け取ることができるからである。即ち、情報を受け取るために、子どもは、この情報を同化できる一つの構造(structure)をもっていなければならない。

これが五歳児に高等数学を教えることができない理由である。彼は、自分が理解できる構造をまだもっていないからである。

そこからピアジェは、学習が成立する前提条件としての「成熟」や「レディネス」を重視し、そこからあらわれる「子どもの自発活動」にもとづく教育論を展開した。

以下、少し具体的にピアジェ教育論(学習論)を検討してみよう。[3]

一　発達と学習の関係――学習は発達を推し進めることができるか――

これについて、「構造の学習は、構造の自然的発達と同じ法則に従うと考えられる」とのべている。言いかえれば、学習は、発達に従うのであって、その逆ではない。ピアジェは操作の構造を教えることに成功したという話を聞くと、いつも次の三つの疑問が湧くという。

① 第一に、その学習は持続しているか?ということである。二週間あるいは、一カ月後に何が残っているかということである。

構造が自律的に発達し、ひとたび均衡状態に到達したならば、それは持続し、子どもの全生活を通じて継続する。

外的強制力によって学習がなしとげられた時に結果が持続するかどうか？ そして持続する場合は、その必要条件は何か？

② 第二に、般化（generalization）はどの程度、可能だろうか？ 学習を興味あるものにするのは、「般化」の転移の可能性である。ある学習結果がもたらされた時、それが子どもの情報生活の中で孤立したものであるか、般化をもたらすようなダイナミックな構造であるのか問うてみる必要がある。

③ 第三は、学習経験の個々のケースについて学習者の経験以前の操作レベルがどのようなものであったか、またこの学習がどのような複雑な構造を達成するのに成功したのであろうか。言いかえれば、私たちは、個々の特殊な学習経験というものを、最初から存在する自然的操作の視点から、そして学習経験後に成しとげられた操作レベルの視点から考察してみなければならない。

ピアジェは、発達と学習の関係について、執拗なまでに追求している。両者の関係についてこだわっている。その理由は、彼に長年にわたる子どもの認識の発達の研究、発達心理学研究、さらにその背景にある若き日の生物学の研究から得た遺伝——環境研究に強い関心をもっていたからである。

二 ピアジェの教育論

教育学の理念では、子どもは、教科（教材）領域のいくつかの統合されたテーマについて教えられ、その後に、各々の問題を一般的構造に関係づけることができるようになる。一九六四年のアメリカでの講演の中で、ピアジェは、ブルーナーの『教育の過程』（*The Process of Education*, 1960）における「構造を教えること」に関連して、次のようにのべた。(4)

この問題は構造を教えるか、それとも、行動的で、しかも構造を自分で創り出すことができる状況を子どもに提示することができるかということを示している。

教育の目的は、知識の量を増加させることではなく、子どもが発見し、発明する可能性を創り出すことである。我々が、あまりに急いで教えると、子ども自ら発明したり、発見したりすることから遠ざけてしまう。

教えるということは、構造が生み出される状況を創り出すことである。それは、言語以外のもので同化できる構造を形成することを意味している。

以下、アメリカでの講演の中で、ピアジェ教育の核心について、示唆に富む発言を繰り返しのべている。(5)

①「経験の重要性」

経験は知的発達にとって常に必要なものである。しかし、私が恐れるのは、経験に従属することが、子どもにとって、構造を自由にするのに充分であるという幻想に落ち込んでいないかということである。子どもは、行動的で、物事を変換し、対象物に対する、彼自身の構造を創り出す存在である。

②「クラス（学級）のあり方」

私が、ジュネーヴの国際教育局の教師から聞いた最上の思想は、すべてのクラスは、二つのクラスをもつべきであるということであった。一つは教師がいるクラスであり、他は教師がいないクラスである。

③「教師と教材」

教師は、子どもが自分自身で、事柄を決定して使うことができる教材を用意しなければならない。子どもは、自分で、物理においては、実験的に、数学においては、帰納的に証明しなくてはならない。既成の真理は、半分の価値しかもっていない。

④「驚きによって心の窓を開く」

驚き（surprise）の要因は、一般に教育や科学的探求において、本質的原動力になるものである。立派な科学者を他と区別するのは、他の人が何とも思わないことに驚くことである。

〝驚き〟は、重要な役割を果すものである。我々は、驚きの才能を発達させることを試みるべきだろう。

⑤「言語と理解（思考）」

言葉というものは、多分、よりよく理解するための手っ取り早い方法ではないだろう。

理解の水準というものは、使用されている言語を修正することであって、その逆ではない。主に、言語は、すでに理解できていることを翻案することに役立つものである。さもなければ、言語は、未だ理解できていない概念を伝えるために使われる場合には、ある危険が生じるかもしれない。

⑥「教育の目的」

教育の第一の目的は、新しい事を実行することができる人間を創り出すことであって、他の世代の人がやった事をくり返すことではない。創造的で、発明的な人間、発見者を創り出すことである。

第二の目的は、批判的で、証明することができ、提供されたすべてのものを受け入れない精神を形成することである。

今日の最大の危険は、スローガン的な集団意見、既成の思想の流行である。我々は、一人ひとりが抵抗し、批判し、証明されたものとされていないものを区別することをしなければならない。

したがって、我々は、自分自身の自発的活動や教師や親が準備した教材を通して、活動的で、幼少期から自分自身で発見することを学び、何が証明できるものか、自分に理解できる最初の考えは何かを話すことを幼少期から学ぶことである。

⑦「教育の理想」

教育の思想は、最大限を学習することではなく、結果を最大にすることであり、それは、とりわけ、学習することを学習することにある。即ち、それは自ら発達させることを学び、かつ、学校教育の後にも発達を続けることを学ぶことである。[6]

注

（1）C・マーチソン他監修『現代心理学の系譜』II、『ピアジェ』（波多野完治訳）、岩崎学術出版社、一九七五年、一三四頁。

（2）Piaget, J., Development and Learning, in Ripple, R. and Rockcastle, V. eds., *Piaget Rediscovered: A Report of the Conference on cognitive studies and Curriculum Development*, National Science Foundation and U.S. Office of Education, 1964, p. 13.

この会議の報告書は、全文一五〇頁あるが、英文で作成されている。

私はこの報告書をラザー教授（Dr. Irving Lazar）のご厚意で入手することができた。また、教授は、一九八七年来日の折、金城学院大学にて「アメリカにおける幼児教育」という演目で、講演をして下さった。ここに併せて感謝の意を表したいと思います。

（3）*op. cit.*, pp. 17–18.

（4）*op. cit.*, pp. 4–5.

（5）*op. cit.*, p. 3.

（6）ピアジェ『発生的心理学』（芳賀純訳）、誠信書房、一九七五年、二九頁（「教育の理想」の項のみ）。

第二節　ピアジェの活動教育論と子どもの教育権

一　活動教育論の展開

ピアジェは、自ら教育について語る時、常々、子どもの自発性を重んずる「活動教育論」（活動教育法）の必要性についてのべている。

では、「活動教育法」（Les méthodes actives）とは、何であろうか。

彼は、現代の教育には、主要な二つの方法があるという。[1]

一つは、アメリカ心理学の流れを汲む「行動主義心理学」にもとづくもので、「条件づけ」を行うことをその特徴としている。即ち、将来において認識能力を構成すると考えられているいくつかの言語的連合や運動的連合を練習と行動により創り出し強化する方法である。

二つ目は、これとは反対に、子ども自身の自発的活動（activités spontanées）を呼び起こしていくような認識能力の発達を促す教育である。

しかし、子どもの知能の発達と認識構造の発達に関する心理学研究を振り返ってみると、三つの方向に大別できる。[2]

第一は、経験論的連合主義にもとづくもので、前述の「行動主義心理学」は、この流れに属するものである。

この考え方は、一切の認識は、外界から獲得される、つまり、一切の認識は、経験から獲得されるというものである。したがって、親や教師が指導する言語経験、視聴覚的経験や表現から獲得されるというものである。

第二には、生得的要素や内部成熟を重視する立場がある。

チョムスキー（Chomsky, N.）の言語発生論のように、「生まれながらの定まった核」があると信じ、それが言語活動の構造を規定していると考えると、教育という営みは、すでにはじめから形成されている「理性」（raison）が行う演習にすぎないということになる。

したがって、生得論では教育という営為はほとんど成り立たないものとなる。

第三は、構成主義的考え方で、これがピアジェの立場である。

つまり、経験論のように、環境から何かを与えられて、つくられてゆくものではなく、また生得論のように、生まれながらに備わっているものでもなく、継続して、絶えず形成され、よりすぐれたものとなってゆくもので、教育における、子どもの自発活動を重視する立場である。

以上の三つの考え方は、前述の二つの教育方法にどのように対応するかといえば、「行動主義心理学」にもとづく教育法の理論的根拠になっているのが、経験論的連合主義であり、自発活動にもとづく教育法の根拠になっているのが、ピアジェの構成主義的立場である。

では、次に、後者の自発活動にもとづく教育法＝「活動教育法」について考えてみよう。

ピアジェの活動教育法（又は能動的方法、Les méthodes actives）とは、幼児や青少年の自発的な探求を本筋とし、習得すべき真理をただ単に伝達することをやめ、彼ら自身ですべての真理を再発明したり再構築したりできるようにすることである、という。(3)

活動教育法の基本原理は、一言でいえば、科学の歴史から示唆を受けたもので、次のように言いあらわすことができる。

すなわち、理解することは、発明する（inventer）ことであり、言いかえれば、再発明（reinvention）することにより、再構築（reconstruire）することである。

教えられたことを単に繰り返すだけでなく、将来ものを生産したり、創造する能力のある人間を形成するために、（活動教育法が）必要である。(4)

ピアジェの構成主義発達観に立つ教育は子どもの自発活動を重視し、「創造」（invention）や「発見」（discovery）を促す活動教育法である。

ピアジェにとっては、子どもが理解することは、「創造すること＝発明すること」である。「理解することは発明すること」は、ピアジェ理解のキーワードである。ブルーナーは「発見学習」を提唱しているが、実際は「再発見」（rediscovery）である。それに対して、ピアジェが「発明」（invention）というのは、子どもが自らの能力で、「創り出す＝産み出す」ことであり、失敗をやり直して、自分なりに「再発明」し、知識を再構成するのである。したがって、この認識の過程は、非常に個性的なものであり、後にのべる上田薫の認識の過程に関する考えと共通するものがあると考えられる。

二　教師の役割の重要性

しかし、このような方法では、教師の活動はいらない、あるいはゼロになってしまうというふうに誤解されることが多い。しかし、事実は、決してそうではないし、逆に教師の存在が不可欠である。

つまり、教師はたんなる講演者であることをやめ、出来合いの解答を伝える代わりに、探究意欲と努力を促すことが大切になってくる。[5]

学習活動を促進するものとしての教育者の存在は不可欠であり、子どもたちが有益な問題に接することができる場をつくったり、反対の例をあげて子どもに考えさせたり、あまり結論を急がぬように自制させたりする役割は、不可欠なものである。これまで人類は、いわゆる現代数学や現代物理学に到達するために、何世紀もの時間を費やしてきた。

このことを考えると、子どもが何の指導も受けずに、自分ひとりで、これらの学問の中心的問題を明確に意識するようになるとは、到底考えられぬことである。

教師は不要になるどころか、学習を促進するという役割をもつものとしての教師は、ただ自分の教育科目に通じているだけでは駄目なのであって、幼年期と少年期における知能の発達について、心理学に通じていなければならない。

子どもは、発達の過程でいろいろな段階を通過するわけであるが、では、この通過を早めさせるのはよいことであろうか、よくないことであろうか。

たしかに、教育という行為自体が、何らかの形でこの通過を早めるものであることはまちがいないことである。しかし、ピアジェは、この点について、「人間は、他の動物よりも幼年期が長いということは、何か理由のないことはないであろう。過度に早めることは、過度に遅らせることと同様に有害なことです」と発達を早めることを強く戒めた。[6]

三　フレネの教育に学ぶ――活動教育法の実践――

ピアジェは、一九六五年に書いた『教育学と心理学』という著者の中で、活動的方法=能動的方法にふれて、

「活動的教育学は、（受容的な方法に対して）はるかに一層高度な教育を前提としており、児童心理学の充分な知識がなければ、教師は、子どもの自発的なやり方をよく理解できない」とのべている(7)。

このような状況にあって、今世紀における自由教育運動の先駆のひとりとされるフランスのセレスタン・フレネ（Freinet, Célestin 1896–1966）の実践をピアジェは高く評価した。

フレネは、「学校を取りまく集団の活動と一つとなった活動体（暖炉）にしたいと考え、彼が学校の中に設けた「印刷所」は、並はずれて示唆に富む」ものであるという。

なぜなら、自分の手で小さなテキストを印刷する子どもは、自分が使う印刷された文書の制作について何の考えももたない場合と全くちがった態度で読み、書き、綴ることになるだろうからである。フレネは、行動による知能の教育および一般的認識の習得という目的を明白にめざしたわけではなかったが、子どもの興味の発展とその社会的形成を結びつけたという点で、活動的学校という一貫した目標を達成したのである。

即ち、これは、認識機能の心理学の中心的な二つの真理を結びつけたのである。その二つの真理とは、一つは、知的操作の発達は、最も重要な意味において、実際の行動から生じるということ、二つ目は、この行動の一般的調整機能は必然的に社会的次元を含むということである。

四　教育を受ける権利と自律性の教育

第二次大戦後の荒廃した国際社会の真只中にあって、ピアジェは、ユネスコの依頼によって、「教育を受ける権利」に関する一文を発表している。その中で、国連の「世界人権宣言」の第二六条の教育条項にふれつつ、彼の教育論を展開した。

彼が「教育の権利」について関心をもったのは、すでに一九二〇年代から国際教育局の局長として、長年、教育問題に取り組んできた結果でもある。彼は、教育の無償化、幼児教育、中等教育、高等教育の普及を強調し、家庭教育、新教育の必要性も主張している。

人権宣言第二六条の教育条項について語る彼の論調は、「自発活動を重んずる活動教育論」を展開したものである。

二六条には、「すべて人は、教育を受ける権利を有する。教育は、人格の最上の開花ならびに人権と基本的自由の尊重の強化を目的としなければならない」とある。

この意味するところは、「知的・道徳的自律性をもって行動できる個人をつくることであり、相互性の規則を重んずるが故に、他の人のもっている自律性を尊重できる個人をつくることであって、相互性の規則こそが各人の自律性を正当化するものである。(8)」

では、この自律性（autonomie）は、どのようにして育てることができるのか。知的・道徳的に自由の少なく、制約の多い伝統的教育方法をとる学校で、どのようにして、知的・道徳的自律性を育てることができるだろうか。

そのために、ピアジェは、学校という集団の場が、

一　知的な交流の場になること。

一　経験活動と自発的研究による真に知的な活動を促す個人と個人の間の自由な協力（関係）ができること。

一　先生と生徒の上下関係をなくし、生徒の間の協力、お互いの刺激、批判精神が存在すること。

が必要だとのべている。(9)

つまり、「自由」と「相互（協力）性＝客観性」が自律性が育つ上で大切であると強調したのである。

注

(1) Piaget, J., *Où va l'éducation, Denoel/Gonthier*, 1988, pp. 12–14.（一九四八年初版、一九七三年再版）

邦訳『教育の未来』（秋枝茂夫訳）、法政大学出版局、一九八二年、六－八頁。

（英訳 *To Understand is To Invent: The Future of Education*, translated by George Anne Roberts, The Viking Press, 1973.）

本書は、ユネスコ（UNESCO）への寄稿論文であるが、ピアジェが、自身の著書のタイトルに Où va l'éducation（『教育はどこへ行く』）とつけたのは、次のような理由があったと思われる。二十世紀初頭からの世界的な「新教育運動」の中から「児童中心主義教育」が実践されていたが、それは、二度の世界大戦により中断されたままであった。しかし、第二次世界大戦が終って、米・ソ両大国を軸とした東西冷戦がはじまり、なお不安な時代にピアジェ自身、この混迷の時代において、いかに「新しい展望」を見出すかという折に書かれたもので、国連の人権宣言をもとに、新しい時代に向けて「活動的教育論」を展開したものである。書名には、ピアジェのそのような意図が込められていると思われる。

(2) Piaget, *op. cit.*, p. 16.

同訳書、一〇－一一頁（訳文のままではない。以下の引用も同じである）。

(3) Piaget, *op. cit.*, p. 21.

同訳書、一七頁。

(4) Piaget, *op. cit.*, p. 25.

同訳書、二一－二二頁。

ここに出してくる inventer（発明する）を訳者は「発見」と訳出している。他の箇所でも、同様な訳がみられるが、ピアジェは、invention（発明＝創造）を用いてる。

同様に本書の英訳書のタイトルは、*To Understand is To Invent: The Future of Education* (translated by George Anne Roberts The Viking Press, 1973) で、的を得ていると思われるが、この箇所については、to understand is to discover, or reconstructed by rediscovery (p. 20) となっており、誤解＝誤訳になったと考えられる。

(5) Piaget, *op. cit.*, pp. 21–22.

同訳書、一七－一八頁。

（6） Piaget, *op. cit.*, pp. 26–27.
同訳書、二四頁。
（7） ピアジェ『教育学と心理学』（竹内良知訳、原題 *Psychologie et Pedagogie*「心理学と教育学」）明治図書、一九七五年、七一頁（一部訳を変更）。
（8） Piaget, *op. cit.*, p. 77.
『教育の未来』八八頁。
（9） Piaget, *op. cit.*, p. 89.
同訳書、一〇四－一〇五頁。

第三節　教育の目的としての自律性

自律性について、ピアジェは、「自分の自由な判断により規律を受け入れ、規律をつくることに協力する個人であり、各人の立場を尊重することに自己の自由を従属させる相互的規律の体系に自己の意志により従ってゆくことのできる個人である。」とのべている。

人格は自律的なもので、二人の自律的人間の間にありうる関係は相互関係以外のものではありえないものである。

人格の最上の開花ならびに人権および基本的自由の尊重の強化を目的とするということは、知的・道徳的自律性（autonomie intellectuelle et morale）をもって行動できる個人を形成することであり、相互性の規則（la règle de réciprocité）を重んずるが故に他の人のもっている自律性を尊重する個人を形成することであって、この相互性の規則こそが各人の自律性を正常化するものである。(1)

ピアジェは、この自律性を育てる方法こそが、「活動教育法」の基本であると強調している。そして、自律性の内容として、「知的自律性」と「道徳的自律性」について検討している。

一　知的自律性

ここでピアジェは、知的教育（Éducation intellectuelle）についてのべている。

伝統的な学校は、子どもに多くの知識を与え、その知識を使っていろいろな問題を解く機会を与えている。知識の記憶は年々、忘れ去られ、習ったという記憶のみが残っている。

活動教育法は、自由な研究と自発的な努力により、自分自身で獲得した知識の方がよく記憶されるはずで、子どもは、一生を通じて役立つ学習方法を体得できるし、興味を枯らすことなく、興味を拡大してゆくことができる。つまり、自由な研究と自発的努力を重視する教育は、記憶と理性的思考を重視するのである。(2)

ここで、ピアジェは、教育の技術は、医学の技術と同じものであり、「特別な才能」（dons）がなければ行えない技術で、実験にもとづく正確な知識がなければできない技術であるとのべている。

医学において解剖学的・生理学的知識が必要なように教育において必要なものは心理学的知識である。

論理的操作の発達や基礎的概念の獲得がどのようになされるかについて心理学的に研究すると、自発活動を重視する教育方法の特色が明らかになってくる。

この論理的思考は、幼児からの言語の訓練でできるものではなく、対象に働きかけ、実験を行うことにより、構成されてゆくもので、「内面的行為」であり、個人が他の個人と協力して交流を行うことが必要であるという。

さらにピアジェは、数学教育を例にあげて、詳細にのべている。

ある物体の速さ、走った距離と要した時間の問題や量、重さ、体積、論理的集合、長さ、「マイナスとマイナスはプラスになる」等を例にしながら、数学的思考、論理的思考についてのべ、「数学という分野こそ人格の最上の開花を実現するための最もよい分野であり、知的自律性を確信する合理的・論理的思考を獲得する最もよい分野である」とのべている。(3)

知的教育の目的は、真なるものを自分の力で獲得することを学ぶところにある。

二　道徳的自律性

ピアジェが、『子どもの道徳観』を出版したのは、一九三二年のことである。

当時、心理学研究では、道徳の問題は、ほとんど取り扱われていなかったが、ピアジェは、認知（思考）と感情は並行して発達するもので、道徳性も認知発達と大きな関係があるというものであることを提起したのである。

ピアジェがくり返し強調しているのは、自律性を育てるには、人と人との相互関係が、二本の柱であるということである。

道徳教育（Éducation morale）の最も本質的問題は、脱中心化（décentration）が行われ、規律がつくりあげられることである。[4]

三　ピアジェの道徳性の発達段階

では、子どもの道徳性は、どのように形成されてゆくのであろうか。

ピアジェは「マーブル遊び」を例に、その結果を四つの段階に分けている。[5]「マーブル遊び」は、西洋では、古くから各地で、名称の異なる色々なバージョンがあるが、ここでは、四角内に数個のマーブルを置き、ある一定の線から他よりも大きい特別なマーブルで、それをはねのけて外へ押し出して勝敗を争うゲームである。

(1)　道徳性の発達段階

第一段階：純粋に個人的段階――子どもは、自分の欲望のままに、マーブルをもてあそんでいる。

第二段階：自己中心的段階（二～五歳）――ルールを模倣するが、与えられた例を自分流に利用するだけで、遊び友達を見出そうとせず、一人で遊ぶ。勝とうとする意識はない。

第三段階：初期協同の段階（六～十歳）――この段階では、各人が仲間に勝とうとする（競争）。また、規則を統一したり、それを守ろうとする（協同）。

第四段階：規則制定化の段階（十一～十二歳）――真に規則に意味を見出し、規則を尊重するようになる。勝負の手続、規定を仲間が理解するようになる。

ピアジェは、「年齢別あるいは段階に分けるのは便利であるが、事実は区分することのできない――連続をなして現れるものである」とのべている。

(2)　他律的道徳から自律的道徳へ

次にピアジェは、「どちらが悪いことか?」ということに関して、次のような例をあげてのべている。(6)

Ⓐ　ジャンという小さい男の子がお部屋の中にいました。食事によばれたので、食堂へはいってゆきます。ところが扉の後に椅子がありまして、その椅子の上に盆があって、盆にはコップが十五個のせてありました。ジャンはその扉の後にそんなものがあったとは知らないで、扉をあけましたので、コップは十五個ともみんなこわれてしまいました。

Ⓑ　アンリという小さな男の子がいました。ある日、お母さんの留守に戸棚の中のジャムを食べようとしました。そこで椅子の上に上って腕をのばしましたが、ジャムは高すぎて手が届きません。無理に取ろうとした時、傍の一つのコップにさわったので、そのコップは落ちて割れました。

この二つの例を普通、子どもは、どのように判断するだろうか。

十歳までの子どもには、二つの型がある。一つは、行為を動機とは別に、物質的結果によって判断する。他は、動機のみを考えて判断する。

ところが、同じ子どもでも、ある時は物質的結果によって判断し、他の場合では、動機によって判断する場合がある。

しかし、七歳くらいを境にして、物質的結果(コップを十五個割ったこと)よりも、動機(ジャムをだまって食べようとしたこと)を重視する方向へ変わっていく。つまり、「客観的責任感」が減少して、「主観的責任感」が、徐々に増大していくわけである。

ピアジェは、道徳判断に関する多くの実験結果から最終的に次のような結論を導き出した。(7)

① 他律的道徳の段階
これは拘束と一方的尊敬による服従関係であって、その特質は、外部から個人の上に義務の内容を伴った規則の体系を課するものである。（大人と子ども、年長者と年少者の権威による関係）
② 自律的道徳
これは協同と相互的尊敬の関係で、その特質は人々の心の内にあらゆる規則の背後にある理想的基準の意識を創りだすものである。

大人と子ども、教師と子どもの各々の人格を認めあった関係、自治的集団の関係などである。これについては、デューイや「活動学校」の指導者たちも自律的道徳を提唱している。


ピアジェは、ここで「子どもの遊び」と自発的社会生活における協同性は、道徳性を育てる証明になることを強調した。

つまり、道徳意識も、生得的なものでなく、社会的環境の中で形成されてゆくものである。

子どもと子ども、子どもと大人の間の関係は、「教育的関係」である。

これは、子どもの道徳的生活の基礎となるものである。

服従的関係は、罰せられないようにするために服従しておいた方がよいという打算的服従的関係であり、相互尊敬的関係は、平等な個人の間に成り立つもので、あらゆる権威は除外されるのである。

この相互的尊敬（le respect mutuel）は、まだ愛情とか恐れが混じりあって存在してたとしても、子どもから大人への一方的尊敬が他律的であったのに対し、相互的尊敬は自律的関係の上に成り立つものである。

一般には、ピアジェは子どもの発達の要因として、「他者との関係の認識が弱い」と批判される面もあるが、道徳の判断の形成に関する多くの実験から、ピアジェは、道徳性こそ他者との関係なくして成立しないこと、協同的遊び・ゲームなどの中でこそ、道徳性が形成されることをくり返しのべているのである。

四　コールバーグの道徳性の発達段階

認知構造からみた道徳性の発達の研究に一つの理論を提示したのがコールバーグ（Kohlberg, Lawrence 1927–1987）である。

彼は、ピアジェ以来、ほとんど研究されてこなかった道徳性の発達について、ピアジェの「他律性から自律性へ」という理論をふまえて、三水準と六段階を提示した。(8)

第Ⅰ水準　前慣習的水準（pre-conventional level）四～九歳
　規則や期待が外部から強要される九歳以下の多くの子ども。
○第一段階　服従と罰への志向
○第二段階　利己主義的思考
第Ⅱ水準　慣習的水準（conventional level）十～十三歳
　権威あるルールや期待を受け入れる。
○第三段階　相互個人的期待や関係（よい子志向　good-boy orientation）
　正しい行動をすることによって他人に受け入れられようとする。
○第四段階　権威と社会秩序への志向
第Ⅲ水準　真の慣習的水準（post-conventional, autonomous or principled level）（自己選択された原理や価値）
○第五段階　社会的契約・有用性と個人の権利
　他人の権利や多数決原理志向

○第六段階　普遍的倫理の原則
　良心あるいは原理志向

コールバーグは、子どもの道徳性の発達に前慣習的水準―慣習的水準―真の慣習的水準、という三つの段階をあげ、かなり明快な図式を提供した。

彼が、「モラル・ディレンマ」の問題をとり入れ、ピアジェ理論を発展させた功績は大きいものがある。コールバーグの理論は、道徳原理は、文化や社会によって異なるという文化人類学的発想による「文化的相対主義」に対する批判的な面も考えられる。発達と共におこる認知形成の変化として、道徳判断を考えるならば、相互性（reciprocity）や平等（equality）の発達の普遍性が問われなければならない。

それは、ピアジェの道徳理論にも課された問題である。

注

（1）Piaget, J. *Ou va l'éducation, Denoel/Gonthier*, 1988, pp. 77–78.
邦訳『教育の未来』（秋枝茂夫訳）、法政大学出版局、一九八二年、八七－八八頁。

（2）Piaget, *op. cit.*, pp. 78–79.
同訳書、九〇－九一頁。

（3）Piaget, *op. cit.*, pp. 88–89.
同訳書、一〇二頁。

（4）Piaget, *op. cit.*, p. 93.
同訳書、一〇八－一〇九頁。

（5）ピアジェ『臨床児童心理学Ⅲ　児童道徳判断の発達』（大伴茂訳）、同文書院、一九七七年、四－二〇頁。

（6）ピアジェ、同書、一四六頁。

（7）ピアジェ、同書、五六〇頁。
（8）コールバーグ『道徳性の形成――認知発達的アプローチ』（永野重史監訳）、新曜社、一九八七年、四四頁。
J・ライマー他著『道徳性を発達させる授業のコツ――ピアジェとコールバーグの到達点』（荒木紀幸監訳）、北大路書房、二〇〇四年、第二章－第四章。

他に、コールバーグ『道徳性の発達と道徳教育』（岩佐信道訳）、麗澤大学出版会、一九八七年。

Kohlberg, L., *The Philosophy of Moral Development*, vol. 1, 1984, Harper & Row.

第三章　ピアジェの構成主義と教育(II)

ピアジェと共同研究者カミイ女史（右）

第一節　カミイとデヴリースの教育論とカリキュラム論

コンスタンス・カミイ（Kamii, Constance Kazuko）は、現在のアメリカにおけるピアジェ理論の研究者の中で、最も精力的に活動を続けているひとりである。彼女は、ジュネーヴ大学において、直接、ピアジェの指導をうけ、ピアジェ理論を基に、幼児教育的アプローチを試みる代表的研究者であるといってよいであろう。

毎年のように来日しており、わが国にもなじみが深く、その著作もほとんど翻訳されている。

本章では、カミイの教育論・カリキュラム論の特色およびカミイのピアジェ解釈における新しい点は何か、それらを探ってみたい。

今日、ピアジェの発達理論は、多くの人々の受け入れるところとなっている。それは、心理学的にみて、子どもの認識発達に対する洞察の深さ、子どもの思考の本性や発達に対するダイナミックなとらえ方にあるといえる。

デヴリース（DeVries, Rheta）との共同著作の中で、

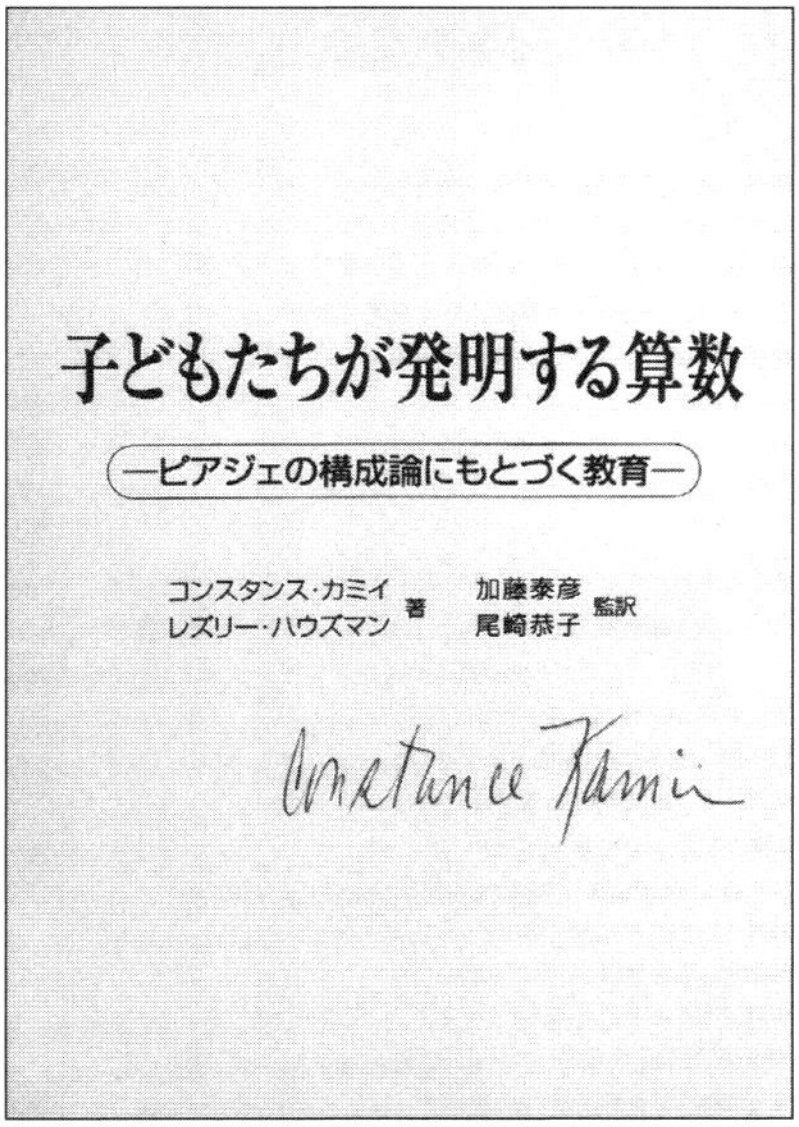

カミイ女史のサイン（著者蔵）

カミイは、最初にピアジェの著作を読んだ時、彼の研究に深い感銘をうけたという。それは、ピアジェの理論が、他にみられない子どもの発達に対する理解の深さを示しており、さらに、「知識とは何か」「われわれはいかにして知るようになるのか」という認識論的関心に興味をいだくことができたからであるという。

一　経験主義批判

認識論の問題は、哲学の歴史における経験論と合理論という大きな課題でもあった。

経験論（empiricism）は、ロック、バークリ、ヒュームらに代表されるものであるが、それは、認識について、次のような考え方をする。

すべての知識の起源を経験におくもので、知識は第一義的には、感覚器官を通して、個人の外側から内部へと入ってくる感覚情報によるものでなければならないとする考え方である。

生得観念を否定したロック（Locke, John 1632–1704）によれば、人間の心は、外界の印象をまだ何も受け取っていない白紙の状態にあり、経験は、この白紙に書き込まれるものであるとした。この白紙の状態のことを、彼は、「タブラ・ラサ」（tabula rasa）とよんでいる。（注：後述の如く、デューイや上田薫の経験主義は、ロック的なものは趣きを異にしている。）

これに対し、デカルト（Decartes, René 1596–1650）、スピノザ、ライブニッツに代表される合理論（rationalism）は、経験論、感覚論と対するもので、普遍妥当的な真の認識は、経験から独立した理性的認識であるとし、生得的観念というものを認めている。つまり、感覚情報による認識を真理の究極の源とするのでなく、真理は、純粋理性によってのみ最もよく保証されるものだという考え方である。(1)

これに対してピアジェは、相互作用主義（interactionism, ピアジェの場合、構成主義 constructivism）の立場から、経験論と合理論を総合したものである。

ピアジェは、経験を重視するが、感覚経験という外的なものが、外側から白紙に書き込まれるのではなく、むしろ、より内的なものを重視する。

カミイは、次のようにいう[2]。

われわれの多くは、経験主義的の影響の下に育ったので、多くの人は、経験主義的偏りの中でピアジェ理論を解釈し、歪めてしまっていると。

このような誤りの例として、ラバテリ（Lavatelli, Celia）のプログラムやウェイカート（Weikart, David）のものがあるとのべている。

たとえば、ラバテリの著作には、完全に経験論者の学習観から生ずる活動や教授原則がのべられている。ラバテリは、次のことを推奨している。

「言語的規則を与えること（一つ足すと多くなり、一つとり去ると少なくなる）」

「(子どもに思い出させたり、注意をひきつけたり、示唆したりすることによって）子どもに正答するようにさせること、そして正答を強化すること」

ウェイカートも、操作性を発達させるように励ますのでなく、シンボルとことばを学習することの方に専念している。カミイは、ピアジェ理論の経験主義的解釈を厳しく戒め、次のことをはっきり否定している[3]。

(1)　私たちは、「保存」や「クラス包摂」のようなピアジェ課題を教えることを目標としない

(2)　私たちは、子どもを「具体的操作の段階」へと移動させることを目標としない

つまり、カミイは、ピアジェの構成主義にもとづいて、認識（知識の獲得）における内省的思考（操作）の発達が、子どもによって重要であると考えたのである。

二　教育の目的としての自律性の発達

ピアジェの発達理論を幼児教育の教育課程（カリキュラム）に生かす試みが種々なされている。なかでもカミイは、ピアジェ理論の解釈により、子ども自らが活動し学ぶことに重点をおき、教育の目標は、「子どもの自律性（autonomy）の発達」を育てることであるとしている。他に依存した他律性ではなく、知的にも、道徳的にも、社会的にも自律性をもつことが目標とされている。

カミイは、ピアジェ理論からの教育的示唆として、次のことをあげている。[4]

⑴　ピアジェ理論の教育的示唆

①　社会情緒的領域への示唆

a　おとなの関係において、子どもがしだいに自律的になるようにはげますこと。

b　他の子どもと相互交渉し、自分たちの間でケンカを解決するようはげますこと。

c　独立的で、好奇心が強く、自分から積極的に新奇なものを追求し、自分の頭でものを考え出すことに自信をもち、自分の考えていることを確信をもって話し、恐れや不安には建設的に対処し、すぐ失望しないように子どもをはげますこと。

②　知的領域への示唆

a　子どもの遊びの文脈で教えること。

b　子どもの「まちがった」答えを受け入れ、はげますこと。

c　子どもが何を考えているかを理解し、三種類の知識（社会的知識・経験、物理的知識・経験、論理数学的知識・経験）に従って教えること。

ここで三つの知識について説明しておこう。

イ　社会的知識

物理的知識が対象の反応の規則性により特徴づけられるのに対し、社会的知識は社会的同意にもとづいてつくられている。

たとえば、クリスマスは、十二月二十五日であり、オリンピックは四年に一回開かれる等である。（私自身は、カミイの「社会的知識」の内容が非常に限定されたものであることに疑問をもっている。それは、認識が他者との社会的関係から成立するものであるならば、友だち関係、家族関係、父や母の仕事、ジェンダーに関すること、スーパーの野菜の流通等、単なる知識以上に「知ることの過程」を充実させることが重要であると考えるからである。）

ロ　物理的知識

幼児が庭の小石を並べて遊んでいる時に、小石の色、形、重さ、感触（冷たいとか、すべすべした感じ）等の石の属性を学ぶ。これは、対象（小石）の物理的特性である。

ハ　論理・数学的知識

これに対し、小石で遊んでいた幼児が、それを一列に並べ、「一、二、三、……十」まで数えたとする。そして、逆方向から数えても、十個あることがわかった。円形に並べて数えても、やはり十個であった。ここで彼が発見したのは、小石の物理的特性ではなく、小石に加えられた行為の特性であり、これが論理的数学的知識である。これは、数学的演繹の出発点である。この数学的演繹の出発点は、論理数学的経験であって、経験主義的の意味する経験とは全く異なるものである。

物理的経験は、「対象にはたらきかける対象からの抽象作用によって、対象から何らかの知識を引き出すことからなる」。つまり、事物に働きかけ、その働きかけによって、事物がどう反応したかをいう観察可能な抽象作用によって、物理的知識は獲得される。一方、論理数学的知識は、「対象から引き出されるのではなく、対象に働きかける活動から引き出されるもので、事物を結びつけたり順序づけたりする行為の全体的反応である」。論理数学的知識は、観察可能なものではなく、内省的抽象作用によるものである。そして、この二つの知識（抽象作用）は幼児期の相互依存的関係から、成長につれて徐々に分化してゆくのである。

d　過程だけでなく内容を教えること。

カミイによれば、ピアジェの保存課題や文字を教えたり、前操作的段階から具体的操作段階へひき上げることを目標としない。ピアジェ課題を教えることは、木を茂らせようとして木の葉を一枚一枚木にはりつけているようなものである。木は内部から育つのであって、木を茂らせるには高度に水と肥料を与え土を整え、間接的に働きかけることしかできない。数を教えることでなく、数を理解する認識の構造を作り上げること（構造の学習）が大切であるとのべている。

このことの示唆している意味は、非常に大きい。

⑵　教育の目的としての自律性

カミイは自律性（autonomy）の確立を教育の究極の目的と考える。

自律は、自分自身に支配されていることで、自分の主人公は自分であることを意味する一方、これと反対の意味をなす他律（heteronomy）は、誰か他の人に支配されていることを意味している。

自律性について、カミイは、ピアジェと同様に、道徳的自律性と知的自律性の二つに分類している。

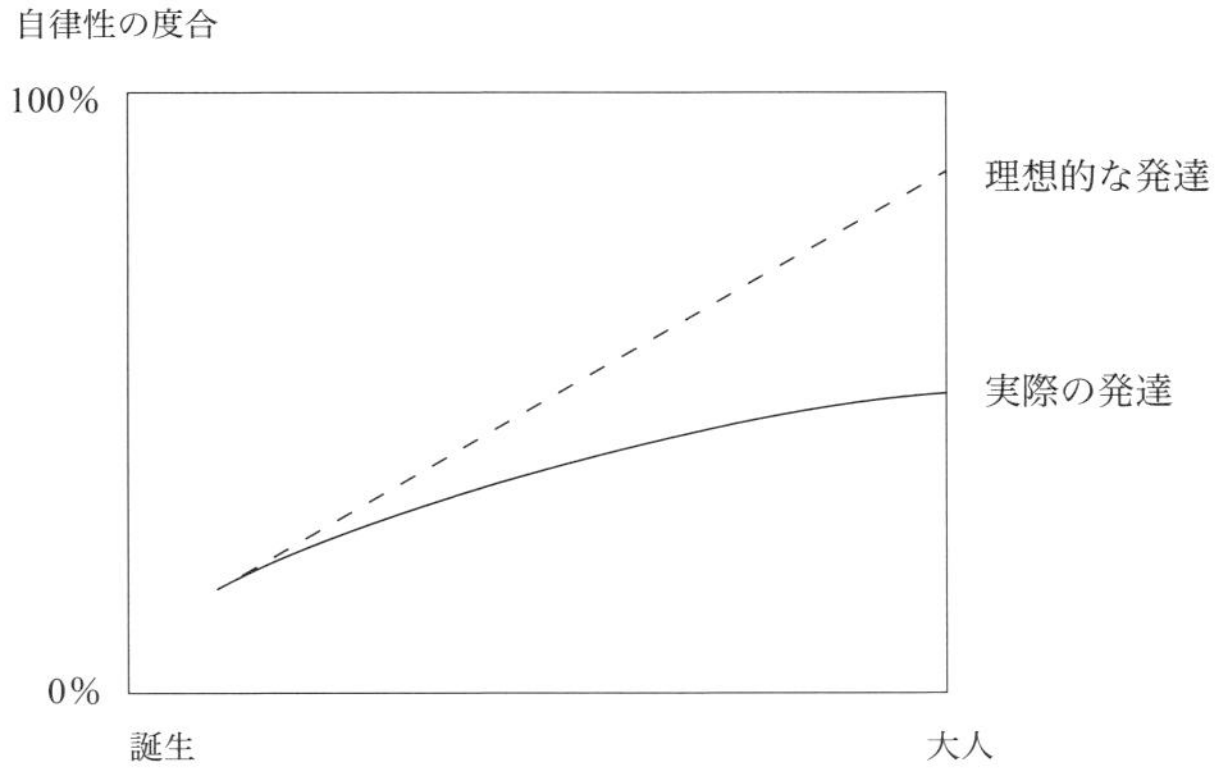

図１　自律性と他律性との発達的関係

1、道徳的自律性

道徳性自律の例として、アメリカの大統領選挙におけるウォーターゲート事件のエリオット・リチャードソンをあげている。(5)「リチャードソンは、大統領候補者ニクソン配下の者のうち、ボスに服従することを拒んで辞職するだけの自律性をもった唯一の人物だった」。ウォーターゲート事件に巻き込まれた他の人々は、他律的道徳性を示している。彼らは、嘘をつくようにいわれると、「上司に従い、間違っていることに同調した」のである。

アメリカの黒人の人種差別に反対し、ノーベル賞をもらったマーチン・ルーサー・キング（Luther King Jr., Martin, 1929–1968）も同様、自律的な人であった。

①　「子どもの嘘」

カミイは、発達における自律と他律の関係を、次のような図1で示した。(6)横軸は、出生から成人までの時間を示し、縦軸は他律に対する自律の割合を%で示している。乳児の段階では、他律的であったのが、発達の進展とともに次第に自律的になり、自分自身を支配できるようになり、他の人に支配されることが少なくなるのが理想的発達である。しかし、現実には、実線に示されているように、多くの成人は、理想の発達からかけはなれ、低いレベルに止まってしまっている。

カミイは、なぜ我々は、理想の発達をとげられないのか、何が発達を阻害しているのか、発達の阻害要因をさぐることが、実は教育する側からみた場合の重要なキイポイントであるという。

この問題について、「子どもの嘘」とそれに対する「大人の嘘」とそれに対する「大人の罰」の例をあげている。

つまり、ある子どもは、どうして道徳的に自律した成人になるかということである。子どもが嘘をつくと、大人は、子どもにオヤツを与えなかったり、叱ったり、時には、体罰を加えたりする。

こうした罰のゆきつくところは、次の三つのうちどれかであるという。

a　子どもは、打算的になる。バレないようにやるようになったり、また、バレてもやるようになる。

b　盲目的に服従する子になる。イエスマンであり、服従していれば自分が安全であることが保証されるからである。

c　反抗的な子になる。いままで、よい子ちゃんで、イエスマンであった子が反抗的になる。反抗は、一見、自律的であるようにも見えるが、反抗は自律とは異なり、彼は、反社会的にもなり、非行に走ったりする。

罰と強制は、ピアジェのいうごとく、子どもの他律性を強化し、自律性を遅らせるだけである。賞もまた他律性を強化する恐れがあるという(7)。結局のところ、われわれが、賞罰を用いることを控え、子どもたちが、自らの力で、道徳的価値を築いてゆくしかないのである。

それには、「成人（教師・親）が、子どもと「観点」を交換する」ことが大切だという(8)。

②「罪滅ぼし的罰」と「相互関係による罰」

つまり、罪滅ぼし的賞罰（例、本をやぶったから、デザートを与えない）によって、子どもに苦痛を与えるのではなく、子どもがウソをついたら、愛情をもって、子どもの目を見て、「あなたの言っていることは信じられませんよ。だって……」とその理由をのべるのである。それが観点の交換である。「罪滅ぼし的賞罰」では、本をやぶいたことと、デザートをもらえないことの間に論理的関係はない。こういう恣意的な罰の形は、子どもは、罰をさける以外、自分の行動をかえる必要を感じず、したがって、その行為をやめさせるには、罰がますますエスカレートするだけである。

しかし、観点をかえた「相互関係による賞罰」は強制が最小限であり、子どもの自律性を育てるもとになる。自分が信じてもらえるとわかった子どもは、自分を信じてもらうために何をしなくてはならないかを考えるように動機づけられ、結局、人間はお互いに正直につき合うのが最善であるという信念を自らの力で築くようになる。

道徳は、文字通り、個々人の内面にかかわる問題であるが、ピアジェやカミイは、このような内面性の教育を、自律性と結びつけて考えようとしたところに特色があるといえよう。

2、知的自律性

知的自律の代表的な例は、コペルニクスの仕事や科学史上の革命的理論を創案した人の仕事にみることができる。[9] コペルニクス（Copernicus, Nicolaus 1473–1543）は、他の人がみな、太陽が地球のまわりを回転していると信じていた時に地動説を唱えた。嘲笑の的になったが、彼は、自分の考え方の正しさに確信をもつほど自律的だった。

しかし、他律的な人間は、非論理的な事やプロパガンダも無条件に信じてしまう。

知的自律性に関して、ピアジェの構成説は、この点を非常にわかりやすく説明してくれる。つまり、子どもの認識は、環境から直接、頭の中に注ぎ込まれる容器ではなく、そうかといって、もともと生得的にもっているものでなく、内側から徐々に諸関係を調整することによって、構成されてゆくものである。

今日の教育は、特に幼児に文字や数を教えたりする早教育の現実や、小学校や中学校における知識の暗記や詰込み主義の教育の現実をみると、この自律的発達を促すものとは、あまりにかけはなれているといわねばならない。

注

(1) カミイ、デヴリース『ピアジェ理論と幼児教育』(稲垣佳世子訳)、チャイルド社、一九八〇年、一八頁。
(2) 同書、二一頁。
(3) 同書、九五頁。
(4) 同書、六〇―八三頁。
カミイ『子どもたちが発明する算数――ピアジェの構成論にもとづく教育』(加藤泰彦・尾崎恭子監訳)、大学教育出版、二〇〇三年、四―六頁。
カミイ「認知学習と発達」(竹内通夫訳)、スポデック編『幼児教育カリキュラムの革新を目指して』(上野辰美他訳)、黎明書房、一九九〇年所収。
(5) カミイ「自律――ピアジェの描いた教育の目的」(大浜幾久子訳)、『総合教育技術』小学館、一九八三年、三月号。
(6) カミイ、デクラーク『子どもと新しい算数――ピアジェ理論の展開』(平林一栄訳)、北大路書房、一九八七年、五二頁。
(7) カミイ、デヴリース、前掲書、六七頁。
(8) カミイ、デヴリース、前掲書、五五―五九頁。

（9）　カミイ、前掲論文「自律——ピアジェの描いた教育の目的」。

第二節　構成主義的幼児教育論——コールバーグらの研究——

一　三つの教育理論

前節のカミイとは別に、ピアジェの構成主義の立場から、幼児教育理論、カリキュラムの研究を続けるのは、コールバーグ（Kohlberg, Lawrence 1927–1987）とデヴリース（DeVries, Rheta）である。

コールバーグは教育思想史の流れとして、三つをあげている(1)。

第一は、ロマン主義（romanticism）で、これは、発達理論の成熟説に代表される教育観である。そこでは、発達は、前もってパターン化され、あらかじめ決まっている発達段階が開花すると考えられている。このような思想は、フロイト（Freud, Sigmund 1856–1939）やゲゼル（Gesell, Arnold 1880–1961）に代表されるが、ロマン主義と呼ばれるのは、ルソーによる「自然の子どもの発見」があり、その流れを受けたロマン主義哲学の影響があったからである。ロマン主義的な教育イデオロギーには、ニイル（Neil, Alexander 1883–1973）の「サマーヒル・スクール」（Summerhill School）、フリー・スクール（Free School）やオープン・スクール（Open School）運動、「ディ・スクーリング」（De schooling）運動がある。

第二は、文化伝達論である。これは、人間機械論ともいえるもので、環境は、有機体（人間）に直接伝達され蓄積される情報またはエネルギーとして、「インプット」されるものととらえられ、それに対して、有機体は

「アウトプット」として行動する。この世界観には、ジョン・ロックの「白紙」説、ソーンダイク（Thorndike, E. 1874–1949）の「学習理論」、スキナーの「S–R理論」、エンゲルマンの「圧力釜方式」（Pressure Cook Approach）やプログラム学習などがある。心理学の中の連合学習論（行動主義の学習理論）や情報処理理論的立場は、認識は外部の環境から感覚を通して個人の内部に入った情報が知識になると考える学習理論である。学習方法としては、反復や強化を重視するアプローチ（ドリルや練習問題の反復）が重視される。

第三は、認識発達論である。この立場は、ピアジェの構成主義（constructivism）によって説明できる。つまり、知識は、社会的環境との相互作用を通して内部から構成されるものであり、生得的にすでに獲得されていたり、環境から外部に与えられるものではない。子どもを植物（ロマン主義）や機械（文化伝達論）にたとえるのではなく、子どもは知識を内的に段階的に形成する「哲学者、科学者、詩人」であると考えている。

二　構成主義的教育の目標とその実践——活動教育論——

(1)　コールバーグの教育論

コールバーグらは、構成主義的教育の目標を考えるにあたり、ピアジェの次のような発言から出発している。(2)

伝統的教育はつねに子どもを小さなおとなとして、われわれと同じように推論し感受するが、ただ知識と経験とが欠けている存在として扱ってきた。子どもはこのように無知なおとなでしかないので、教育者の仕事は思考力を形成することよりも、思想をつめこむことであった。外からあてがわれた教材があれば訓練するのに十分であるとみなされていた。

構造が変化するという仮説から出発するやいなや、問題はまったく別のものになる。子どもの思考がおとなのそれと質的に異なるとすれば、教育の主要な目的は知的道徳的な理性を形成することである。理性は外から形成されていないので、問題は子どもが自分自身で理性を構成するのを、すなわち、知的な面では整合性と客観性に、道徳面では相互性に到達するのを助けるために、もっとも適した環境と方法とを見出すことである。

子どもは、おとなが教えない知識を身につけている。それは、子どもが自らつくり出したもので、それこそ、知識を自分で構成（つくり出す）したものである。

子どもが実際にどのように考えているのかということがわかれば、われわれは、子どもは、おとなが教えなくても、たくさんのことを学ぶ（learn）、すなわち、構成する（construct）ということがわかるはずである。コールバーグが強調するのは、教え方を子どもの考えに合わせることである。このような視点でみると、たくさんの学習障害者が学校教育によってつくり出されており、学校へ入って始めの頃に、教師は、子どもが理解できないことを要求して、彼らを傷つけていることがわかる。

「最適な環境と方法」による教育を主張したピアジェの立場をコールバーグらは、次の三点に要約している。(3)

① 子どもの自発的な活動に訴える教育の方法。

② 教師は、子どもたちの仲間のひとりとして活動し、子どもに対するおとなの権威や支配を最小限にすること。

そして、子どもたちの自発性、あそび、実験、思考、協同などを促す良き相談相手であること。

③ 子どもたちがお互いのかかわりを必要とする環境の中で、協同したり、トラブルを解決したりするような機会を広げること。

ピアジェは、幼児には活動を伴わない思考はありえないと考えた。つまり、事物（客体）に対する働きかけなしには、幼児（主体）の知能の形成はありえないし、その働きかけこそが知能の構成に決定的な役割を果しているると考えた。

したがって、ピアジェが何よりも「子どもの自発性」を重んずる教育を強調した理由は、ここにあるといえるのである。

つまり、認識発達の研究者としてのピアジェの関心は、次の点にあった。

「知識は、どのように発達するのか。知識があるレベルから、どのようにして、他のレベルに移ってゆくか。」

ピアジェは、子どもの知識の発達について明らかにしたが、何をどのように教えるかという教育の実践の問題については結論を出さなかった。

(2) 活動教育の方法——教師の役割——

しかし、教育者の関心は、

「どのような教育方法で教えたら、知識は発達するのか」

「知識（知能）の発達をどのように助長したらよいか」

にあり、ここに若干のズレがある。では、このズレをどのようにして埋めたらよいのだろうか。それが教育者の実践上の課題になるわけである。

教育者は、子どもの知識を構成する手段として自発活動を重視する能動的教育の重要性に賛成している。

では、どんな活動を奨励するのか、それをどのように育てるのかについて、意見は一致していない。つまり、

「構成的活動」（constructive activity）の定義について合意が得られていないのである。[4]

このような状況をピアジェ自身が、誰よりもよく承知していた。その考えの上に立って、二つの考えをのべている。

第一は彼が特定の教育プログラムを推奨するのを控えたことである。

したがって、教育者は、間接的な方法で、それを教育に応用することができるし、またそれしか他に方法はないであろう。

第二は、「心理学者と教育者の誤り」をさけることである。[5]

「心理学者の誤り」とは、心理学者は研究し、概念化したものや法則だけが、教育者が顧慮すべきもの（教師の実践の基礎となるべきもの）だと考えていることである。

「教育者の誤り」とは、教師は自分自身の経験によって「何が有効であるか」を決定すべきだという考えである。これは、教師の実践（指導）に焦点を当てており、正しい答えか、「良い」行動かといった短期的評価によって、「何が有効であるか」を決めるもので、これは、「文化伝達論」に近いものである。

そうではなく、教師は、子どもの理解＝思考の方法に応じて指導法を考えていくという柔軟な方法をとれば、子どもが自身で知識を発明する（invent）ことができるのである。

教師＝教える人、子ども＝学ぶ人という関係でなく、両者の相互関係を重視した教育法および教育の背後にある「潜在的カリキュラム」（hidden curriculum）を考慮した教育法、カリキュラムにもとづいて行われることが何より大切なのである。

注

（1）デヴリース、コールバーグ『ピアジェ理論と幼児教育の実践』上（加藤泰彦監訳）、北大路書房、一九九二年、三一一頁。

デヴリース、ザン『子どもたちとつくりだす道徳的なクラス――構成論による保育実践』（橋本祐子他監訳）、大学教育出版、二〇〇二年。

（2）ピアジェ『教育学と心理学』（竹内良知他訳）、明治図書、一九七五年、二三頁。

（3）デヴリース、コールバーグ、前掲書、二四頁。

（4）同書、六六―七〇頁。

（5）同書、一六―一八頁。

第三節　ピアジェ・プログラムの評価――比較研究――

ピアジェの発達理論に対する理解が深まり、それにもとづいてつくられたカリキュラムも、いくつか実践されている。中には、カリキュラム化されてはいないが、保育の過程の中に、ピアジェ理論にもとづいた教材を取り入れたり、子どもの自発活動を促す保育活動をしている園もある。しかしながら、ピアジェ・カリキュラムにはどのような教育効果があるのだろうか？

そこで、先ず、カリキュラムとして実践されたもので、その効果を比較したものをあげ、次に、カリキュラム化されているピアジェ的発想にもとづく保育活動の評価をとりあげることにする。

一　ウィスコンシン大学グループの研究

アメリカのウィスコンシン大学の研究グループは、ロートン（Lawton, J.）を中心として、一九七五〜一九八〇年まで、次の三つのカリキュラム（プログラム）を実践し、その効果比較研究を行った。[1]

三つのプログラムは次のものである。

(1)　プログラムの名称および内容

①　ピアジェ派プログラム（Piagetian Program）

②　オースベル派プログラム（Ausbelian Program）

③　伝統的プログラム（遊びを重視したプログラム——Learning-Through-Play Program: Traditional Program）

最初の二つのプログラムを実験群とし、伝統的プログラムを統制群とした。

対象年齢、四〜五歳児五十五名（男子二十七名、女子二十八名）

ピアジェ・クラス　　十七名

オースベル・クラス　　十八名

伝統的クラス　　二十名

以下、三つの方式の概要をのべることにする。

①　ピアジェ派プログラム

ピアジェのプログラムで強調されることは、社会・情緒的発達や身体的発達と同様に活動を通しての認知的発

表1

1．レイヴン図形テスト（RCPM）の結果

	事前テスト	事後テスト
ピアジェ方式	1位	1位
オースベル方式	3	2
伝統的方式	2	3

2．ピーボディ図形テスト（PPVT）の結果

	事前テスト	事後テスト
ピアジェ方式	1位	1位
オースベル方式	2	2
伝統的方式	3	3

3．系列性テストの結果

	事前テスト	事後テスト
ピアジェ方式	1位	2位
オースベル方式	2	1
伝統的方式	3	3

4．長さの保存テストの結果

	事前テスト	事後テスト
ピアジェ方式	3位	2位
オースベル方式	2	1
伝統的方式	1	3

5．重さの保存テストの結果

	事前テスト	事後テスト
ピアジェ方式	1位	2位
オースベル方式	2	1
伝統的方式	3	3

達であり、それは、活動の自発性および、心身両面の活動に関連している。

プログラムは、周到に計画され、柔軟性をもつ。保育の場面においては、具体的対象物や周囲の世界を説明する方法を身につける経験に対して、子どもの相互的かかわりが、重視される。

② オースベル派プログラム

オースベルの名前は、わが国では、なじみがないが、この方式は、心理学者オースベル（Ausbel, D.）理論にもとづくものである。

彼は、認知構造は、階層構造に組み分けられた概念や命題で構成されていると考える。幼児の情報処理の方法は大人のそれとは異なり、ピアジェのいう発達の三段階――前操作的段階、具体的操作段階、形式的操作段階に依拠することを強調している。

オースベル方式は、短期間に知的能力の発達を向上させることを目的としている。したがって、この方式では、教師は、もともと説明中心的で子どもの学習は受動的である。

③　伝統的プログラム

このプログラムは、子どもは、自分の活動を自由に選択でき、その活動の中の興味の方向に沿って、自由に活動できる時に、最もよく学ぶことができるという考えに立っている。

ピアジェ方式と同じように、身の回りの具体物や経験や遊びを通して学ぶことが重視される。

教師の役割は、子どもの活動を情緒的にサポートし、人間関係をつくり、子どもが行い、感じ、考えていることを、ことばによって表現できるようにすることである。

(2)　プログラムの効果

では、各々のプログラムを実施した結果、どのような効果がみられたのだろうか。

まず、図形テストを用いて、その効果を比較した結果は、表の通りである。（表1　事前テスト実施は、一九七五年九～十月、事後テスト実施は、一九七六年五月である。）

それぞれの方式で実施をする前と実施後の効果を比較した結果、図形テストでは、いずれも、ピアジェ方式がすぐれていることがわかった。（二つの図形テストとはピーボディ絵画・語いテストおよびレイヴン色彩・絵画テストである。）

次に、「ピアジェ課題」(Piagetian Tasks) による効果の比較を行った。その結果、ほとんどの領域で、オースベル方式の優位が示される結果となった（表1の3～5）。

三つの実験プログラムを比較すると、明らかにピアジェ派方式とオースベル方式に効果があることがわかった。つまり、「構造化されたプログラム」に効果があるということである。

オースベル方式とピアジェ方式では、前者に効果があることがわかった。つまり、短期的効果という点で、オースベル方式が効果的であることがわかった。

プログラムの効果ということは、誰もが、非常に興味深い問題である。しかしながら、各々のプログラムには、各々の教育目的がある。カリキュラムの構造の厳密性の割合も異なるので、それを同一レベルに並べて、ある一定の基準（この場合、ピアジェ保存課題と図形テスト）で効果を測定することには、一定の限界があると考えるのが妥当であろう。

二　三つのプログラムの経済的効果

アメリカ合衆国で、一九九〇年から二〇〇一年の間に、二三の就学前教育プログラムが実施されている。プログラム参加年齢は、〇歳からのものから、三歳・四歳のものなどあり、公的プログラムが五つ、残りはモデル事業として行われている。プログラムの効果について、フォローアップする年齢は、短いもので数年、長期研究のものは、二十七歳までのものまである。

次の三つのプログラムが、就学前教育の経済効果についての調査結果を出している。(3)

(1)　三つのプログラム

①　ハイスコープ・ペリー就学前教育プログラム（High/Scope Perry Preschool Program, PPP）
ピアジェの認識理論にもとづいたカリキュラムが特徴であるが、やや認知発達中心であるといわれる。

（五七頁参照）

②　キャロライナ・アベセダリアン・プロジェクト（Carolina Abecedarian Project）

③　シカゴ親子センター（Chicago Child-Parent Center, CPC）

それらの概要を示したのが表2である。[4]

三つのプログラムに共通しているのは、「子どもの属性」で、社会経済的地位の低い家庭の有色人種（黒人・ヒスパニック系）の子どもである。

では、このプログラムの経済的効果とは何であろうか。

(2)　三つのプログラムの費用便益分析

費用便益分析とは「費用と効果をそれぞれ金銭に換算した場合の、費用対効果

表2　三つの幼児教育プログラムの背景と特徴

特　　徴	ハイスコープ・ペリー・就学前教育プログラム	キャロライナ・アベセダリアン・プロジェクト	シカゴ親子センター
実施期間	1962–1967	1972–1977	1983–1985
都市名：設置場所の環境	イプシランチティ：都市郊外	チャペル・ヒル：田園地域	シカゴ：都市中央部
設置場所	小学校	大学のセンター	小学校あるいはその近隣
設置箇所	1箇所	1箇所	24箇所
子どもの属性	社会経済的地位：低い IQ 70–85	社会経済的地位：低い ハイリスク	社会経済的地位：低い タイトルI地区に居住
人種／民族	100%黒人	96%黒人	94%黒人 6%ヒスパニック
入園年齢	3歳	1–4カ月	3歳
平均的就園期間	1.8年	5年	1.6年
1日の保育時間	パートタイム	全日	パートタイム
その他のサービス内容	毎週の家庭訪問	医療サービス、食物の提供	親プログラム、普及活動、適宜の家庭訪問、健康サービス
平均的なクラスの規模	22人	12人（乳児）、 12人（幼児）	17人
平均的な子ども(人)：職員（人）の比率	5.7：1	3：1（乳児）、 6：1（幼児）	8.5：1
カリキュラムの特長	認知、社会性の強調、子どもの自発性中心	言葉、社会性の強調、伝統的カリキュラム	言葉、社会性の強調、教師の指示中心
職員の報酬	公立学校教員待遇	公立学校教員待遇に匹敵	公立学校教員待遇
学童保育のサービス	なし	幼稚園クラスから第2学年	幼稚園クラス、1学年から3学年

にもとづいた選択肢の評価」と定義されている。

これによる分析結果によると次の様である。(5)

「三つのプログラムは、いずれも、教育や司法体制、健康費用に関する政府コスト節約と経済状態の向上によって相当の経済的効果を生みだした。」ハイスコープ・プログラムは、「利益の総額」は一位で、「一ドルの投資に対する総利益」もよい。「一ドルの投資に対する公的利益」も一位を占めている。これは、「高校修了率」「大学就学率」「二十一〜二十七歳の就職率」「逮捕歴の低さ」と大いに関係あるところである（表3、表4）。

結論として、「費用便益分析の結果は、三つのプログラムのタイミングや継続期間、地域、時期、あるいは内容のちがいにもかかわらず、就学前教育への投資に対する高い利益があったことを示している。」とのべている。

数十年の調査から、家庭の所得が子どもの認知発達と教育達成度、それに幼少期から小学校時代およびそれ以降の社会的行動に関係がある。貧困が子どもの発達に与える悪影響は、十八カ月から二十四カ月までに明らかになり、貧困による発達の差は広がる。それが、学校教育における成績水準にも影響する。(6)

表3　2002年のドル建てによる３校の幼児教育の参加者１人あたりの費用と利益の概要

費用と利益	ハイスコープ・ペリー・就学前教育プログラム	キャロライナ・アベセダリアン・プロジェクト	シカゴ親子センター
プログラムの費用（ドル）			
プログラムの平均参加者数	15,844	35,864	7,384
1年間の参加費用	9,759	13,900	4,856
プログラムの利益（ドル）			
利益の総額	138,486	135,546	74,981
純益（利益引く費用）	122,642	99,682	67,595
1ドルの投資に対する総利益	8.74	3.78	10.15
1ドルの投資に対する公的利益（利益引く費用比率）	7.16	2.69	6.87

注：費用はプログラムの支出で、比較群の推定費用は含んでいない。アベセダリアン・プロジェクト（Masse & Barnett, 2002）との比較のために、ペリー幼児教育（Barnett, 1996; Schweinhart et al., 1993）と CPC（Reynolds et al., 2002）の値は、消費者物価指数を用いて、2002年のドルに換算した。研究協力者の年齢は、プログラムの左から各々27歳と22歳、21歳であった。

以上の議論は、広く普及しているものであるが、この「貧困の連鎖」に、ピアジェ理論をかかげるハイスコープ・プログラムがどれだけ貢献しているか、経済学的数値の上では、かなりの効果がみられるが、問題は、数値にあらわれない「潜在的な効果」である。

それは、カリキュラムの内容、教師のモラール、子どものモチベーション、教師と子どもの人間関係の良好な部分があって、全体効果が上がるもので、それらを含めて就学前プログラムや学校教育のカリキュラムが、検討されておらず「教育における平等性」を細かく検討することが、教育プログラムの効果の本筋であろう。

三　ＯＥＣＤの就学前プログラム評価

就学前教育プログラムの経済分析の流れの中で「ＯＥＣＤ」(Organization for Economic Cooperation and Development　経済協力開発機構）によるプログラム分析がある。(7)

その中に「構造主義の児童中心主義」プログラムがある。

表をみると、構成主義プログラムの子どもは、「学校における問題行動」や「高校中退率」等は低く、逆に、「大学卒業率」は高く三つのプログラムの中では、第一位を占めている（表4、図2)。

ＯＥＣＤは、各々のプログラムの詳細な分析はしていないが、「批判的学習」（critical learning）の重要性を指摘している。

子どもが自律して行動をとれる環境、創造性や自己決定ができること、知的・社会的・情緒的発達のバランスが大切である。

そのためには、リテラシー、数学的能力、コンピュータ・リテラシー、科学、芸術、音楽、心身の発達、友人との人間関係などが重要な要因である。

表４　学校における行動のカリキュラムのちがいによる効果

	直接教授法	子ども中心（構成主義）	子ども中心（社会性）
15歳時の問題行動	14.9%	5.9%	8.0%
高校中退率	16.0%	5.9%	8.0%
問題全体の平均	9.6%	5.0%	4.9%

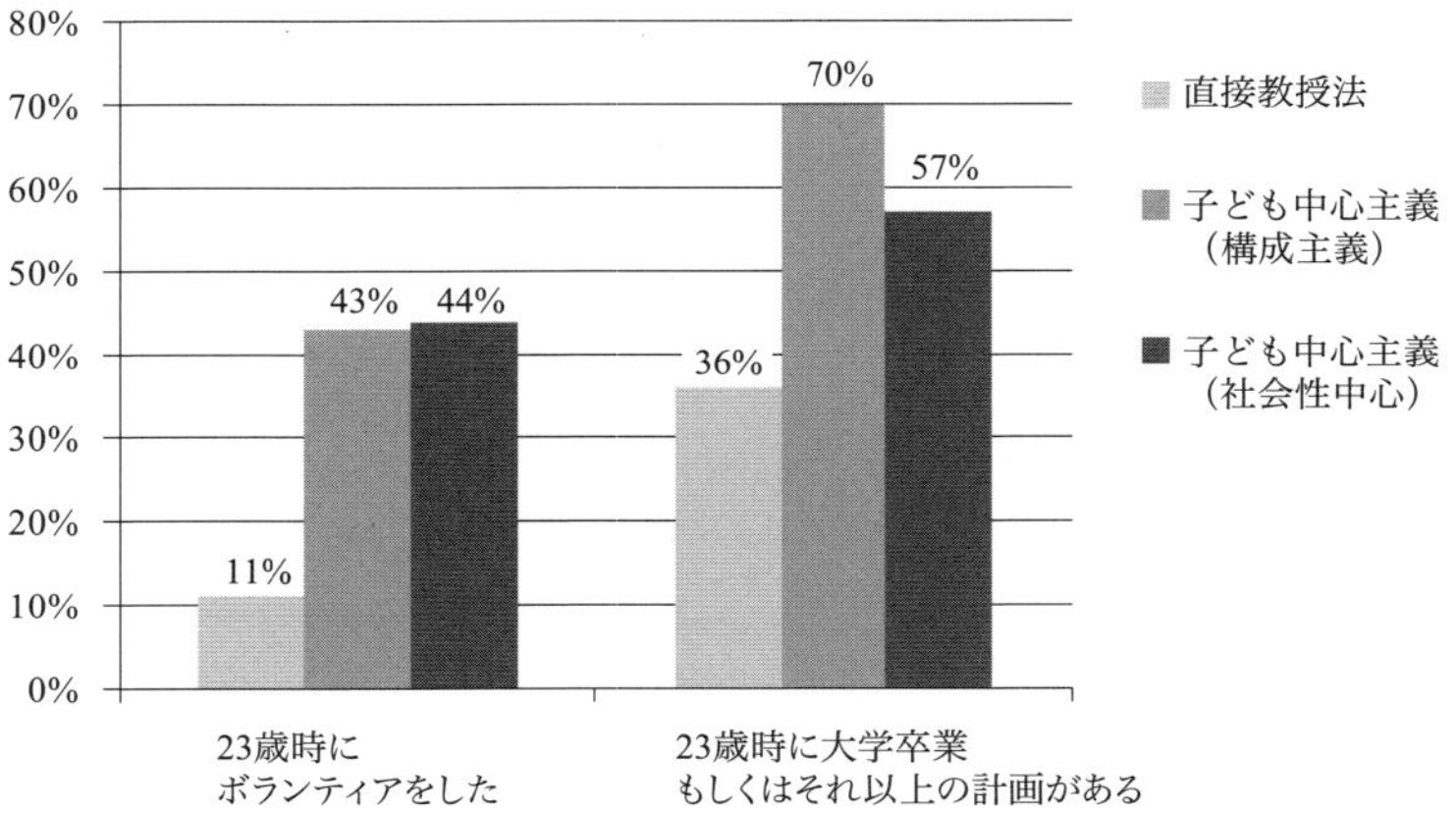

図２　カリキュラムモデルの影響
（地域社会のかかわりと将来の学習を継続するモチベーション）

子どもは、自らが積極的に取り組み、相互関係がなめらかに、意味のあるものである時、最もよく学習するのである。(8)

ピアジェが構成主義にもとづく「活動教育法」でめざしたのは、子どもの自発性をもとにした発達と学習であった。

ジーグラー（Zeigler, Earle F.）らの研究やＯＥＣＤのデータは、ピアジェの「学習の転移」以上のもので、子どもの学校の内外における生活行動を変化させるというこれらの結果は、子どもの中に内的思考の大きな転換があり、その結果、行動に変化があらわれた結果で、そこには、明らかに「認知構造の変化」があったはずである。（八四頁参照）

ただ、統計的データは、前述したように、数値として出されたもので、

「構成的活動教育」が、「構造の変化」に及ぼす、いくつかの要因の詳細な分析が必要なことは、「貧困の連鎖」の調査データと同じあろうと考える。

四　わが国におけるカリキュラムの比較研究

わが国における幼児教育カリキュラムの本格的なものはない。あるカリキュラムの一部を保育にとり入れているもの、ある領域（文字教育、数教育）だけをとり入れているもの、正規の幼稚園教育以外の、いわゆる「幼児教室」や「塾」で行っているものがある。

それらを分析したものに「幼児の知的教育研究会」（代表平沢茂）のものがある。[9]

(1)　知的教育プログラムの比較研究

同グループは、幼児の知的教育の分析から出発し、比較研究の目的を「現代の幼児の知的・体系的教育カリキュラムや教材・教具を分析し、一定の評価を下すこと」であるとした。知的教育とは、認知的教育のことであり、知識（書く、話すなどの表現に関する技能的領野を含む）を定着させるような教育で、ここでは、数・量、言語の領域に限定している。

とりあげたプログラムは、以下のものである。

表5は、全体的にいえば、A～Eは「知育教え派」で、Fは「遊び中心派」である。

ここで、Eの松井公男のピアジェ・カリキュラムを検討してみよう。

このプログラムは、ピアジェ理論である論理的思考の発達を促すための言語的はたらきを各々のべている。

先ず代表的な働きかけを見てみよう。

表５　言語教育プログラムの分析結果

	概念												記号										
	思考・表現教育									語彙教育			語彙教育				文字教育						
	人の話を聞いて分かる	挨拶や生活に必要なことばが使える	自分や人の名前が言える	思っていることが言える	説明ができる（絵・写真）	絵などを見てストーリーを作れる	短文を作る	ばらばらのことばから一つの文を作る	その他	事物の定義・概念形式	反対語・類義語	その他	事物の名称	「あ」の付くことば	しりとり	その他	ひらがなの読み	本を読む	文字カードなどで単語・文を作る	漢字の読み	直線や曲線を描く	ひらがなを書く	その他
A 公文式								(○)	(○)			(○)	○		○	○	○			○	○	○	○
B 石井式漢字教育										(○)			○				○			○			
C 明星学園もじのほん						○				○			○	○			○		○		○	○	○
D 藤永保	○			○	○	○	○	○	○	○	○	○		○	○		○	○	○				○
E 松井公男ピアジェ						○	○		○								○					○	○
F 芸術教育研究所	○	○	○	○	○	○			○		○				○		○	○	○			○	○

注：(　) は不明確と思われる箇所

中心は、概念―思考と表現教育である。文字教育をする前に論理的操作がいきることをねらいとしているが、ピアジェの理論を具体化するあまり、言語教育で大切な問いかけと応答などのプログラムが少ない。文字教育に対する配慮も少ない。どうやって、文字を読めるようになるのか、どうやって文字を書けるようになるのか、全くふれられていない。いつの間にか概念学習の中で使ってしまっており、発達的な指標を含む、より整理されたプログラムが必要である。

(2)　数量教育の比較研究

この研究グループが、数量教育のプログラムとしてとりあげたのは、八つである（表6）。ピアジェ方式の数量教育は、「具体的操作の訓練プログラム」が中心である。数概念と量概念を交互にとりあげ、両者の統合を図ろうとしている点に特色がある。たとえば、数概念で推移

表6　数量教育プログラムの分析結果

		A. 公文式	B. 水道方式	C. 学研式	D. 藤永	E. 芸術形式	F. 梅根式	G. ピアジェ式	H. (学習指導要領)
〈数概念〉	集合作り（一次元）		○	○	○	○	○	○	
	集合作り（二次元）			○	○				
	一対一対応		○	○	○	○	○	○	△
	集合の大小比較		○		○		○	○	△
	同値の推移律		○					○	
	差異の推移律							○	
	集合の合成分解					○		○	
	空集合		○			○	○	○	
	保存			○	○	○		○	
〈量概念〉	ことばの導入			○	○	○	○	△	○
	比較			○			○	○	○
	系列化					○		○	
	分割合成							○	
	連続性の認識						○	○	
	保存							○	
〈数記号〉	数唱	○	○	○	○	○	○	△	○
	順序数	○	○	○	○	○	○	△	○
	集合数	○	○	○	○	○	○	△	○
	数の系列化比較			○	○				○
	数の分割合成		○	○	○	○	○	○	○
	数の推移律							○	○
	記号演算				○			○	○
	数字を読む	○	○	○	○			△	△
	数字を書く	○					○		△
〈図形・空間〉	図形認知			○		○	○		○
	図形の合成分割			○		○	○		○
	位置・方向			○		○	○	○	○
	時刻・時間			○		○			○

注：△は、他の領域で学習済みとされるもの

律（A＞B、B＞CならばA＞Cである）・保存をとりあげた後に、量概念でも保存をとりあげている。数記号については、数唱・順序数・集合数を直接とりあげることや数字の読み書きには何もふれていない。松井の方式では、概念が教材の中心であり、数記号を重視していない。

教育方法は、「遊び」と銘うってはいるが、実際は、「教え中心型」である。教材は、多く用意されているが、集団では実施するものが多く、個別指導が副次的なものになると思われる。

本プログラムは、ピアジェの行った実験課題そのものを、指導用問題場面として用いるものが多い。ピアジェの「保存課題」を直接教えることにより、人為的に発達を促進できるかどうかを実験的に検討した結果によると、訓練結果により、単にピアジェの作成した発達課題での成功を促進するだけで、真の意味の認知的発達（論理的操作の発達）につながるかどうかは疑問であるという批判がある。これは、いわゆる「新ピアジェ派」の実験が陥り、逆にそれが問題提起となったことである。したがって、このプログラムの有効性に問題がでることになる。

これは、アメリカにおけるラバテリらの陥った結果に似ている。（五七頁参照）

以上の検討結果からみる限り、知的教育の領域においても、数量教育の領域においても、有効な結果は見出されていないといってよいであろう。

五　就学前教育プログラムにおけるピアジェの位置

前節までのところでのべたピアジェの自発活動にもとづく活動教育法は、教育（思想）史の中でどのような位置を占めるのだろうか。

その位置づけについて少し考えてみたい。

手掛りとして、フェイン（Fein, G.）とクラーク＝スチュアート（Clark-Stewart, A.）の考えを参考にしてみよう[10]。

これは、教育観（思想）、カリキュラムの性質、教育方法上の問題を六つの側面から興味深い考察をしている（図3）。●印の下にあるのは、歴史上の教育思想家、心理学者（いずれもカッコ内）と、教育計画の立案者、プログラム名または、その実践主体である。

(1)　子ども観

子ども観は、教育計画の最も基本的なものであり、子ども観のあり方如何によってプログラムの性格も変わってくる。

子どもの中にある自発的なもの、創造的なものを認め、それを引き出すことに教育の目的をみる立場は、ルソーやフロイト、ゲゼルらの成熟主導型の考え方である。一方環境主義的立場は、経験主義者ロックをはじめスキナー、エンゲルマンらにみられるもので、教育は外部作用の結果生じるものであるとする。この二つの立場の中間にあるのが、相互作用主義者（interactionist）の立場である。

ピアジェをはじめ、モンテッソーリ、ウェイカート、イギリスの幼児学校の子ども観がそれである。

コールバーグも、ほぼ同様な考え方を展開している。

(2)　子どもの目標

これは、教育の過程を重視するか、教育内容を重視するかによって異なってくる。

子どもは学習する存在であるか（the learning child）、それとも知識を教えられる存在であるのか（the informed child）。

1．成熟／環境問題：児童観

成熟(子ども)主導型			相互作用主義 (Piaget)			環境主導型
(Rousseau) (Gesell) (Freud)	Traditional nursery school	Bank Street Sprigle	Weikart Deutsch Gordon Nimnicht Montessori EDC British infant schools	Painter Hughes	Moore Resnick Gray Spiker	(Locke) (Skinner) Engelmann Bushell Ulrich Sesame Street

2．過程／内容問題：子どもの目標

学習する子ども (Piaget)			知らされる子ども
Nimnicht Sprigle EDC Moore Hughes British infant schools	Montessori Bank Street Weikart	Gray Gotkin	Engelmann Scott Bushell Resnick Spiker Karnes

3．硬／軟問題：強調される発達の側面

社会情緒的	全人	言語	認知 (Piaget)	知覚
Psychoanalytic nursery school	Bank Street Spicker Keister Nimnicht Caldwell Deutsch British infant schools	Hughes Cazden Schaefer Levenstein Blank Engelmann Karnes McAfee	Moore Weikart Palmer Godon Resnick Gotkin Sigel	Montessori
		Gray（言語～知覚）		

4．解決の深さの問題：企画されている教育水準

子どもの変化（行動～構造）			
行動	構造 (Piaget)	行動と家族を変化	家族を変化
Engelmann Bushell Ulrich Weiss	Weikart Gordon	Gray Karnes Dunham Gordon Weikart Bushell	Gutelius Miller Levenstein

5．構造の程度の問題：プログラムの技法

非構造的	(Piaget)				高度に構造的
Keister Skeels Traditional nursery school	Bank Street EDC Robinson British infant schools	Nimnicht Gray Hughes Sprigle	Montessori Moore Weikart	Karnes Painter	Engelmann Gotkin Spiker Deutsch

6．人／物の問題：成人と子どもの接触量

教師中心			(Piaget)			教材中心
Engelmann Hughes Rheingold Skeels	Bushell	Deutsch Gray	Bank Street Caldwell	Resnick EDC	Nimnicht	Stern Moore Montessori

(Fein&Clarke-Stewart, 1973)

図3

ピアジェの立場は、「学習する子ども」に属し、子どもの学習過程（the process of learning）を重視する考え方である。同じピアジェ理論に立つ、ウェイカートとの相違がみられる。

ベライターやエンゲルマンは、圧力釜方式（Pressure Cook Approach）といわれる方法で、3R's の基礎を集中的に教え込もうとする。

(3)　発達の側面

これは、ソフトな側面、社会情緒面を強調する立場と、ハードな側面、言語、知覚、認知的側面を強調する立場がある。

その中間にあるのが、全人としての子ども（the whole child）を主張するもので、ピアジェ、アメリカのバンク・ストリート大学のプログラム、イギリスの幼児学校の理念はこれに属する。

ウェイカートは、認知発達に重点を置いている。

(4)　教育の深さ

これこそが、最も大きな問題であるともいえるが、子どもをストレートに変化させようとするもの（エンゲルマンら）、子どもの全体構造を変化させようとするもの（ピアジェ、ウェイカート）。

また、家庭の重要性を考え、家族の変化を求めるものもある（レーヴェンスタインら）。

(5)　プログラムの構造

就学前教育のプログラムの構造の問題は、かなり高度に構造化されたもの（エンゲルマン、ドイッチュら）から、構造化の低いもの（ピアジェ、伝統的な保育学校、スキールズ、バンク・ストリート、イギリスの幼児学校）まである。その中間にモンテッソーリ法、ウェイカート、グレイらのものがある。

極度に構造化されたものはカリキュラムが厳密に組まれているので、子どもは学習に関してかなり厳しい規制を受ける。

しかし、構造化の低いカリキュラムの規制が弱く、人間関係を重視していることが、大きな特色となっている。

(6) 人と物の問題

どのプログラムでも、教師と子どもの接触量を問題にするが、これにはかなりのバラエティがある。教師主導で教えようとするのがエンゲルマンらの方法である。一方、教材、教具の操作に主目的を置くのがモンテッソーリ法である。これにヒントを得たのが、ムーア（Moore）のトーキング・タイプライター（Talking Typewriter）による教授法である。これらは「物中心」（thing centered）の側面を強調するものである。ピアジェの構成主義的立場は、環境要因としての人＝教師、子ども同士の人間関係を重視している。

以上が、教育思想上の考え方、種々の就学前プログラムの考え方であるが、ピアジェ教育理論は、その中で、中核的位置を占めるといってよいであろう。

このように、子ども観、教育目標、カリキュラムの構造、教育方法等の観点から、ピアジェの発達理論、教育理論の教育史上の位置づけを考えると、それは、チェコのコメニウス（Commenius, Johann Amos 1592–1670）、ドイツのフレーベル（Fröbel, Friedrich Wilhelm August 1782–1852）、イギリスのオーエン（Owen, Robert 1771–1858）、イタリアのモンテッソーリ（Montessori, Maria 1870–1952）、アメリカのデューイ（Dewey, John 1859–1952）らと同様に、近代教育史の中核を占める児童中心主義の一旗手として、その名は燦然と輝く位置にあるといえるのではないだろうか。

注

（1）Lawton, Joseph and Hooper, Frank et al., A Comparison of Three Early Childhood Instructional Programs, (*Technical Report* No. 462) Wisconsin R & D Center for Individualized Schooling, University of Wisconsin, August. 1978.（表は、ロートンらのデータをもとに作成したものである。）

（2）Lawton, J., The Ausbelian Preschool Classroom, Johnson, J. et al. eds., *Approaches to Early Childhood Education*, Merrill Publishing. Co., 1987. pp. 85–108.

（3）ジグラー他『みんなの幼児教育の未来図』（田中道治編訳）、ナカニシヤ出版、二〇一三年、五二頁。（原題は、次の通りである。*A Vision for Universal Preschool Education*, 2006.）

（4）同書、五二頁。

（5）同書、五五－五八頁。

（6）同書、五七－五九、八一頁。

（7）OECD. ed., *Starting Strong III—A Quality Toolbox for Early Childhood Education and Care*, OECD. 2012, pp. 86, 89.
（ＯＥＣＤは、一九六一年発足の国際団体で、わが国は一九六四年に正式にメンバーとなる。パリに本部がある。その目的は、1．経済の成長、2．貿易の拡大、3．発展途上国援助の拡大であるが、教育には、当初から強い関心を示し、「科学者・技術者委員会」を中心に各国の教育の拡充・発展に寄与してきた。『教育社会学事典』東洋館出版、一九八八年。）

（8）OECD, *op. cit.*, p. 88.

（9）幼児の知的教育研究会編『幼児の知的・体系的教育に関する基礎研究』教育開発情報センター、一九八四年。

（10）G. Fein and Clark-Stewart, *Day Care in Context*, John Wiley, 1973, pp. 200–228.
図３の1～6のうち、２以下のところに原著にないピアジェの名前を入れたのと、同図３の1～6の部分の説明の中にピアジェをつけ加えた。

第四節　わが国におけるピアジェ研究の現在

一　戦前におけるピアジェ理論の受容

わが国にピアジェ理論が紹介されたのは、波多野完治が「心理学研究」に論文を発表したのが、その嚆矢とされている。[1]

久保良英は、『学習心理学』（南光社、一九二九）において、ピアゼ（ピアジェ）の六歳半の子どもへの質問の例をあげ、フレーベル、ヂュキィ（デューイ）、シュテルン、コフカ等の教育学、心理学の流れの中で、ピアジェをとりあげている。[2]

さらに、波多野は、『児童心理学』（同文館、一九三一）において、巻頭に「子供好きの人々に捧ぐ」として、（本書はピアジェの学説の方法との忠実な縮写であるとして）ピアジェの「児童の自己中心的傾向」「児童の世界観・汎心論（アニミズム）、人工論（アーティフィシャリズム）、実念論（リアリズム）等の研究内容を紹介した。[3]

したがって、かなり早くに初期のピアジェ理論からわが国に紹介されていたわけで、波多野の功績は非常に大きなものがある。

波多野は一九三九年に『心理学と教育』と題して、第三章に「子供の哲学」として、「実念論」（リアリズム）、

「汎心論」(アニミズム)、「人工論」(アーティフィシャリズム) の翻訳を行っている。[4]

また、霜田静志・竹田浩一郎がジャン・ピアジェ『子どもの道徳観』を翻訳刊行しているのも先駆的である。[5]
(原書 *Le jugement moral chez l'enfant*, 1932)

「我々には日本の現下の道徳教育の根本的な革新への巨弾を投ぜんが為に、この書を世に送り出そうと居るのである。」とのべ、ある箇所は逐語訳に、ある箇所は大意にして訳述した。本書は、英語版からの重訳であると記されているが、英語書名は、記載されていない。

興味深いのは、結論的に「子供の道徳意識は、子供の自己中心性と協同の精神によって発達するといふことに帰着する」とのべていることである。

二　戦後におけるピアジェ理論の受容

戦後になって波多野は自ら執筆し、ピアジェ、ワロンらの翻訳に力を入れた。

そして、波多野と共に翻訳や著作で、広くピアジェの普及に尽力したのが滝沢武久である。(文献一覧の項目参照)

(1)　滝沢武久によるピアジェ理論への疑問

滝沢は、ピアジェの認知発達研究の特色として、次の点をあげている。[6]

①　臨床法による方法

一般に、心理学の研究方法では、多くの場合、統計的方法や事例研究という方法をとる。

ピアジェは、そのどれでもなく、「臨床法」といわれる実験者が子どもに対して課題や質問をその場に応じた柔軟な仕方で行うというもので、「平均法」を求めることに関心がなかった。思考の平均法が、人間の真の知性を必ずしも示すものとは考えなかった。

彼の関心事は、帰納的方法による法則性の確立ではなくて、論理的思考構造の理論的検証であり、仮説演繹的方法による認知構造の解明であった。

「ピアジェによる思考の最終段階の均衡状態にある形式的操作の思考構造の特色の一つとして仮説演繹的思考のはたらきをあげている。

仮設演繹思考は、いったん設定した仮説でも、それが誤っていることが立証されれば、その仮説を除去することを特色とする。」

しかし、疑問の一つは、「彼の六十年間にわたる研究過程で、その理論模型をめぐる数多くの仮説を、次々に設定してはこれを実験的に検証し、彼の理論も豊かなものにしていきながら、除去されるに至った仮説は一つも示されていないことである。」

② 子どもとの対話の相手役は誰か。

もう一つの疑問は、臨床法にもとづいて子どもと問答している研究者は誰かということである。『知能の誕生』などの三部作で、相手役は、子どもの父親であるピアジェ自身であることが明記されているが、なぜ母親が相手役にならないのか疑問である。滝沢自身の自問自答は、「実は、子どもに問題を課したり、対話したりする相手役は、少なくとも、臨床法の経験をつみ重ね、子どもに対する行動観察や問答の仕方に熟達した者でありさえすれば、誰でもよかったのである。」

「しかし実は、子どもは母親との個人接触を通して、事物を認識し、理解していくのではないだろうか」と疑問を呈しているのは、興味深い指摘である。

(2)　ピアジェ研究の学界における成果

①　構成主義の教育学的解釈とその幼児教育への応用についての研究に大伴栄子のものがある。大伴は「ピアジェ理論と幼児教育」の一連の研究を大学の研究紀要に発表している[7]。モンテッソーリ教育法との比較、ピアジェ・カミイ理論からみた幼稚園教育要領批判等を展開している。

②　心理学におけるピアジェ研究

中垣啓、大浜幾久子は、日本教育心理学会および自身の著作・翻訳を通してピアジェ理論を研究している[8]。日本教育心理学会の「ピアジェ没後三〇年記念シンポジウム」で中垣は、ピアジェの墓石がなく、識別番号のみが標されているのは、ピアジェが個人としての自己が崇拝されることを望んだのでなく、その考え方が継承されることを望んだのではないかという興味深いエピソードを紹介し、「ピアジェの最大の遺産は認知発達の研究プログラムを提供したことである。」とのべている。

大浜は、「日本で受け入れられたピアジェ心理学の多くは、『精神は思考の道具として時間の中で構成される心理学的な諸操作しかもたないのに、時間から独立した必然的な諸関係をどのようにして構築し得るのか』というピアジェの問を共有せずにきたと思える。」と問題提起した。

わが国では、波多野完治らを中心に、戦前の一九二〇年代からピアジェ理論の吸収に熱心であった。戦後、世界的な発達心理学の研究や認知心理学の進展の影響を受け、ピアジェの多くの著作・論文が翻訳・紹介されてきた。(文献一覧参照)

にもかかわらず、ピアジェ理論を研究する研究者人口は決して多くはなく、現在においてもその状況は変わっていない。特に、ピアジェが精力的にかかわった教育論の研究も充分でないし、ピアジェ理論の教育実践での応用になるとカリキュラムおよびその方法の研究はほとんどなされていない。

しかしながら、ピアジェ理論による障害児（自閉症児）の発達段階評価に関する貴重な研究もなされている。

（第七章第六節参照）

心理学関係の学会での研究発表も、中垣・大浜らの努力によるものが大きいが、教育学関係学会での研究発表やその成果は皆無に等しい。

その原因は単なるメンタリティのちがいを超えて、多岐にわたると思われるが、わが国の教育・研究の現状および研究体制に横たわる問題が大きな阻害要因になっているように思われてならない。

三　一九四七（昭和二二）年「学習指導要領」におけるピアジェ理論の登場

太平洋戦争の終戦により、教育制度も刷新され、民主主義教育が施行されることとなった。

「学習指導要領」が「試案」として、全国の学校に示された。(9) その中で「昭和二二（一九四七）年度学習指導要領一般編」（三月二十日）に新教育の精神、新教育の目的がのべられている。

これまでの教育の内容を中央で決めた画一的なものであったものを、地域の社会の特性や学校の実情や、さらに児童の特性に応じて、それぞれの現場でそれらの事情にぴったりした内容を考え、その方法を工夫してこそよく行くのであって、ただあてがわれた型のとおりにやるのでは、かえって目的を達するに遠くなるのである。

「この書は、新しく児童の要求と社会の要求とに応じて生まれた教科課程をどんなふうにして生かして行くかを教師自身が自分で研究して行く手びきとして書かれたものである。」

そして、教育の一般目標として「個人生活」、「家庭生活」「社会生活」「経済生活および職業生活」において十分能力を磨き、日本および世界の文化の発展に貢献できる人間を育てあげるために、あらん限りの努力をささげなくてはならないとのべられている。

教育の目標を実現するためにはまず児童の現実の生活、児童の特性を知らなくてはならない。

次に、「年齢による児童生活の発達」が、学年年齢ごとにのべられている。それは、「身体的」と「精神的」の二つ分けられているが、そのうち「精神的」な項目にピアジェの発達理論の影響が非常に色濃くにじみでている。

一、第一・二学年児童（六～八歳）
○思考は自己中心的で論理的にものを考えることはしない。（全十四項目）
○想像的活動が著しい。
○人の模倣をしやすい。

二、第三・四学年児童（八～十歳）
○自己中心的な傾向を離れはじめ、単純な論理がわかりはじめる。（全七項目）
○物事を行ってみて理解する傾向は、なお著しい。

三、第五・六学年児童（十～十二歳）
○自己中心的傾向は、十一歳くらいで脱する。したがって論理的な思考が多少できるようになる。おだてがきかなくなる。多少理くつを言う。
○社会性が発達してきて、他人のことを考えるようになり、自他の関係や義務がわかるようになる。

四、第七・八・九学年生徒（十二～十五歳）
○男子は大体十四～十五歳で、女子は大体十二～十四で青年期の特徴があらわれ、論理的抽象的思考が発達する。
○相互援助の関係で友だちができる。
○自我意識がはっきりしてくる。

五、第十・十一・十二学年生徒（十五～十八歳）

○論理的抽象的思考がますます発達する。
○科学、宗教、芸術などの文化的な世界がひらけ理想が生まれる。

ここには、わが国の児童の一般的な発達についてのべたもので、当然、地域差、個人差があるので、それは、直接、教師が一人一人その生活をよくみて、確かめることで、ここには、一般的な状態の手がかりをのべたものであることを強調している。ここには、明確にピアジェの発達理論の影響をみることができる。(この項の執筆者は、当時、文部省にいた上田薫によれば、青木誠四郎であるとのことである。)

新時代の新教育に向けて、積極的に新しい教育思想をとり入れようとする姿勢がみられる。

その後、文部省は、「学習指導要領」の「試案」を廃止し、「道徳教育」の復活と保守化してゆくのであるが、現在、たとえば、「幼稚園教育要領」や「保育所保育指針」の中に、ピアジェの精神は生かされていると思える。たとえば、現行『幼稚園教育要領』文部科学省、二〇〇九年四月施行)には、「総則」に次のようにのべられている。

「幼児期における教育は、生涯にわたる人格形成の基礎を培う重要なものであり、幼稚園教育は、幼児期の特性を踏まえ、環境を通して行うものであることを基本とする。(中略)

教師は、幼児の立体的な活動が確保されるよう幼児一人一人の行動の理解と予想にもとづき、計画的に環境を構成しなければならない。」

「幼児の安定した情緒生活」「主体的活動」「幼児の自発的活動」「遊びを通しての指導」「一人一人の特性に応じ、発達の課題に即した指導」等、「児童中心主義」の教育やピアジェの発達理論が強調されている。

では、『保育所保育指針』(厚生労働省、二〇〇九年四月施行)はどうか。それによれば、「保育所における保育は、ここに入所する乳幼児の最善の利益を考慮し、その福祉を積極的に増進することに最もふさわしいものでなければならない。保育所は、乳幼児が生涯にわたる人間形成の基礎を培う。極めて重要な時期は、その生活時間の大半を過ごすところである。（中略）そのために、養護と教育が一体となって、豊かな人間性を持った子どもを育成するところに保育所における保育の特徴がある。「生命の保持および情緒の安定」「自然や社会事象への興味や関心を育て思考力の基礎を培う」「豊かな言葉を養う」「豊かな感性や創造性の芽生えを培う」「子どもの発達について理解」「子ども一人一人の特性に応じ、発達の課題に配慮して保育する」

ここでも、「子ども中心主義」思想やピアジェ理論が十分反映されている。

このように、現在、幼稚園教育・保育所保育の中にピアジェ理論は充分に生かされている。「保育指針」中にある「乳幼児の最善利益…」は、ＯＥＣＤの就学前教育のわが国への勧告にみられることばである。

ちなみに、現行「幼稚園教育要領」と「保育所保育指針」にある共通の保育内容である「五領域」（「健康」「人間関係」「言葉」「環境」「表現」の内容については、「要領」が、「教育」「教師」「先生」「幼児」の用語を使い、「指針」が「保育」「保育士」「子ども」という用語を使っている点を除いて、全文が全く同じ文章である。

これは、一見、不思議なようにも思えるが、「幼保一元化」は、「保育内容」＝「現場の保育」において、すでに達成されていることの具体的なあらわれであると考えることができる。

「待機児童の増加」および「保育士不足」等の解決のために、早急な制度改革・保育者の待遇改善が望まれる。

注

（1）波多野完治「ピアジェ　児童の論理的特質の重なるものについて」『心理学研究』第二巻、一九二七年、九五一－九二九頁。

（2）久保良英『学習心理学』南光社、一九二九年、五九〇－六〇六頁。

（3）波多野完治『児童心理学』同文館、一九三一年（全三八七頁）。

（4）波多野完治『心理学と教育』作品社、一九三九年（全一二四頁。他に、ゲゼル「児童学とは何か」も翻訳収録されている）。

（5）ピアジェ『子供の道徳観』（霜田静志・竹田浩一郎訳編）、東宛書房、一九三六年。
（6）滝沢武久『ピアジェ理論の展開』国土社、一九九二年、二一七―二二二頁。
（7）大伴栄子「ピアジェ理論と教育」Ⅰ～Ⅶ、（一九八六～一九九四）の一連の研究『国立音楽大学研究紀要』所収。
（8）中垣啓・大浜幾久子他「ピアジェ没後三〇年記念シンポジウム――ピアジェの遺産をどう受けつぐか」日本教育心理学会『教育心理学研究』二〇一一年、第五〇巻、二〇―二二頁。
同学会シンポジウム「ピアジェを読み直す――創造性をめぐって」第五〇巻、二〇〇八年。

同学会シンポジウム「ピアジェを読み直す――道徳判断の発達」第四五巻、二〇〇三年。

同学会シンポジウム「ピアジェを読み直す――精神分析をめぐって」第五一巻、二〇〇九年。

大浜幾久子「ピアジェを読み直す――道徳と論理」『駒澤大学教育学研究論集』第二〇巻、二〇〇四年。

大浜幾久子「ピアジェと教育――教育学者ピアジェをめぐって」『駒澤大学教育学研究論集』第十六巻、二〇〇〇年。

大浜幾久子「ピアジェの展開――ジャン・ピアジェ生誕百年にあたって」日本教育心理学会『教育心理学研究』第三六巻、一九九七年、一四四―一五五頁。

中垣啓「発生的認識論」藤永保監修『最新心理学事典』平凡社、二〇一三年、六一〇―六一五頁。

尚、戦前から一九七〇年代までのピアジェ理論の受容については、次の論文に詳しい紹介がある。

日下正一「ジャン・ピアジェの心理学――日本におけるその受容と影響」長野県短期大学人文社会研究会編『西洋文化とその受容』白文社、一九八二年。
（9）文部省『学習指導要領　一般編』（昭和二二年度）、近代日本教育制度史料編纂会編纂『近代日本教育制度史料』第二九巻、大日本雄弁会講談社、一九五八年所収。

第四章　ピアジェをめぐる人々（I）

子どもと話をするブルーナー（Photo/Ted Polumbaum）

L・ヴィゴツキー（1896–1934）
（1925年夏）

第一節　ピアジェとブルーナー

一　ピアジェとブルーナーの発達観

(1)『教育の過程』におけるブルーナー仮説をめぐって

ピアジェとブルーナー（Bruner, J. 1915–）。この偉大な二人の心理学者は、戦後のわが国の学界や教育界に大きな影響を与えた。

しかし、具体的にどのような影響を与えたかということになると、その評価は非常にむつかしい。両者共に、日本語に翻訳された著作の数は、相当量にのぼるが、ピアジェやブルーナーの個別の研究者となると少なく、研究面や教育現場へのインパクトは、意外に少ないといえるかもしれない。

しかし、ここでは、両者が、子どもの精神発達と教育をどのように考えていたか、その比較を試みることによって、何らかの示唆を得たいと思う。

ブルーナーは、ピアジェをフロイト、ヴィゴツキーと共に、最も影響をうけた研究者のひとりとして、尊敬し、その業績を高く評価しているが、一方で最大の批判者のひとりである。

ピアジェとブルーナーの発達に対する考え方の相違は、端的には、「ブルーナー仮説」に関して顕著にあらわれていると考えることができる。ブルーナーは、ピアジェを、ジュネーブに訪問したり、国際心理学会（於・モスクワ）や、ピアジェのアメリカ訪問で、何回か会っているが、直接ブルーナーの仮説について討論をした形跡はない。

しかし、「仮説」にあらわれたブルーナーの発達説を検討することは、ピアジェの発達観を知る上で興味深いと思われる。

(2)「ブルーナー仮説」をめぐって

周知のように、ブルーナーは、いわゆる「ブルーナー仮説」といわれるものを『教育の過程』（*The Process of Education*, 1960）の中で、表現を変えて、くり返しのべている。

いま、それらをあげてみよう[1]。

① …the foundations of any subject may be taught to anybody at any stage in some form.

どの教科でも、その基礎を、なんらかの形で、どの年齢の、だれにでも教えることができるであろう。

② Any subject can be taught effectively in some intellectually honest form to any child at any stage of development.

どんな内容の問題でも、発達のどの段階のどの子どもにも、知的に率直な形で効果的に教えることができる。（岩波版の訳は次のようである。「いかなる教科も、知的性格をそのままにたもって、発達のどの段階の子どもにも効果的に教えることができる。」）

③ Basic notions in these fields are perfectly accessible to children of seven to ten years of age, provided that they are divorced from their mathematical expression and studied through materials that child can handle himself.

これらの学問分野の基礎的概念は、それらの概念が数学的表現をとらないで、子どもが自分自身であつかえる材料を通じて勉強されるという条件があれば、七歳から十歳までの子どもも、完全に理解できるものなのである。

④　(Again,) there is no reason to believe that any subject cannot be taught to any child at virtually any age in some form.

どの教科でも、ほとんどのどの年齢のどの子どもにも、なんらかの形で教えることができないと信じる理由はないのである。

ブルーナーの『教育の過程』は、原著が一九六〇年に出版され、わが国では早くも翌々年一九六二年に翻訳されている。

『教育の過程』は、一九五九年に、アメリカ、マサチューセッツ州ウッズホールで開かれた教育会議（Woodshole Conference）の内容を、議長をつとめたブルーナーが彼の責任においてまとめたものである。会議には、著名な教育学者、心理学者、生物学者、数学者、歴史学者、三十五名が参加し、中でも、ピアジェの代理として、B・イネルデ女史が参加している。

当時のアメリカのおかれた国際情況は、一九五七年のソビエトの人工衛星スプートニク打ち上げによる「スプートニク・ショック」により、一九五八年、国家防衛教育法（National Defense Education Act）がつくられ、英才教育の必要性が叫ばれている折であった。この会議は、全く独自に中立性を保って行われたのであるが、果たして、出版直後から、大いに反響を呼んだ。特に前述の仮説に人々の関心は集中した。ちょうど、わが国でもいわゆる「教育の現代化」や「早期教育」ブームの渦中であり、冒頭の仮説訳「いかなる

ブルーナーのサイン（著者蔵）

（フィラデルフィアにおける「ジャン・ピアジェ学会」の折りにいただいたもの。）

教科も、知的性格をそのままにたもって……」は、早期教育論者に歓迎されたのである。ブルーナーは「日本では、この本は改革の時に重なり、丸暗記による記憶的学習法に対抗する象徴になった」とのべている。(2)

しかし、そこには、二重の誤解があった。一つは、それは、あたかも幼児に高等数学を教えることができるかのごとく考えたことによる誤解であり、他は、これは、会議の議論の中から集約された「仮説」であったのに、それが、すでに証明され、理論化された「定説」のごとく受け取られたことであった。

この結果、仮説がひとり歩きをして、ブルーナーを早期教育推進論者であると早とちりさせた。

たしかに、ブルーナーは、「レディネス」（readiness —学習の準備性）を、「早めうる、高めることができる」という考えはもっていたが、早期教育推進論者ではなかった。

後にブルーナーは、この仮説について次のようにのべている。(3)

それ（仮設）は、文字通りにとられやすく、私は、六歳児が微積分を学ぶことができると思うのかと問う懐疑的な先生たちに絶えず出会った。私は微積分には（あるいは『ハムレット』、進化論、その他なんであろうと）たくさんの直観的な概念があって、それを早くから理解することは、後々の十分展開された考えを学習するのに役立つでしょうと答えてきた。

それは、今も変わらぬ考えであろうと思われる。

彼が、「仮説」で強調したのは、問題（テーマ）の根底にある「基礎的原理」「根底にある公理」「基礎的概念」であって、生徒に対して「物理学について語るのではなく、物理学そのものを語るべきだ」と言いたかったのである。

(3)　ブルーナー仮説に対するピアジェの反応

しかし、ピアジェは、ブルーナーの仮説に対して、驚きの表情をかくせなかった[4]。

数年前、ブルーナーは私を驚かせるような主張をした。即ち、もしあなたが、正しい方法でしようとするつもりなら、どの年齢段階の子どもに対しても、知的に率直な方法でどんなことでも教えることができると。

さて、彼が未だにそれを信じているかどうかわからないが、発達を加速することは多分可能であろう。しかし、最大限の加速は望ましいことではない。（発達には）最適な時期があるように思われる。この最適な時が何かということは、各々の個人と教育の内容によるのである。

ピアジェは、幼児の認識の発達をどのように考えていたのだろうか。

①　教育はレディネス（readiness）を高めうるか。

ピアジェは、この問題について次のようにのべたことがある[5]。

私は、子どもの発達をある限界をこえてまで加速させることを試みることはあまり利点があるとは信じていない。均衡は時間を必要とするし、この時間はひとりひとりがみずからの方法で調合するものである。加速が度をこすと均衡を破壊する危険をおかすことになる。

幼児の思考の構造的特性は、直観的構造をもったものから、操作的構造になってゆく。この各々の段階で「均衡」が働いて再構成されてゆく。ボーデン（Borden, Margaret）も同様の指摘をしている[6]。

これ（構造）を教育により、また社会の文化全体の影響、圧力により早めることができるかというと、いくらかは加速できるが限られた範囲内においてのみである。

② 発達と学習はどのような関係にあるのか。

これに対するピアジェの解答は明瞭である。[7]

学習は発達に従属するものであって、その逆ではない。

きっと人は、操作的構造を教えるのに成功した研究者もいるとして反対するだろう。しかし、私は、こういう事実に直面した時、いつも三つの疑問をもつ。

第一は、この学習は持続しているだろうか。二週間あるいは一カ月後に何が残っているだろうか。構造は自発的に発達する場合、それが一度均衡状態に対すると、それは持続し、子どもの全生涯を通して続くものである。外的強化（external reinforcement）による学習をする時、結果は持続するかどうだろうか。また、それを持続させるに必要な条件は何であろうか。

第二に般化（generalization）は、どのようにして可能だろうか？　学習を興味あるものにするのは、般化の転移可能性である。ある学習のもたらしたものが、子どもの精神生活の中で、孤立したものであるか、般化をもたらすようなダイナミックな構造であるのか、常に問う必要があるだろう。

第三は、学習者の経験する以前の操作水準はどのようなものであるか、また、この学習がどのような複雑な構造を達成するのに成功したであろうか。

以上の三点である。

つまり、①学習（効果）の持続性、②転移の可能性、③学習によって達成された構造を問題としたのである。

二　ピアジェの発達段階論と発達要因論に対するブルーナーの批判

一方、ブルーナーは、心理学者としてまた、「カリキュラム改革に携った研究者として発達は加速できるか」という問題に大いに関心をもっていた。[8]

ピアジェにとっては、子どもが世界の活動的な経験という十分な「滋養」を得てさえいれば、発達は促進されるものである。それは待つだけのことだ。（中略）私は、ピアジェのことばを鵜呑みにとてもできないほど、あまりにも多くのカリキュラム計画の著しい効果をすでにみてきていた。ヴィゴツキーの「発達の最近接領域」を、いったいどうやって無下に退けることができようか。（中略）結局、『段階』とは、そんなにがっちりした構造をもつものなのか？　発達とは、単一の水源によって前へ押し出される氷河のような、ゆっくりした安定した歩みで進んできたものなのか？

そして、ブルーナーは、ピアジェのいう発達の段階を、信じる気になったことはないと手厳しく批判した。[9]

ブルーナーは、発達の段階については、ピアジェよりは、可塑的なものと考えていた。

彼は、子どもの知的成長を示すベンチマークとして、発達段階よりも、三つの種類の「表象」（representation）による方法を考えていた。

それは、次のようなものである。

第一は、「活動的表象」（inactive）というもので、行動を通して、心像もことばも持ちあわせていない子どもに、手操作と行為を通して認識するものである。

第二のシステムは、「映像的表象」（iconic）で、ある概念を完全に定義づけするということをしないで、一連の概括的なイメージ（心像）や図表によって外界を認識するものである。

第三は、「記号的表象」（symbolic）で、命題を形成したり変形したりするためのきまりや法則によって文配される記号体系から引き出される一連の記号的ないしは論理的命題によるものである。

これら三つのシステムは、いかなる意味でも「段階」ではない。むしろ発達においての強調点なのである。[10]

ブルーナーは、別の著書で、この三つの表象のシステムについて、「活動的表象」を「手」（hand）による認識、「映像的表象」を「目」（eye）による認識、「象徴的表象」を「頭」（head）による認識と独特な表現で簡潔に言いあらわしている。[11]

平光昭久は、「ブルーナー仮説」に対する誤訳（結局は誤解）を指摘し、くわしく分析している。「いかなる教科も知的性格をそのままにたもって……」の傍点部分は、「いかなる教科内容も、何らかの率直な形成で、有効に、教えうるはずである。」の方がよいとしている。

「何らかの率直な形式」とは、「表象の三様式」つまり、手（行動的）と目（感覚的）と頭（象徴的）によって、「基礎的原理」を教えるというものである。[12]

ブルーナーは、ピアジェの発達の要因について、特に、「均衡理論」についても手厳しく批判している。[13]

ピアジェは、均衡という語を、「語呂合わせ」的に使っている。――つまり、酔っぱらっていない人は、節酒している人だというような誤った意味で、安定した状態にあるものはすべて均衡化されているとのべている。これは、〝余分なお荷物〟である。

ピアジェは、心理学者というよりは、認識論研究者で、子どもの心の成長を研究することによって、人間の認識の進化のあとを辿ることができると確信していた。彼の思考法における心理学的手法は、「臨床法」とよばれる直接個別観察記録法や論理学的方法で、データの統計的処理方法などはしていない。

彼は、「同化」と「調節」という個別科学的概念を用いて、両者の「均衡」の過程によって、子どもの発達の段階が進んでいくと考えた。

ブルーナーは、ピアジェが、子どもの心およびそれがいかに成長するのかについての我々の理解に対し、大変な貢献をしたと高い評価を惜しまない。しかし、彼の発達段階論の硬直性、成長しつつある子どもにとっての外界の静的なとらえ方、子どもの発達における母親（成人）との社会的相互作用性の過少評価等に問題があると考えた。

つまり、「自己中心性」から「脱中心化」して社会化されてゆく過程における外界との相互作用には、あまりふれられていないのである。そして、言語発達の認識発達に及ぼす影響についても、ピアジェは、ほとんど評価していないとこれまた手厳しく批判したのである(14)。

三　ピアジェの認識論

ピアジェは、認識構造（cognitive structure）の発達と教育の関係について、構成主義的立場を展開している。一切の認識は外から獲得される、つまり一切の認識は経験から、大人が指導する言語表現や視聴覚的表現から獲得されるといういわゆる経験論的連合主義（associationnisme empiriste）に異論を唱えた。[15]
　彼は、また、「生まれながら定まった核」のようなものがあると信ずる生得的要素（facteurs d'innéité）と内部成熟（maturation interne）説にも反対した。発達は、経験論のいうように外から与えられるものでも、生得説のいうように生まれながらものでなく、つぎつぎ改められ、絶えずよりすぐれたものとなってゆくものである。ここでは「子どもの自発活動」が重視される。この構成主義的立場が彼の主張の根底にある。
　ピアジェのいう構成主義（constructivisme）は、認識の構造の発達であり、学習はより単純な構造の上により複雑な構造の基礎を置くならば可能である。即ち、外的強化だけでなく、構造の自然関係と発達があるときは可能である。（略）構造の学習は、構造の自然な発達と同じ法則に従うように思われるのである。[16]
　ブルーナーは、ピアジェの構成主義に対して「ピアジェの子どもたちは、人間の状態のごたごたから超越した、小さなインテリである」と評したが、その抽象化された構造にもとづく世界は、静的で、ダイナミズムに欠けていると批判した。

　彼は、構造主義とともに衰退する――子どもの心に関する、そして実は、心一般に関する我々の概念に、彼の構造主義の見解が与えた強い影響にもかかわらず――と言っても不当なことではない

と言い切る。そして、次のように疑問を投げかける。
　ピアジェの発生的認識論という独自のプ、ロ、グ、ラ、ム、は、十分人間的であったとは言えない。つまり、それは、子どもの心の成長の中に、数学や科学の歴史を辿るものであった。けれども、感性の、『狂気』の、疎外の、あるいは情念の歴史には、それはいったいどんな光を投ずるのか。[17]

ピアジェの研究は、あまりにも子どもの知性の発達に限定されたというのであろうか。人間を、知性や感性や社会性の総体としての発達体としてとらえる時、ピアジェのそれは一面的で、しかも静的で、抽象的だというのだろうか。

『教育の過程』以後、ブルーナーは、教育学・教授学に関心が強くなり、多くのカリキュラム計画にかかわった。彼の「ラセン型カリキュラム」や「発見学習」についての関心は、すでに『教育の過程』にみられる。その後は、「子ども期と貧困」や「ヘッドスタート計画」にスタンスを変え、教授学者ブルーナーとしての側面が強く、ピアジェの「子どもの社会的認識の発達」に関する側面の欠如を批判し、ヴィゴツキー理論に関心が移って行ったのである。

ブルーナーが「構造の学習の本質」(nature of learning structures) に強い関心をいだいたのも、それが、「原理(principles)」と「学習の態度(learning set)——ものの見方・考え方」を育てる教育の基本であったからである。なお平光は、『教育の過程』(一九六〇)と一九七七年版の「まえがき」についての非常に詳細で、示唆に富む分析を行っている(18)。

四　ブルーナーのデューイ批判とピアジェ

ブルーナーは、『教育の過程』以後、かなり激しい口調で、デューイ批判を展開した。「生活教育がいつも児童の興味に合致すると思うのは、センチメンタリズムにすぎない。それは、児童に成人社会のやり方を口まねさせるのが、空虚な形式主義であるのと何ら選ぶところがないのだ。」とのべ、「われわれが児童に獲得させようと思うのは、世界と自己を、もっと深く、もっと核心に迫ろうとする態度で、もっときめ細かく理解する方法」であり、「学校の重要任務の一つは、卓越性（excellence）についてさまざまなイメージを育て上げること」だとのべている。[19]

そのためには、子ども自らが発見することが大切である。「『発見』（discovery）とは、本質的に、データをアレンジし直したり、それに変形を加えたりする。そしてそれによって、集め直したデータをのり越えて新たな洞察に至ることである。」つまり、子どもは、「小さな科学者」「小さな芸術家」「小さな歴史家」でなければならないとして、「発見学習」＝「発見的方法」（the Heuristics）の重要性を強調したのである。

以上のように、ブルーナーは、卓越性を育てるための発見学習を主張した。

一方、ピアジェは次のように強調する。「子どもたちが本当に理解するのは、彼ら自ら「発明＝創造」（invention）したものだけで、我々が何があまりに急いで教えようとすると、彼らはそれを自分で消化して、自分なりに改めて発見していくことができなくなってしまう」とのべている。

ブルーナーの「発見」とピアジェの「発明」、このちがいはどこにあるか。

ブルーナーの「発見」は、科学者や歴史家のたどった道の「再発見（re-discovery）」であるのに対し、ピアジェの「発明＝創造」は、子ども自らが、発達の構造を積み上げていく（construct）過程なのである。これが、彼の構成主義的教育観である。

注

（1）Bruner, Jerome *The Process of Education*, Harvard Univ. Press, 1960. それぞれ原書の pp. 12, 33, 43, 47.
J・ブルーナー『教育の過程』（鈴木祥蔵・佐藤三郎訳）、岩波書店、一九六二年。

（2）ブルーナー『心を探して――ブルーナー自伝』（田中一彦訳）、みすず書房、一九九三年、三〇〇頁。

（3）同書、二九九－三〇〇頁。

（4）F. Jennings, "JEAN PIAGET, Note on Learning," *Saturday Review*, May 20, 1967, p. 82.

（5）ピアジェ『発生的心理学——子どもの発達の条件』（芳賀純訳）、誠信書房、一九七五年、二九頁。

（6）ボーデン『ピアジェ』（波多野完治訳）、岩波書店、一九八〇年、八一頁。

（7）ピアジェ『発達の条件と学習』（芳賀純訳）、誠信書房、一九七九年、八四―八六頁。

（8）ブルーナー、前掲書、『心を探して——ブルーナー自伝』、二三〇頁。

（9）同書、二五一頁。

（10）ブルーナー『教授理論の建設』新訳版（田浦武雄訳）、黎明書房、一九八三年、二六・四七・六七頁。
ブルーナー他『認識能力の成長』上巻（岡夏木他訳）、明治図書、一九六八年、二三―五九頁。

（11）ブルーナー『認識の心理学』中巻（平光昭久訳）、明治図書、一九七八年、二一六―三〇頁。

（12）ブルーナー『認識の心理学』下巻（平光昭久訳）、明治図書、一九七八年。訳者平光は、長い「あとがき」の中で指摘している。

（13）Bruner, J. "In helder & Piaget's The Growth of Rogical Thinking," *British Journal of Psychology*, 50, 1959, p. 365.

（14）ブルーナー、前掲書、『心を探して——ブルーナー自伝』、二二四―二二五頁。

（15）ピアジェ『教育の未来』（秋枝茂夫訳）、法政大学出版局、一九八二年、一〇―一一頁。

（16）ピアジェ『発達の条件と学習』（芳賀純訳）、誠信書房、一九七九年、八四頁。

（17）ブルーナー『可能世界の心理』（田中一彦訳）、みすず書房、一九九八年、二三五頁。

（18）平光昭久「提案　ブルーナー解釈は正しかったか——『教育の過程』一九七七年版へのブルーナーの序文（全文紹介）を、いまわれわれはどう読むべきか」（誌上シンポジウム）『現代教育科学』誌、明治図書、一九八二年十二月号、№三一三、五―四一頁。
平光昭久「『ブルーナーの仮説』再考——『教育の過程』の新しい読みなおし方」日本教育方法学会『教育方法21』、明治図書、一九九二年十月、三三―四六頁。

（19）ブルーナー『直観・創造・学習』（橋爪貞雄訳）、黎明書房、一九六九年。特に第二部第一章「発見の行為」、第三章「デューイの後に来るもの」。

他に、ブルーナー理論については、次のものがある。
○ブルーナー『人間の教育――講演・論文と解説』（佐藤三郎訳編）、誠信書房、一九七四年。
○広岡亮蔵『ブルーナー研究』明治図書、一九六九年。
○小川博久「ブルーナーに於ける構造と発見法」日本教育方法学会編『教育方法学研究』一九六七年、第二号。
○小川博久「幼児教育における発達観の「対立」についての教育学的検討――ブルーナーの発達論を評価する手がかりとして(1)」『教育方法学研究』一九八三年、第六号他。
○佐藤三郎編著『ブルーナー入門』明治図書（新書三二）、一九六八年。
○ブルーナー『教育革命』（佐藤三郎編訳）、明治図書（新書一〇）、一九六七年。
○ブルーナー他著・佐藤三郎編『教育革命』明治図書（新書四七）、一九六九年。

第二節　ピアジェとヴィゴツキー

一　ピアジェとヴィゴツキー

二十世紀の心理学史上におけるこの二人の巨人は、共に、一八九六年の生れで、ピアジェはヨーロッパ大陸で、ヴィゴツキーは、ソビエト連邦で活躍した。

近年、ヴィゴツキーの発達の文化的・社会的理論の国際的評価が高まっているが、第一次大戦後において、ヨーロッパとソビエトで体制のちがいを超えて、両者は研究をめぐって意見交換をしていた。

しかし、この両雄は、その生涯において、ついに相目見えることはなかった。

二人の交流を年代順にみてみよう[1]。

一九二四年　ヴィゴツキーは、ピアジェの『判断と推理の発達』(一九二四)を読み、「学習は、社会文化的歴史的事象(a socio-cultural historical event)である」とのべ、自身の著作を送っている。

一九二五年　ヴィゴツキーにとって最初で唯一の外国行で、ロンドンでの「聾者の障害と教育会議」(Conference on defectology and educating the deaf)で講演した。

ピアジェもこの会議に出席していたが、何故か、ヴィゴツキーの講演は聴いていない。

一九二六年　ヴィゴツキーは、ピアジェの『子どもの言語と思考』(一九二三、邦訳『子どもの自己中心性』)と『子どもの判断と推理』(一九二四)のロシア語版の序文の執筆依頼に同意した。

ピアジェは「前書き」を書く。

同年、ヴィゴツキーは、ピアジェに "Psychological Pedagogy" (1926)を送っている。しかし、スターリンによる西欧との断絶政策のため、一九三四年まで、ピアジェには届かなかった。

ピアジェは、ヴィゴツキーの著作により、『子どもの言語と思考』(第二版)において、彼の学習理論を変更し「社会性のインパクト」を加えた。

ヴィゴツキーは、ピアジェあてに彼の著作を送ろうと何回も試みるも、すでにスターリンの共産党一党支配の独裁化が進んで検閲と抑制がはじまっていた。

一九二九年　ピアジェは、アメリカにおける二つの会議で講演。一方、ヴィゴツキーは、スターリンにより、追放の身となり、その会議に向けてルリア(Luria, A.)に論文を託すことしかできなかった。

一九三四年　すでに、ソビエトの大学における「児童学」の講義は禁止され、スターリンは、ヴィゴツキーを「政治的誤謬」という理由で、裁判にかけようとしていた。

ヴィゴツキーは、『思考と言語』を結核療養中にもかかわらず、口述筆記し、また、裁判の準備の中で、未完のまま出版を待たずに失意のうちに亡くなった。三十八歳であった。ヴィゴツキーは、『思考と言語』をピアジェにあてて「密輸出」したという。

その後、ヴィゴツキーの著書は発禁処分を受け続け、彼の著作が出版されたのは、ソビエトにおいても、欧米においても第二次世界大戦後のことであった。（彼の名誉回復は、一九五六年ソビエト共産党大会において復権された。）

ピアジェは、ヴィゴツキーの訃報に接し、「ヴィゴツキー氏のご逝去に当たり、深甚なるお悔やみを申し上げます。私は、心理学で占めた彼の地位を存じ上げております。いうまでもなく、彼の追悼文集のお誘いがあれば喜んで参加させていただきたいと思って居ります。」と弔電を寄せた。(2)

ピアジェは、ヴィゴツキーの『思考と言語』の英語版（一九六二年刊行）に「コメント（Comments）」を寄せ、冒頭で次のようにのべている。「個人的に会って詳細に議論しておくべきであった。直接的に多くのかかわりのある視点を持つ著作の出版から二十五年も経ってから発見したその時には、その人はこの世の人でないというのは誠に悲しいことである。」とのべ、一八九六年生れの同年齢のヴィゴツキーの死を悼んだ。(3)

しかし、ピアジェは、「自伝」（一九六一年まで）では、ヴィゴツキーのことは触れていない。

ヴィゴツキー（Vygotsky, Lev Semenovich 1896–1934）が活躍したのは、ロシア革命直後の一九二〇年代から三〇年代にかけてであり、その傑出した頭脳と努力により、当時の国内外の心理学会に支配的であった自然主義理論――フロイトの精神分析学・ゲシュタルト心理学・行動主義心理学などを批判し、弁証法的唯物論の立場に立つ新しい心理学体系の建設に心血を注いだ。

初め、モスクワ大学法学部に学んだが、哲学・歴史・文学・演劇に関心をもち、各地の中等学校・師範学校で教えた。

幅広い学問的関心をもとに、心理学への関心をもち、モスクワ大学、レニングラード教育大学等、多くの大学で教える一方、若手研究者集団をつくり理論的支柱として活躍した。(このグループの中から、後に、ソビエト児童心理学を代表する人々――ア・ルリア、デ・エリコニン、エリ・ザンコフらが育っている。)

彼が心理学の分野で活躍したのは、亡くなるまでのわずか十年程の期間であるが、その超人的活躍は、後に、「心理学におけるモーツァルト」(レオンチェフ)と呼ばれるにふさわしいものであった。

生前の著書・論文は百数十点にのぼり、著作集(全六巻)がモスクワで、一九八二~八四年に出版され、一九八七~一九九八年には、その英語版(全六巻)が刊行されている[4]。

多くの著作の中で、『思考と言語』(一九三四)は、ヴィゴツキーの代表作とされている。しかし、前述のように病に倒れた彼は、この書を完成させるべく、医師の忠告にもかかわらず執筆を続け、ついに最終章は、口述筆記になった。したがって、未定稿の部分がみられ、各所に繰り返し等がみられるのは無念であったと思われる。

ヴィゴツキーのピアジェ批判を考える時、先ず二人が共に生きた二十世紀初期の第一次世界大戦やロシア革命という危機と混迷の時代背景を忘れてはならない。

当時のロシアの思想の大勢は、弁証法的史的唯物論であり、この思想の上に立って、いかに心理的事象を解明するかであった。

ヴィゴツキーからみたピアジェは、観念論者であった。今日では、唯物論か観念論かという二者択一的な見方をする人は少ないが、ヴィゴツキーは、「ピアジェは、この宿命的な二元論をきわめて簡単な方法で避けようとした。彼は、事象の狭い領域に閉じこもろうとした。事実以外には、彼は何も知ろうとしなかった。純粋の経験論という基盤は、彼にとって最も信頼できるものに思われた。」とみていた[5]。

ピアジェは、後に生得論と経験論を基礎にした構成主義(Constructivism)を鮮明にするが、ピアジェは、実証主義者であった。

ヴィゴツキーの著作の英語版が刊行されて以来、それ以前にも増して「ヴィゴツキー研究」が盛んになり、今日、その著作・論文が多数公刊されている。ここでは、その細部に渡ることはできないので、両者の論点の差異と共通点や現在の私たちに示唆する点について検討したい。その際、できるだけ両者の著作に沿う形で進めたいと思う。

二　ヴィゴツキーのピアジェ批判

ヴィゴツキーの研究の中で、ピアジェの問題意識と関係が深いのは「子どもの思考と言語の発達」、「内言と外言」の研究などであるが、その批判の中心は、ピアジェの自己中心性（égocentrisme）に関するもので、当時、刊行されていたピアジェの次の二つの著作をかなり詳細に検討している。

○ Le Langage et la Pensée chez l'Enfant (1923)（「子どもにおける言語と思考」）
邦訳、『臨床児童心理学Ⅰ　児童の自己中心性』（大伴茂訳）、同文書院、一九五四年。

○ Le Jugement et le Raisonnement chez l'Enfant (1924)（「子どもにおける判断と推理」）
邦訳、『判断と推理の発達心理学』（滝沢武久・岸田秀訳）、国土社、一九六九年。

ヴィゴツキーの死後、ピアジェの理論は、その後の長い研究生活の中で進展しているので、ヴィゴツキーの批判に難点があるのも確かである。

(1)　ピアジェの「自己中心性」概念について

ピアジェが、「臨床法」（医学用語から借用したとピアジェは、のべている）によってジュネーブ大学ルソー研究所附属「子どもの家」(La Maison des Petits) の子どもの実験的観察をもとに、大人とは異なる子どもの思考の特徴として「自己中心性」について、次のように定義づけている。(6)

子どもは、自閉的様式と社会化された様式とのちょうど中間的な様式で考えるということが実験によって示された。そこで私たちは、子どもの思考を自己中心的とよび、これによって、その思考がまだ構造上は自閉的だが、その関心は、もはや純粋な自閉症のような身体的な満足やあそび的な満足をねらっているだけでなく、すでにおとなの思考のような知的順応をねらっているのだということを示そうとしたのである。
自己中心性は、その構造によって「指導されていない」即ち、自白夢（revasserie）においてすべての気まぐれのままに彷徨するような自閉的思考（la pensée autistique）と、そして「指導された」知能との中間に立つものである。(7)

ピアジェは「自己中心性」は、閉ざされた夢の中にいる様な状態の「自閉的思考」と大人の思考に近い「社会的思考」の中間にあるものと想定した。
この点について、ヴィゴツキーは、ピアジェの研究を詳細に検討し、「子どものことばと思考の研究や、子どもの論理と世界観の研究に関して、完全な新時代を形成するもので、歴史的意義をもつ」と高く評価した。

(2)　ヴィゴツキーによる「自己中心性」批判

ヴィゴツキーは、次にようにいう。(8)

子どもの思考の発達の基本路線は、（ピアジェによれば）自閉性から社会化されたことばへ、白昼夢的想像から諸関係の論理へ（というものである。）（中略）子どもの思想の歴史は、ピアジェにとっては、子どもの心意を規定するきわめて内々の個人的・自閉的モメントが徐々に社会化していく歴史であった。社会的なものは、発達の最後にくるのであり、社会的ことばさえその発達史においては自己中心的ことばに先行するのではなく、その後を追うのである。

これに対し、ヴィゴツキーは、われわれの仮説は、それとは異なるという[9]。

> ことばの最初はコミュニケーション・社会的統合の機能であり、大人の側からにせよ、子どもの側からにせよ、まわりのものに働きかける機能である。だから、子どもの最初のことばは純粋に社会的なものである。それを社会化されたものと呼ぶのは正しくない。なぜなら、そのようなことばには、何かはじめは非社会的なもので、自己の変化と発達の過程でのみ、そのようなものとなるものについての表象が結びつくからである。

ヴィゴツキーは、自己中的ことばは、発生の当初から、社会的形式、集団的協同の形式が、子どもの精神機能の領域へ運び移される社会的過程を基礎にして発生するのであるとのべている。

三 「自己中心的ことば」と「内言」の発達

ヴィゴツキーは、「自己中心的ことば」は「内言」が発生する前段階にあらわれる過程期のことばと考えていた。

自己中心的ことばは、その機能においては内的なことばである。それは、内部へ引っ込んでいく過程であるひとり言であり、周囲のものに半分しか分からないことばであり、子どもの行動の中にすでに深く内面化しているとことばである。だが、それは同時に生理学的には、まだ外言であり、ささやきとか何か他の半無声的ことばへ転化するような傾向は少しも現していない[10]。

両者のちがいを図式的に表すならば、次のようになると考えられる。

ピアジェ　「自閉的思考」→「自己中心的思考（言語）」→「社会的言語（論理的思考）

ヴィゴツキー　「発話（社会化された言語）」→「自己中心性言語」（外言）→「内言（論理的思考）」

以上の点から、ヴィゴツキーは、ピアジェの自己中心性批判を次のように要約している[11]。

①「子どものことばの発達の分析にもとづいて自己中心的ことばを子どもの思考の自己中心性の直接的表現であるかのように見る見方は、機能的側面からいっても構造的側面からいっても事実に合わない。」

②「子どもの自己中心的ことばは、七〜八歳頃には子どもから無くなる内的自己中心性の外的表現のような子どもの活動のたんなる副産物ではないということ（中略）自己中心的ことばは、これとは反対に、ことばの発達における外言から内言への過渡的段階にあるものと考えられる。」

ピアジェは、ロシア語版[12]への序文において「子どもの思考は生得的な心理——生物学的要因、自然環境の影響からのみ導き出され得るものではなく、子どもとかれの周囲の社会的環境との間につくられる関係から理解されねばならない」とのべているが、ヴィゴツキーは、「ピアジェ理論における本質的な問題は、生物学的なものと社会的なものとの分裂である」とのべ、これは、ピアジェと（フロイトやブロイラーら）の精神分析とに共通するもので、「外的環境は、人格にとって何か外的なものとして、この人格に圧力を加え、人格として、その意欲を制限させ、変化させ、廻り路を通るように方向づけさせるもので、強制と圧力は、子どもの発達に及ぼす社会的環境の影響を説明する二つの言葉となっている」と厳しい批判をくり返している[13]。

また別の言い方もしている。[14]

自己中心的ことばは、外言から内言への移行期の形成である。子どもの自己中心的ことばは、心理的機能の上では内言（自分のためのことば）であるが、形式的には外言である。自己中心的ことばの係数は、学童期にさしかかると急激に低下する（五〇％から二五％にまで）。このことは、この時期に外言から内言への移行が行われることを示している。

興味深いことに、ピアジェは、ヴィゴツキーが批判した著作（一九二四年）において、「自己中心性係数」を年齢別に提示しているが、その数値は、（ヴィゴツキーのデータ採取方法は不明であるが）非常に似かよっている。[15] 即ち、

被験児年齢	ことばの数	（自己中心的ことば）自己中心性係数
三歳	一五〇〇	〇・五六
四歳	一五〇〇	〇・六〇
五歳	八〇〇	〇・四六
六歳	一五〇〇	〇・四三
六歳	一四〇〇	〇・四七
七歳	八〇〇	〇・三〇
八歳	六〇〇	〇・二七

「自己中心性は、七歳まで徐々に減少したあと、七歳を境に急激に減退することがただちにわたる」とのべている。

但し、ピアジェが「自己中心性」と「自己中心的ことば」を全く同じ意味にとらえているのに対し、ヴィゴツキーは、同一とはとらえず、「自己中心的ことば」を「外言」から「内言」が発生する過渡的なものととらえていることは、前述の通りである。

ピアジェは、ヴィゴツキーの批判に対して後年、知能発達の研究から、発達の社会的影響について認めている。「自己中心性」という用語そのものの誤解に関する反省については、ワロンとの比較の箇所でのべている通りである。

ピアジェにとっての「自己中心的思考」は、子どもは、ものを一方向からしか見ることができないことを意味している（精神の一方向性）。同時に、いくつかの方向から見たり、考えたりできるようになり、「保存」の実験課題にあったように「可逆的思考」ができるのが、「脱中心化」(decentration) であり、大人の思考になることであった。

四　ヴィゴツキーの「発達の最近接領域」の理論・教授—発達・学習論と発達の文化的・歴史的理論

ヴィゴツキーの名を有名にしたのは、「発達の最近接領域」に関する理論である。

彼の定義は、次のようなものである。(16)

> 子どもの発達の最近接領域は、自主的に解決される問題によって規定される現代の発達水準とおとなに指導されたり自分よりも知的な仲間と協同したりして子どもが解く問題によって規定される可能的水準とのあいだのへだたりのこと

であるという。

ここで、ヴィゴツキーは、子どもがある課題を解決できる段階に到達した「現下の発達水準」と大人や教師の指導によって到達できる「可能的発達水準」という二つの発達水準を提起し、両者の溝を「発達の最近接領域」と名づけたのである。

さらに、ヴィゴツキーは、続ける。[17]

> 子ども時代の教授は、発達を先廻りし、自分の後に発達を従える教授のみが正しい。
>
> 子どもの教授は、子どもがすでに学習できることについてのみ可能である。教授は模倣が可能なところでのみ可能である。つまり、教授は、すでに経過した発達サイクル、教授の下限に目を向けなければならない。
>
> しかし、教授は、成熟した機能よりも、むしろ成熟しつつある機能を根拠とする。教授は、つねに子どもにまだ成熟していないものからはじめられる。教授の可能性は、子どもの発達の最近接領域によって決定される。（中略）われわれは、教授の上限をも決定し得ねばならない。これら両方の限界のなかでのみ、教授は効果をあげることができる。教育学は、子どもの発達の昨日にではなく、明日に目を向けなければならない。

教授は発達を先導するという教授論を高らかに展開したものである。これは、ピアジェと正反対の論である。

ヴィゴツキーは、「発達」についても、文化や歴史の文脈の中でとらえるべきだと主張した。[18]

歴史的発達というのは、人間社会の発達であり、純粋な人間精神の発達ではないということ、また精神は社会の発達と共に発達するという単純な真理を知ろうとしない。（中略）それゆえ、形式的に心理学を歴史に近づけるだけでは足りない。更にどのような心理学とどのような歴史とを近づけるかを問わねばならない。

歴史を弁証法的唯物論にもとづく進歩史観でとらえようとしたヴィゴツキーは、発達は生物進化の法則によってではなく、社会の歴史的発展の法則によって規定されると考えたのである。この点が、ピアジェの発達論との決定的なちがいとなった。

先述（第二章第二節）のように、ピアジェは、発達は、学習に先行し、教育や学習によって発達段階が押し進められることはないと主張したからである。

教育や学習に先行するのは、子どもの自発的発達であると考えるピアジェに対し、発達に先行する教授—学習を主張した唯物論者ヴィゴツキーとの対立は、近年のヴィゴツキーやワロン再考の中で、ヴィゴツキーやワロンの方が「子どもの発達をより明らかにしたのではないか」という点につながっていると考えられている。

注

（1）Pass, S., *Parallel Paths to Constructivism: Jean Piaget and Lev Vygotsky*, Information Age Pub., 2004, Chap 7, Chart 1.

（2）レオンチェフ『ヴィゴツキーの生涯』（菅田洋一郎監訳）、新読書社、二〇〇三年、二四五頁。

（3）Jean Piaget, Comments on Vygotsky's critical remarks concerning, *The Language and Thought of the Child*, and *Judgment and Reasoning in the Child*, The M. I. T. Press, 1962, p. 1.

平光昭久「ヴィゴツキーのピアジェ批判（一九三四）に対するピアジェの『若干の意見』（一九六二）——全文の抄訳と私の意見」『金沢大学教育学部紀要』三六号（一九八七）に詳しい紹介がある。

(4) ヴィゴツキー『新訳版　思考と言語』（柴田義松訳）、新読書社、二〇〇一年、四四〇－四四二頁。
Gregory, R. ed., *The Oxford Companion to The Mind*, Oxford Univ., 1987, pp. 805–806.

(5) 同書、三一頁。

(6) ピアジェ『判断と推理の発達心理学』（滝沢武久他訳）、国土社、一九六九年、二二五頁。

(7) ピアジェ『児童の自己中心性』（大伴茂訳）、同文書院、一九五四年、三四四頁。

(8) ヴィゴツキー、前掲書、六六頁（傍点引用者）。

(9) 同書、六七頁（傍点引用者）。

(10) 同書、一三三頁。

(11) 同書、七一頁。

(12) ピアジェ『児童の自己中心性』（大伴茂訳）、同文書院（原書 Piaget, *Le Langage et la Pensée Chez l'enfant*, 1923）のロシア語版は、一九二四－二六年の間に刊行されている。

(13) ヴィゴツキー、前掲書、八一頁。

(14) ヴィゴツキー「子どもの文化的発達」（一九二八）柴田義松編著『ヴィゴツキー心理学辞典』新読書社、二〇〇七年、一〇九－一一〇頁。

(15) ピアジェ、前掲書、『判断と推理の発達心理学』、二七五頁（付表）。

(16) ヴィゴツキー『「発達の最接近領域」の理論』（土井捷三・神谷栄司訳）、三学出版、二〇〇三年、六三－六四頁、傍点引用者。

(17) ヴィゴツキー、前掲書、『思考と言語』、三〇二－三〇三頁（傍点一部引用者、一部著書）。

(18) ヴィゴツキー『精神発達の理論』（柴田義松訳）、明治図書、一九七〇年、三一－三二頁。

第三節　ヴィゴツキーとブルーナー

一　ブルーナーのヴィゴツキー観

ブルーナーは、『思考と言語』の英語版（一九六二）の序文の中で、ヴィゴツキーは、創造的な研究者であり、思考をつくりあげる外的行動の内面化に言語が強力手段となること、人間の思考や発達の理解についての歴史的観点を導入した点を高く評価している(1)。

ブルーナーは、ヴィゴツキーを「とらえどころのない型の天才」とみていた。

私は、ピアジェとは知り合い、ヴィゴツキーとは会ったことがないのに、人間としてヴィゴツキーの方をよく知っているように感じている。

ピアジェにとっては、子どもが世界の活動的な経験という十分な「滋養」を得てさえいれば、発達は保証されるものなのである。それは待つだけのことだ。（中略）本当にそうなのだろうか？　私はピアジェのことばを鵜呑みにとてもできないほど、あまりにも多くのカリキュラム計画の著しい効果をすでにみてきていた。ヴィゴツキーの「発達の最近接領域」を、いったいどうやって無下に退けることができようか？

とのべ、「ピアジェの意味での発達の『諸段階』を私は信じる気になったことはない」とピアジェの発達段階論に強い疑問を投げかけた[2]。

ブルーナーは、『教育の過程』（一九六〇）以後、「発見学習」や「ラセン型カリキュラム」を提案して、多くのカリキュラム開発に携わり、教授（instruction）と発達（development）に関心をもったのは当然であり、その点、ヴィゴツキーが「教授–学習」論の可能性を探っていたことと共通の問題意識が存在していたことは確かである。一方、ピアジェは、ブルーナーも認めるように、認識論（epistemology）の研究者であり、教育に関心をもちつつも、「子どもの認識の発達」に主要な関心があったというべきで、三者の相容れない不一致点よりも、研究領域の強調点の相違に各々の特色を見出す方がより重要というべきであろう。

ブルーナーは、「ヴィゴツキーの発達の最接近領域」（Vygotsky's Zone of Proximal Development: The Hidden Agenda）の中で、マルクス主義の思想家としてのヴィゴツキーの聡明さは際だっていたとのべている。知識や意識を有用なものにすることによって個々人の能力を現実にすることは、個々の子どもにではなく、子どもが成長できる象徴的ツールを提供できる社会の収容能力によるのであり、ヴィゴツキーが（ロシア）革命の約束としてみた認識の前進を可能にする必然的概念や意識（思考）を準備する（現在の）自分自身よりも賢明で、有能な人との関係の中へ子どもが入っていける機会を提供すること——ＺＰＤ（「発達の最近接領域」（Zone of Proximal Development—ZPD）は、そのための道具である。

ブルーナーは、ヴィゴツキーの「発達の最近接領域」の背景にあるものとして、ヴィゴツキーがマルクス主義に哲学的コミットメントをしたことやマルクス主義の前提にもとづいて心理学にコミットしたこと、さらに、マルクス主義の教義の知的新鮮さに貢献したこと、しかし、この知的新鮮さに対する行為がロシアの公式イデオロギーにふれて、深刻な事態に陥ったことを忘れてはいけないとのべている[3]。

二　ヴィゴツキーとブルーナーの教授学上の類似点

周知のように、ブルーナーは、『教育の過程』(第三章「学習のためのレディネス」、一九六〇)において、次のような教授仮説を提案している。

いかなる原理(公理・原則)も、知的に率直な形で、発達のどの段階のどの子どもにも、効果的に教えることができる。

これは、ヴィゴツキーが仮説として提案した「発達の最近接領域」(『思考と言語』第六章、一九三四)と同じ基盤に立った仮説ではないかと考える。

ブルーナー仮説は、発達のどの段階の中のどの子どもにも、知的に率直に教えることができる領域・時期があり、教育内容や方法があることを示唆している。そして、「学習することを学習する」(learn how to learn)ことができれば、「レディネス」を高めうると考えた。ヴィゴツキーの仮説は、独力でできる手段から、教師や大人の援助なしでは到達できない段階の中間にある領域が最接近領域であり、これが教授によって引き上げることができると考えていたわけで、教授の役割によって、レディネスを引き上げ、発達を先導する教授の役割を強調した点で、共通点をもつと考えられるのは、誠に興味深い。

さて、ブルーナーは、ピアジェとヴィゴツキー生誕百年記念シンポジウムで二人の相違について興味ある分析を試みている(4)。

ピアジェとヴィゴツキーは、人間がどのように外界と他者についての理論を建設し、変容して成長するかについて生涯を捧げた。両者は、本質的な発達の段階を理解するための認識論を提示したし、共に、ピタゴラスや、パスカルや、トルストイの洞察力と同じように成長する子どもの認識の構成について畏敬の念をいだいていた。

大きな相違は、ピアジェが人間の精神活動における「論理的操作」の基礎的役割を認識しようとしたのに対し、ヴィゴツキーは、個々の人間の知的能力は心の道具としての人間の文化と歴史に適合できるわれわれの能力に依拠しているとのべている。

ピアジェにとって、外界を知るということは、つくられる発明＝創案されもので、発見されるものではないのである。

今日、ピアジェとヴィゴツキーの比較研究が盛んになっている。

以下、いくつかのものを紹介することにしたい。

それらに共通するのは、両者の理論の異質性を認めつつも、両者の共通性を認め、それにより発達理論や、また教育理論を深化させようという流れになっている。両者の理論は、共に構成主義（constructivism）をもとにしており、ピアジェは「発生的認識論」として、ヴィゴツキーは「文化-歴史的発達理論」へ展開したというもので、「構成主義への二つの道」とか、「構成主義への並走する道」という表現をされている。(5)

三　A・ゲゼルのピアジェ評

アーノルド・ゲゼル（Gesell, Arnold 1880–1961）は、子どもの発達について成熟優位説で著名であるが、今日では、成熟性も文化によって変化するという「文化変容説」として理解する考え方も出されている。

彼は、ピアジェの最初の著作『子どもにおける言語と思考』(一九二三年、邦訳『児童の自己中心性』、英語版一九二八)の書評をしている[6]。ピアジェは、ジェームズ、デューイ、ジャネ、スタンレーホールやボールドウィンを読みこなし、子どもの自然的会話を逐次記録した。ピアジェは、精神分析学において用いられる「臨床法」(clinical method)を使って、主観的非統制的に陥らずに、実験的、定量的価値ある成果を出しているとのべている。

その成果は、データを分析する時に、大人の予見を排除していること、子どもが話したことの意味を問わなかった。子どもの領域であれ、大人であれ、同等の価値をもつことと考えた。反対に、子どもが充分に話すことができるようにするためのニーズは何か尋ねた。ピアジェは、六歳児の言語は、自己中心的(egocentric)で自閉的(autistic)であり、子どもが自分の考えを伝えることができるのは、七歳から八歳の間にはじまると考えた。彼は、年齢と経験の大きな影響を受ける言語の機能的・心理学的本質を示した。それが、「発生的心理学」である。

また、二歳から十一歳の子どもの説明やモチベーションや納得できる理由のための「なぜ」(Whys)を練発して質問することも分析している。彼の研究は、文字や話しことばについて価値を置かない「行動主義者」に役立つ書物である。

彼の著作には、子どもの言語を洗練されていない低いものとみる頑固な知性主義の底を掘り起し、重要な科学的貢献をしたものである。

ピアジェの臨床法による研究方法、データの客観的取り扱い、研究成果およびその貢献について一九二〇年代の行動主義の全盛の時代において、ゲゼルは、ピアジェの研究を冷静かつ正当に評価しているといってよいであろう。

注

（1） Bruner, J., Introduction, in L. S. Vygotsky, *Thought and Language*, edited and translated by Hanfmann, E. and Baker, G., MIT Press, 1962.

（2） ブルーナー『心を探して――ブルーナー自伝』（田中一彦訳）、みすず書房、二三〇、二二三―二二四、二五一頁。

（3） Bruner, J., "Vygotsky's Zone of Proximal Development: Hidden Agenda," in B. Rogoff et J. V. Wertsch Eds., Children's Learning in the Zone of Proximal Development, *New Directions for Child and Adolescent Development*, No. 23, Jossey-Bass, March, 1984 pp. 93–97.

（4） Bruner, J., Celebrating Divergence: Piaget and Vygotsky, *Human Development*, No. 40, 1997, pp. 122–145.

（5） 一九八〇年代からのピアジェ-ヴィゴツキー研究を示す主なものとして、次のものがある。

○ Tryphon, A. et al. eds., *Piaget-Vygotsky: The Social Genesis of Thought*, Psychology Press, 1996.

○ Smith, L. et al. eds., *Piaget, Vygotsky and Beyond*, RKP, 1997.

○ Daniels, H. et al., *The Cambridge Cambridge Companion to Vygotsky*, Cambridge Univ. Press, 2007.

○ Pass, S., *Parallel Paths to Constructivism: Jean Piaget and Lev Vygotsky*, Information Age Publishing, 2004.

○ Kozulin, A., *Vygotsky's Psychology: A Biography of Ideas*, Harvard Univ. Pres, 1990.

○ Glassman, M., All Things Being Equal: Two Roads to Piaget and Vygotsky, *Developmental Review*, Vol. 14, 1994.

○ Duncan, R., Piaget and Vygotsky Revisited: Dialogue or Assimilation? *Developmental Review* Vol. 15, 1995.

○ Vienna, E. et al., Embracing History through Transforming It: Contrasting Piagetian versus Vygotskian (Activity) Theories of Learning and Development to Expand Constructivism within a Dialectical View of History, *Theory and Psychology*, Vol. 16(1), 2006.

ヴィゴツキーについては、一九八〇年代から再評価が進み。翻訳・研究書が刊行されている。その全体像は、つかみ切れないので、一部を紹介する。

○ヴィゴツキー『新訳版　思考と言語』（柴田義松訳）、新読書社、二〇〇一年。

○ヴィゴツキー『子どもの心はつくられる――ヴィゴツキーの心理学講義』（菅田洋一郎監訳）、新読書社、二〇〇二年。

○ヴィゴツキー『新児童心理学講義』（柴田義松他訳）、新読書社、二〇〇二年。
○ヴィゴツキー『「発達の最近接領域」の理論――教授・学習過程における子どもの発達』（土井捷三他訳）、三学出版、二〇〇三年。
○ヴィゴツキー『子どもの知的発達と教授』（柴田義松他訳）、明治図書、一九七五年。
○ダニエルズ『ヴィゴツキーと教育学』（山住勝広他訳）、関西大学出版部、二〇〇六年。
○柴田義松編著『ヴィゴツキー心理学辞典』新読書社、二〇〇七年。
○中村和夫『ヴィゴーツキーの発達論――文化歴史的理論の形成と展開』東京大学出版会、一九九八年。
○中村和夫『ヴィゴーツキーに学ぶ子どもの想像と人格の発達』福村出版、二〇一〇年。
○神谷栄司『保育のためのヴィゴツキー理論』三学出版、二〇〇七年。
○高取憲一郎『文化と進化の心理学――ピアジェとヴィゴツキーの視点』三学出版、二〇〇〇年。
○高取憲一郎『ヴィゴツキー・ピアジェと活動理論の展開』法政出版、一九九四年。
○L・バーク他『ヴィゴツキーの新・幼児教育法――幼児の足場づくり』（田島信元他訳）、北大路書房、二〇〇一年。
○田島信元「ヴィゴツキー理論の展開」東洋他編『発達心理学ハンドブック』福村出版、一九九二年。

（6）Gesell, A., Child Logic, *Saturday Review of Literature*, August 25, 1928, p. 72.
Gesell, A., The Logic of Childhood. *Saturday Review of Literature*, ct. 13, 1928, p. 208.

第五章　ピアジェをめぐる人々(II)

――ピアジェとデューイと上田薫――

ジョン・デューイ
(1859–1952)

上田薫
(「社会科の初志をつらぬく会」総会
における講演　2013年８月)

本章では、視点が異なるとされてきたピアジェ、デューイ、上田薫の三者について、構成主義の視点から検討してみたい。

第一節　デューイの経験主義

一　デューイの生涯とその思想

デューイ（Dewey, J. 1859–1952）の生涯を年譜によってたどってみよう。(1)

一八五九年　アメリカ・ヴァーモント州に生まれ、ヴァーモント大学卒業。
一八八四年　ジョンズ・ホプキンス大学大学院修了。「カントの心理学」で哲学博士となる。
一八八七年　最初の著書『心理学』（*Psychology*）を出版。
一八九五年　シカゴ大学教授になる。
一八九六年　シカゴ大学附属実践学校設置。
一八九九年　『学校と社会』（*The School and Society*）出版。
　アメリカ心理学会会長をつとめる。
一九一六年　『民主主義と教育』（*Democracy and Education*）を出版。

一九一九年　第一次世界大戦中に友人らと共に、「戦争追放運動」をおこし、「戦争禁止アメリカ委員会」を主導した。一九二七年のパリ不戦条約に影響を与えたといわれる。

日本および中国を訪問。

日本には、三カ月しか滞在しなかったが、中国では、教え子の歓待を受け、二年二カ月も滞在した。

日本が軍国主義化するとの予言めいた発言をしている（魚返善雄「デューイの見た日本」『朝日評論』朝日新聞社、一九四六年六月号）。

一九二〇年　『哲学の改造』（*Reconstruction in Philosophy*）出版（日本での講演集）。

一九二二年　『人間性と行為』（*Human Nature and Conduct: An Introduction to Social Psychology*）出版。

一九二七年　「サッコ・ヴァンゼッティ事件」で、二人のイタリア系労働者が世界中の「無実」の声にもかかわらず処刑された。デューイは、この事件を調査し、裁判は不公平で、無実であると結論づけ『心理学と正義』（*Philosophy and Civilization*）を発表した。

一九二八年　ソビエト・ロシア訪問。

一九三〇年　『旧い個人主義と新しい個人主義』（*Individualism: Old and New*）

この頃より、楽天的個人主義から社会改造による個人および教育の改造に思想の変化がみられる。

コロンビア大学退職。

一九三七年　『論理学——探究の理論』の執筆を中断し、トロツキー裁判調査委員会の委員長を引き受け、トロツキーの亡命先のメキシコを訪問して、ソビエト政府によるトロツキー裁判の当否を調査した。

一九三八年　『論理学——探究の理論』（*Logic: The Theory of Inquiry*）および『経験と教育』（*Experience and Education*）を出版。

トロツキー裁判調査委員会報告書『無罪』(*Not Guilty*) 出版。(一九四〇年、トロツキーは、スターリンの刺客によって暗殺された。)

一九四四年　アメリカ教育連盟名誉総裁となる。

一九五二年　六月ニューヨークにて死去。九十三歳。

以下、アジア・太平洋戦争の敗戦後のわが国の新教育に多大な影響を与えたデューイの教育思想が現在のわが国の教育を考える上で、何か示唆するものがあると考え、彼の教育論を検討したいと思う。

デューイの生涯を見渡してみると、哲学的心理学から出発しているが、当時の進化論の影響を受け、全体的に生物学的人間論の色彩が濃い。

彼は、学界での活動のみならず、研究者として、哲学(論理学)、教育学の第一線で活躍した。パース(Peirce, Charles S. 1839–1914)の創案した「プラグマティズム」(Pragmatism)の流れを汲むが、自らは「道具主義」(instrumentalism)と名付けた方法で「経験」の位置づけを行った。

社会的関心も高く、特に、スターリンに追われたトロツキー裁判の調査を行ったことなどは意外な感じがするが、政治的には社会主義体制、思想的には弁証法的唯物論に相当の関心をもっていたことが考えられる。それは、当時のアメリカが大恐慌後の社会的混乱や教育による社会改造という彼自身の大きなテーマと無縁ではないのであろう。

彼の教育論はその哲学の実現のためでもあった。

児童中心主義の古典とされる『学校と社会』(*School and Society*, 1899) は、シカゴ大学における実験学校の三年間の結論をまとめたものである。

十九世紀のフロンティアの時代が終り、産業化社会へ入りつつあったアメリカの楽天主義の香りが漂うものであったが、しかし衝撃の一書であった。(実験学校は、はじめ十五名の子どもと共にはじめ、徐々に増え、三年目には九十五名になった。年齢は、四歳から十三歳までにわたっていた。)

それは、教育史的には、「二十世紀の世界的な新教育運動」(モンテッソーリ、シュタイナー、ドクロリー、ピアジェ、フレネら)の先駆けとなるものであった。

二 「私の教育信条」

『学校と社会』の二年前にデューイは、「私の教育信条」(My Pedagogic Creed, 1897)というデューイの「教育宣言」ともいうべき小論を発表している。ここに、彼のシカゴの実験学校の思想的前提が集約されている。そのいくつかを抜き出してみよう。[2]

第一条　教育とは何か

——すべての教育は個人が人類の社会的意識に参加することによって進展する。この過程は無意識的に殆ど誕生に始まり、しかも絶えず個人の能力を形作り、その意識に浸透し、その習慣を形成し、その思想を養成し、またその感情と情緒を目覚めさせるものである。

第二条　学校とは何か

——学校は、元来一つの社会的制度である。教育は社会的過程であるので、学校は、子どもに人類の遺産を継承し、分け与え、かつ社会的目標に向かって子どもの能力を使うのに最も効果的であるように社会のすべての機関が集中した地域社会の生活を形成することにほかならない。

——教育は、それ故、生活の一過程であり、将来の生活への準備ではないのである。

第三条　教育における教科

——教育の主要な基礎は、子どもに、文明が現在まで積み上げてきた過程を同じ一般的な経過をたどって学ぶ子どもの能力の中にあるのである。

——理想のカリキュラムには、学問の系列は存在しない。もし教育が生活であるならば、すべての生活には、最初から科学的側面、芸術・文化的側面そしてコミュニケーションの側面があるのである。

進歩は、学問の系列の中にあるのではなく、経験に対する新しい態度や新しい興味・関心の発展にある。

——結論的にいえば、教育は、経験の絶えざる再構築として考えられねばならない。即ち、教育の過程と目標は、一つであり、同じものである。

（第四条　略）

第五条　学校と社会の進歩
——教育は、社会の進歩と改革の基礎的方法である。

——教育は、社会的意識（social consciousness）に参加する過程の規則になるもので、しかも、この社会意識を基礎とした個人の活動の調整こそが、社会的再構築の唯一の確かな方法である。

——この考え方は、個人主義的（individualistic）理想と社会主義的（socialistic）理想の両方を適切に考えているものである。

それは、正しい生活の唯一真正な基礎として、一定の性格形成を認識していている点で個人的である。この正しい性格が、個人の教訓や模範や訓戒によって形成されるのではなく、むしろ個人に対する社会制度や地域社会の形態の影響によって形成されること、しかも社会有機体（social organism）は学校を通して社会制度の倫理を決定することを認識している点で、社会主義的である。

——教育は、人類の経験において認識しうる科学と芸術の最も完全なかつ親密な結合の標識をあらわすものと考えられる。

――すべての教師は自己の職業（calling＝天職）の尊厳を認識すべきである。そして、個有の社会秩序の維持と正しい社会的成長を保証するために選ばれた社会的奉仕者（social servant＝公僕）である。

この「私の教育信条」には、デューイの教育観がすべて集約した形でのべられており、『学校と社会』の一文と見紛う程である。

デューイの思想には、次のような歴史的背景があった。

アメリカは、建国当初から、民族・人種・宗教・言語など社会的・文化的に「民族のルツボ」とか「文化のルツボ」といわれるように多様性と流動性に富んだ国である。

人々は進取の精神に富み、世界は「常に変化するもの」（ever changing world）という考え方が支配的である。哲学的には、「相対主義」精神と「考える」よりも、先ず「なす」こと、「行動する」ことという行動的態度があった。フロンティア消滅後も、これらの態度が自然科学を受け入れ、十九世紀後半には、科学技術の発達によって工業化が進んでいた。デューイは、この「科学主義」とそれに対立する「古典主義」の間にあって、アメリカ社会の急速な産業化の進展により、「地域社会」（community）が崩れ、しかも、学校教育の旧態依然たる姿に危機感をいだいたのであった。

「教師中心主義」「教科書中心主義」の教育を批判したのが、「私の教育信条」であり、『学校と社会』であった。

三　『学校と社会』

デューイは、のべている。

社会とは、共通の進路に沿い、共通の精神と共通の目的とにかかわって働いているがゆえに、結合されている一定数の人びとから成るものである、ということができる。この共通の必要と目的とが思想の交流を助長し、共感による感情の統一を助長するようにと、ますます要求するのである。

今日の学校が自然な社会単位として、それ自体を組織することができないという根本理由は、まさにこの共通の生産的な活動という要素が欠落しているからである。(3)

とのべ、旧教育（old education）の欠陥について、次の三点をあげて、痛烈に批判したのである。(4) それは、

1、子どもの態度の受動性
2、子どもたちの機械的集団化
3、カリキュラムと教育方法の画一性

の三点である。

デューイは、子どもの「興味」（interests）には、

1、会話やコミュニケーションの興味
2、探求、すなわち事物を発見する興味
3、物を作ること、すなわち構成する興味
4、芸術的表現への興味

の四種類があるといい、「これらの興味は自然の資本であり、まだ投資されていない資本であり、子どもの活動的な成長は、これらの興味をはたらかせることにかかっているのである。」と強調した。(5)

デューイ『学校と社会』(1899)
(本書は、第三版 1900年。著者蔵)

デューイは、フレーベル（Fröebel, Friedrich 1782–1852）の教育原理を評価しつつも、「恩物」（Gabe）の象徴主義、抽象的哲学原理を批判して、学校の役割について次のように結論づけている。[6]

① 学校の第一義的な仕事は、子どもたちを協同し相互扶助するような生活ができるように訓練し、そのような結論が聞かれた明白な行為へと実行させるように適応させることにより、子どもたちを実際に助けてやることである。

② すべての教育活動の第一の根源は、子どもの本能的・衝動的な態度および活動にある。（中略）子どもが行う数かぎりない自発的活動――すなわち、遊戯、ゲーム、物真似、しぐさ――は、教育的に用いることができる。否、教育方法の礎石をなすのである。

③ これら個人的な性質傾向や活動は、協同生活をするために用いられてこそ認識され、指導されるものである。

デューイの主張は、ほぼ言い尽されている。彼の教育への危機感は、「子ども―小宇宙としての学校―地域社会―一般社会」の有機体的結合と相互作用によって、つまり、「個人の改造による社会改造」を達成するというオプティミズム、それは、「人間と歴史の進歩」に対するオプティミズムでもあったのである。

四　デューイの経験主義――プラグマティズム――

デューイは経験主義の代表的哲学者・教育学者といわれている。ピアジェは、子どもの発達における経験について、（「物理的経験（認識）」と「論理・数学的経験（認識）」）を発達の四つの要因の中の一つとしてあげている。彼の研究テーマが認識論であることを考えれば当然である。

一方、デューイは、「教育による人間形成」後に、「教育による社会改造」という大きなテーマを中心にすえていた。

しかし、デューイのいう「経験」の概念は、狭い意味の経験ではない。

彼は、経験主義（empiricism）の歴史をふり返り、三つの経験概念をあげている。(7)

(1)　ギリシャ的経験概念

一つは、ギリシャ的な経験の考え方で、自分で見たり聞いたりすることや、そこから得られた知識・技術というものである。

しかし、このような経験的知識は、プラトンとともに侮辱的な意味をもちはじめた。なぜならば、なぜ出来事がおこるかについての洞察にもとづく知識、すなわち、出来事の理由や原因の理解にもとづく知識にくらべると不利な立場に立つからである。

(2)　ロックの経験論

第二に、ジョン・ロックに代表されるイギリス経験論である。

ロックは、経験を本質的に観察から成り立つと定義した。彼は、当時の「合理主義」（rationalism）やア・プリオリなものに反対し、われわれが「理性的」と名づけるもろもろの概念は、われわれ自身の作りだしたものにすぎないから、「経験」すなわち「観察」によって照合しない限り疑わしいものであり、ロックは、「白い紙」（タブラ・ラサ）を強調し、印象を受けとる際の受動性を強調した。

このような感覚哲学は、その時代の因襲的な独断主義や政治的権威の影響力をもった形態に刃向ったのであるが、経験論のこの学派は、実のところ「合理論者」であったとデューイはのべている。

(3) プラグマティズム（pragmatism）

「プラグマティズム」がデューイの経験主義の立場である。

デューイは、「相互作用としての経験」についてのべ、それは、十九世紀に入り、生物学的な基礎をもった心理学の影響が大きいという。「経験はすべて生物と、その生物が生きている世界の側面との相互作用の結果であり、その相互作用が経験全体を構成するのであり、経験が完成された時には、調和の感覚が作り出されるのである。経験はパターンと構造をもっており、経験は働きかける作用と働きを受ける作用の交互のくり返しというだけでなく、両者の関連から成り立つからである。

デューイは、「相互作用としての経験」の立場から、教育の経験的意味の再解釈を試みたわけである。プラグマティズムの経験主義は、ピアジェの認識の相互作用（彼の場合「構成主義」）に非常に近いものがあることに驚く。

五　デューイの思想的転換—①

(1)「進歩主義教育」批判と教師の役割

一九一八年、第一次世界大戦が終結し、無限の天然資源の存在によって、戦後の好景気が続いたが、一九二九年のいわゆる「大恐慌」（The Great Depression）により、「永遠の繁栄」も終りを告げた。突如訪れたこの「悪魔」を前に「児童中心主義」を標榜していた「進歩主義」は、その転換を迫られた。

一九二八年、デューイは、「進歩主義教育協会」（Progressive Education Association, PEA）の名誉会長の就任講演で、「進歩主義学校は、個性を尊重する。そして、しばしば教材の系統的組織化が個性的特色のある子どもの要求に敵対すると考えられているようである。しかし、個性は発達するもので、継続的に獲得されるものであって、突然、レディメイドに与えられるものではないのである。」と「進歩主義教育」に対して批判的見解を示したのである。[8]

一九三〇年代の危機の時代の教育について、デューイは『経験と教育』(*Experience and Education*, 1938)の中で、「進歩主義教育」の批判と進展について「教育者は、生徒がすでに獲得しているものに対し、固定されている所有物としてではなく、現有している観察能力と記憶の知的能力に、新たに要求される新しい領域を拓くような手段や道具として、絶えず注意を払わなければならない。成長における関連性こそ、教育者の不断の合い言葉でなければならない。教育者は他のどのような職業人よりも、遠い将来を見定めることにかかわっているのである。[9]」

これは、驚くべきことに、ヴィゴツキーの「発達の最近接領域」的見解ではないかと思う程である。デューイは、くり返し教師の役割について、強調している。

> 教育者は、個々の生徒たちの知識に対して責任をもたねばならず、価値ある経験の形成に寄与するにちがいないすべてのものが引き出せるようにと存在している環境——自然的、社会的な——をどのように利用すべきであるが、そのことを知らなければならない。[10]

個人的経験の裏に教育を基礎づけること、学ぶという原理、教師と子どもの緊密な関係の重要を強調し、「経験」の二つの原理——相互作用の原理と連続性の原理についてのべている。

あることに由来する。

(2) 経験の相互作用と連続性の原理

教育は生活経験であり、経験の発達は、客観的条件と内的条件の相互作用であり、教育が本質的に社会過程である

経験の中に本来含まれている教材は、新しい能力を喚起する新しい事物や出来事と結びつくようになると同時に、これら新しい能力の行動により、経験の内容は洗練され拡大されるのである。[11]

この相互作用の発想は、ピアジェの経験や教材に対する考えと非常に共通するものがある。

経験の連続性についての原理は、以前の過ぎ去った経験からなんらかのものを受けとり、その後にやってくる。経験の質をなんらかの仕方で修正するという両方の経験すべてを意味するものである。として、次の詩を引用している。[12]

すべての経験は緑門（アーチ）、その門を通して未踏の世界が仄かに見え、その境界は、遠く彼方にきえてゆく
永遠に、永遠に、私が進みゆくにつれて。

（テニスン「ユリシーズ」より）

デューイは、一九二八年にロシアを訪問しているので、ヴィゴツキーのことは当然知っていたはずであるが、しかし、ヴィゴツキーの「発達の最近接領域」に関する内容とそれにかかわる教師の役割に関する記述を彷彿とさせるものがあると思うのは、深読みのし過ぎであろうか。

それ程、デューイは変ったようにみえる。

六　デューイの思想的転換―②

(1)　個人の変革と「社会改造による教育改革」

デューイは『旧い個人主義と新しい個人主義』(*Individualism: Old and New*, 1930)の中で「大恐慌」後のアメリカ社会の混乱と個人の危機に対し、イデオロギーとしての「ソーシャリズム」ではなく、「資本主義的ソーシャリズム」(capitalistic socialism)の必要性をのべた。これは、「社会の集団的統制の必要性と個人主義」をいかに両立させうるかという問題意識があったからである。

未曾有の社会状況の中で、個人がいかにして自分を再発見できるか、新しい個人主義はいかなる性質をもつか」ということであった[13]。

(2)　「新しい個人主義」

「新しい個人主義は、自然の物理的な力を征服した科学と技術のあらゆる手段をコントロールしつつ、使いこなすことによってのみ達成される。科学と技術は、現在基本的な意味では、決してコントロールされていない。(中略)個人に対して社会という統一体を対立させることをやめ、現実の社会において科学と技術がはたす役割を建設的な力をもって見守ることをさらに進めることにより新しい個人主義は形成される」とのべた。

同じ進歩主義者であるキルパトリック(Kilpatrick, William)も、デューイと同じ危機感をもっていたひとりである。

デューイのこれらの発言は、進歩主義教育=子ども中心主義が、同じ進歩主義の教師たちにも誤解された。それは、一九二〇年代後半から社会の変化の中で進歩主義教育が変化を迫られていた中でのものである。

ここでは、明らかにデューイの力点が「社会」に置かれ、「教育による社会改造」から、社会理論と新しい個人主義の確立をめざす「社会改造による教育改革」へとシフトしたのである。

注

（1）上山春平編『パース・ジェームス・デューイ』（世界の名著四八）中央公論社、一九六八年（表）、および Thomas, M., Dewey, J., *A Centennial Bibliography*, The University of Chicago, 1962. 参照。

（2）Dewey, J., My Pedagogic Creed, *School Journal*, vol. 54, Jan. 1897, pp. 77–89.（原文は、シカゴ大学により、現在、ネット上に公開されている。）

児玉三夫訳『ジョン・デューイ　教育信条――私の教育学的信条』（原田實訳『経験と教育』）、春秋社、一九五六年（合冊）。本書の原文は、児玉訳と一致しない部分もある。

（3）Dewey, J., *The School and Society*, University of Chicago Press, 1900 3rd Edition, pp. 27–28.（初版は一八九九年。）

デューイ『学校と社会』（市村尚久訳）、講談社学術文庫、一九九八年、七二頁。

（4）Dewey, *op. cit.*, p. 51.

デューイ、同書、九五頁。

（5）Dewey, *op. cit.*, p. 61.

デューイ、同書、一一〇－一一一頁。

（6）Dewey, *op. cit.*, 1990 Edition, pp. 117–118.

第四章以後は、デューイ自身より改訂版で入れられたもので、一九〇〇年の三版には、入っていない。

デューイ、同書、第五章、特に一八五頁。

（7）魚津郁夫訳『もろもろの経験論の経験的概念』『経験と自然』魚津編『デューイ』一九七八年、平凡社、三六－五二頁（要約）。

(8) Dewey, J., Progressive Education and The Science of Education, *Progressive Education*, No. V, 1928, p. 201.
(9) デューイ『経験と教育』(市村尚久訳)、講談社学術文庫、二〇〇四年、一二一頁。
(10) デューイ、同書、五七頁。
(11) デューイ、同書、一一八頁。
(12) デューイ、同書、四七頁。
(13) 魚津郁夫訳、前掲書、二二七―二三〇頁。

第二節　デューイにおける探究の理論

デューイは、『経験と教育』の出版と同じ、一九三八年に『論理学――探究の理論』を上梓している。彼は、ここで「探究」(inquiry) という教育あるいは学習の基本問題について哲学的議論を展開している。人が現にどのように考えるかは、ある時代に人々がどのように探究を行うかということにほかならない。

一　「探究」の定義

そして、「探究」とは何かについて次のように定義づけている。[1]

探究とは、不確定な状況を確定した状況に、すなわち、もとの状況の諸要素をひとつの統一された全体にかえてしまうほど、状況を構成している区別や関係が確定した状況に、コントロールされ方向づけられた仕方で転化させることである。

デューイの解釈では、「探究」と「疑問」とは、ある程度まで同じ意味のことばであり、われわれは、疑問に対する答をもとめる時、探究する。したがって、疑問とされうるということ。あるいは、可能性ではなく、現実性をあらわすことばでいえば、不確かであり、未決定であり、混乱しているということは、探究を引きおこす不確定な状況の性格そのものである。

不確定な状況は、個人の側からいえば、「面喰った」「かき乱された」「困った」「あいまいな」「混乱した」不明瞭な状況である。

二　不確定な状況は、開かれた状況である

この不確定な状況は「主観的」な意味ばかりでなく、現実に存在するものはすべて確定しているという考えは、ほかならぬ物理学（量子力学）の「不確定性原理」の発見により、疑問視されているのである。

　不確定な状況は、完結した状況ではなく、未完成で、開かれた状況である。
　確定した状況は、探究の結果として閉じている。
　たとえ確定しているとしても、完全な決定は環境としての存在にはありえない。
　なぜなら自然は、有機体あるいは自我と相互作用にはいったときにのみ環境となるのである。(2)

デューイは、ここで物理学の「不確定性原理」を根拠にして、彼の探究の理論を展開している。しかし、彼は、唯物論者ではなく、最後に引用した「自然は有機体あるいは自我との相互作用にはいったときにのみ環境となる」という一文から、彼は自らの認識論上の立場として、「道具主義」(instrumentalism)と「実験的経験主義」(experimental empiricism)を主唱した。彼は、概念や真理の不変性や伝統的な経験論がいうような外界の模写ではなく、概念や真理は、生活過程＝教育過程における疑問や矛盾を解決する探究の過程であり、解決のための「道具」(instrument)であると考えた。

しかも、この道具は、固定したものでなく、不確定な状況に応じて絶えず変化し、改善されていくものであると考えたのである。

注

(1) デューイ『論理学――探究の理論』(魚津郁夫訳)、中央公論社、一九六八年、四九一―二頁。

(2) 同書、四九一―四九三頁(要約)。

参考文献として

①I・ブリジゴン『混沌からの秩序』みすず書房、一九八七年。

②湯川秀樹『目に見えないもの』講談社学術文庫、一九七六年。

第三節　デューイにおける「教育の一般理論としての哲学」

一　教育は経験の再生

デューイは、子ども中心主義が教育界で主流となっていた一九一六年に『民主主義と教育』(*Democracy and Education*) を著し、その中で、発達と教育、哲学と教育について、興味深い内容を展開している。

彼は、「発達」の教育的意味について、それは、未来の遠くの方にあるものとか、次へのステップのための準備としての発達という考え方は誤っているという(1)。

「生活は発達であり、発達すること。成長することが生活」なのであり、

(1) 教育の過程はそれ自体を超えるいかなる目的ももっていない、すなわち、それはそれ自体の目的である。

(2) 教育の過程は連続的な再編成（リオーガナイゼーション）、改造（リコンストラクション）、変形（トランスフォーミング）の過程である。

とのべている。

> 成長の理想は、結局、教育とは、経験を絶え間なく再組織ないし改造することである。（中略）教育とは経験の意味を増加させ、その後の経験の進路を方向づける能力を高めるように経験を改造ないし再組織することである。(2)

ここにおいて、デューイにおいては、成長は発達であり、教育は、経験の再生という発達であるということが明確になったのである。

　思想的転換以前のデューイは、ピアジェやヴィゴツキーとやや異なっていた。ピアジェは発達と学習（教育）の関係について発達が主であり、学習は従であると考えていた。ヴィゴツキーは、唯物論の立場から発達に対する教授の優先性を考えていた点が対照的である。

二　哲学と教育の関係

　では、哲学は教育にどうかかわるのだろうか。それについて、デューイは、

> 教育哲学は既成の諸概念を外から、それとは根本的に異なった起源や目的を有する実践の体系に適用したものではない。すなわち、それは、その時代の社会生活の諸困難との関連において正しい知的および道徳的習慣を形成するという問題を明瞭に示した理論的表現にすぎないのである。それゆえ、哲学について下すことのできるもっとも透徹した定義は、哲学は教育理論のもっとも一般的な側面であるというそれである。
> 哲学の改造と教育の改造と社会の理想や秩序の改造とは、歩調を合わせて進行するのである。（中略）
> 哲学は思考の一様式であり、それは、経験の対象の中の不確実なものの中にその起源を有し、困惑の事態

の本質をつきとめ、それを解決するための仮説を構成し行動によってそれを試すことを目標とする。

哲学は生活のさまざまな利害の明確な理論的表現であると同時に、利害のよりよい調和をもたらしうるような観点や方法の提示でもある。

教育とは、それを通して必要ある変化が成し遂げられるような過程であって、何が望ましいかに関する単なる仮説に留まるものではない。

われわれは、哲学とは計画的に営まれる実践としての教育の理論だという言明を正当化するに至るのである。[3]

とのべている。

デューイは、哲学は、教育の最も一般的な側面を示す理論であることを明確にのべているのである。『民主主義と教育』が書かれた頃は、「大恐慌」前の自由な時代であり、個人主義的自由主義の色彩が濃いとはいえ、後の『経験と教育』につながる伏線は確かに存在するのである。

デューイら「進歩主義教育」の哲学は、「エッセンシャリズム」（本質主義者 essentialism）の立場から、「人類や民族の文化的遺産や現在の国民にとって本質的なもの」を軽視し、子どもを甘やかし、知識の習得をおろそかにすると批判された。

「絶対普遍の世界観や真理」に立てば、教育の目的も時代や文化を超える普遍的価値を教えることになり、それは、「進歩主義」と対立することは必須であった。

上田薫は、デューイの哲学について、次のようにのべている。[4]

わたくしは、デューイの立場にも多くの問題があることは認める。ことに生物学的なとらえかたには、人間がおちいらずにはいられない「つまずきの深さ」が、とらえあまされていることをいなめないと思う。(中略)けれどもデューイの哲学も、哲学である以上、絶対的なものへの探究を欠いていると考えることはできない。

かれは普遍を斥けるかのようであるけれども、それは抽象的な普遍であって、普遍を求める生の働きまで否定しているわけではない。デューイは、絶対性の哲学を攻撃することに急であったから、あるいは、表現の上で誤解を生じやすい面をもったかもしれない。けれども、デューイもけっして、その哲学を科学に解消しようとしなかったのである。わたくしは、この点で、今日までの多くのデューイ解釈は、むしろ再検討を迫られていると考えないわけにはいかないのである。

デューイから、幾多を学んだと思われる上田が、デューイについて冷静にみていた点が窺えるのである。

注

(1) デューイ『民主主義と教育』(松野安男訳)、岩波文庫、一九七五年、上巻、八七頁。
(2) 同書、一二七頁。
(3) 同書、下巻、二〇四―二〇六頁(傍点引用者)。
(4) 上田薫『教育哲学』誠文堂新光社、一九六四年、一〇五頁。

第四節　構成主義者――デューイ――

近年、構成主義に関する議論が活発になされる中で、デューイの思想に構成主義的側面を指摘する研究がだされている。

やや古いところでは、デューイの探究の理論とピアジェの知能の発生理論について、セルツァー（Seltzer, Edward）が、興味深い検討を行っている。(1)

それによれば、ピアジェもデューイも知能の活動は生物的活動に始まるという点で一致している。ピアジェは、生得的な知能を認めるが、それは環境との接触で修正されてゆく。デューイは、知識は生物学的過程をとるが、相互作用を伴うものである。両方が認めるのは、知的活動の「自己規制の原則」である。デューイは、相互作用とは「なすこと」（doing）と同様に「理解すること」（understanding）を含むのである。ふたりの間に認識についての大きなちがいはないといえる。

ライヒ（Reich, Kersten）の構成主義の五つの分類も興味深いものがある。(2)

①　構成主義的心理学（Constructive Psychology）――ピアジェ――

ピアジェは、個人における認知発達の論理的側面に関心があり、認知的教授や認知的学習を大いに喚起したが、知識を構築する文化的コンテキストにおける相互作用の重要性についての重要な視点を見落としていた。

② 構成的唯物論的文化理論（Constructive and Materialistic Theory of Culture）——ヴィゴツキー——

ヴィゴツキーの学習理論は、ピアジェの学習理論より社会文化的志向が強い。知識は、社会的に構成されるものであるが、ヴィゴツキーは「発達の論理」についての客観的理論を強調した。

③ 主観的構成的心理学（Subjective and Construct Psychology）——ケリー（Kelly, George A.）——

ケリー（一九五五）の「個性的構築」についての心理学的理論は、構成主義の独特な表現である。ケリーは、ピアジェよりはるかに現実の構成についての主体的側面をはっきり定義していた。

④ ラディカル構成主義（Radical Constructivism）

ラディカル構成主義は、主観的知識の相対性を強調することによって客観主義を避けている。知るということは、個人が現実を構成するプロセスとして、分析され、解釈される。

グレーザーズフェルトは、「ピアジェは間違いなく、認知に関する構成主義アプローチの今世紀のパイオニアである。」とのべている[3]。

⑤ 社会文化的構成主義的アプローチ（Social and Cultural Constructivist Approaches）

社会的構成主義は、いくつかの顔をもっており、最近十年間で、社会文化的文脈における構成、方法、実践の理解が相当拡がっているので「社会文化的構成主義」は、さらに、次の五つに分類できる。

a　方法論的構成主義と文化主義

このアプローチは、科学的構成と文化的実践の結合という方法的視点に焦点をあてている。

b　社会的構成主義（Social constructivism）

社会構成主義者は、知識を文化的歴史的文脈の表現として理解し、言語を思考の前状態として、また、社会的行動の一形態として、相互関係と社会的実践にかかわるものと考えている。

c　プラグマティズム構成主義（Pragmatist constructivism）

プラグマティズム構成主義は、プラグマティズムと構成主義の相互的結合と親和的関係を築いてきた。ジョン・デューイは、この二つの伝統の相互に生産的で実効性のある接点をつくりあげてきた。

d　状況設定的認知的構成主義（Situated cognitive constructivism）

このグループの理論的背景は、教授と学習についての認知的視点に関する現在の多くの研究プログラムにもとづいている。実在の構成を学習の状況のプロセスとみなしている。この理論は、主体の働きと環境によって影響をうける経験との間の相互関係を理解するために学習環境の文脈における構成をテーマにしている。

e　相互関係的構成主義（Interactive constructivism）

このグループは、構成主義を構成、方法、実践にかかわるディスコース（discourse）として考えている。社会的構成主義と文化理論を結びつけ、さらに、科学・生命世界（life-world）へアプローチする新しい方法を探っている。

いずれのグループも、他と重なった考え方をしているので、どれか残り、どれか消えるかというよりも、今後は、構成主義が、心理学、社会学、経済学、歴史学等の分野で、どのように発展していくかということであろう。その意味でデューイ理論を構成主義的に理解することも可能であり、ピアジェ、ヴィゴツキーや、次説でのべる上田薫とも共通している点が多々あることは、誠に興味深いことである。

近年、アメリカでデューイの再評価が進められており、全米教育学会（National Society for Study of Education, NSSE――十九世紀から続く教育学会で、毎年、ほぼ二冊のイヤーブック―特集論文集――を刊行している。）

は、二〇〇〇年に『教育における構成主義』を刊行し、デューイをピアジェ、ヴィゴツキーと共に「構成主義的教育学」(constructivist pedagogy)のひとりとして位置づけているのは興味深い[4]。

また、デューイを「ケア理論」(care theory)と女性の視点からみて、彼に「道徳教育論」に社会的弱者の視点に欠けるものがあったのではないかという議論もなされている[5]ことなどは新しい傾向だと考えられる。

注

(1) Seltzer, E., A Comparison Between John Dewey's Theory of Inquiry and John Piaget's Genetic Analysis of Intelligence, *The Journal of Genetic Psychology* 130, 1977, pp. 323–335.

(2) Reich, K., Constructivism: Diversity of Approaches and Connections with Pragmatism in L.Hickman et al., Eds., *John Dewey Between Pragmatism and Constructivism*, Fordham University Press, 2009, pp. 42–54.

(3) エルンスト・フォン・グレーザーズフェルド『ラディカル構成主義』(西垣通監修)、NTT出版、二〇一〇年、一三五頁。

(4) Howe, R. and Berv, J., Constructing Constructivism, Epistemological and Pedagogical, in D. C. Phillips ed., *Constructivism in Education, 99th Year book of the National Society for the Study of Education*, University of Chicago Press, 2000, Chap. 2.
Adair Breault, D. et al., eds., *Experiencing Dewey*, Rappas Delta Pi, 2005.

(5) Noddings, N., Dewey's Philosophy of Education: a critique from the perspective of Care theory, in Cochran, M. ed., *The Cambridge Companion to Dewey*, Cambridge University Press, 2010, pp. 265–287.
同様な見解は、次の文献に見られる。
○鈴木順子「フェミニズムとデューイの女性観」杉浦宏編『現代デューイ思想の再評価』所収、世界思想社、二〇〇三年。

〈デューイに関連する主な文献〉
○平光昭久『デューイと戦後日本の新教育の理論』中部日本教育文化会、一九九九年。
○ラヴィッチ『教育による社会的正義の実現――アメリカの挑戦（一九四五－一九八〇）』(末藤美津子訳)、東信堂、二〇一一年。
○ラヴィッチ『学校改革抗争の100年——20世紀アメリカ教育史』（末藤美津子他訳）、東信堂、二〇〇八年。
（ラヴィッチの右の二著には、デューイと子ども中心主義・進歩主義教育の消長が詳しくのべられている。）
○ロウ『進歩主義教育の終焉——イングランドの教師はいかに授業づくりの自由を失ったか』（山崎洋子他監訳）、知泉書院、二〇一三年。
○Rugg, Harold et al., *The Child-Contered School*, World Book Co., 1928.（「子ども中心主義者」の三十年の歴史を実践例を紹介しながら述べたもの。）
○大伴茂『実験学校』大伴教育研究所、一九五八年。（デューイのシカゴ実験学校、パーカスト、ウォッシュバーン、ドクロリーの実験学校の詳しい紹介がなされている。）
○エドワース『デューイ実験学校』（梅根悟他訳）、明治図書、一九七八年。
○田浦武雄『デューイとその時代』玉川大学出版部、一九八四年。
○田浦武雄『デューイ研究』福村出版、一九六八年。
○大浦猛『実験主義教育思想の成立過程——デューイにおける初期教育思想の形成』刀江書院、一九六五年。
○日本デューイ学会編『日本のデューイ研究と21世紀の課題——日本デューイ学会設立50周年記念論集』世界思想社、二〇一〇年。
○山田英世『J・デューイ』清水書院、一九六六年。
○『デューイ＝ミード著作集』（河村望訳。人間の科学社から主要著作が邦訳されている。）

第五節　上田薫の経験主義＝動的相対主義

一　上田薫の足跡とその思想

上田薫の足跡とその思想を年譜でたどってみよう[1]。

一九二〇年　大阪で生まれる。哲学者西田幾太郎（一八七〇－一九四五）を祖父として、父（判事）母（哲学者西田幾太郎の長女）の長男。

一九二八年　今津小学校（現西宮市）入学、甲子園のごく近くで野球漬けでしぜん健やかに。

一九四二年　京都大学文学部哲学科に入学（しだいに軍国色へのレジスタンスを）。

一九四三年　仮卒業にて十二月、いわゆる学徒出陣で応召（徴兵検査第三乙種合格）。

一九四五年　一月、高射砲見習士官として中国へ出兵（「わが哲学魂を試さんために死地におもむく覚悟で、忠勇義烈とはいかないが、ためらいなく戦雲の中に身を沈めることを決意」（上田著『林間抄残光』黎明書房、二〇一四年、一三三頁））。

一九四五年　二月、母彌生死去。六月、祖父幾太郎死去。

一九四六年　一月、上海より復員。病父と末弟と。九月、文部省に職を得て新教科社会科を担当（依るべきものなく自棄すれすれの日々）。
一九四七年　小学校社会科「学習指導要領」の執筆と教科書作成。
一九五一年　「道徳教育のための手引書要綱」執筆。
第二回「学習指導要領」執筆。
九月、名古屋大学教育学部に移る。
一九五六年　この前後、文部省の変容を責め激しく戦う（長く激しい戦いの発端ここに）。
一九五八年　「社会科の初志をつらぬく会」（別称「個を育てる教師のつどい」）を重松鷹泰、長坂端午らと設立。会誌『考える子ども』発刊。（初志とは、社会科創立のときの思想。経験主義的立場。「初志の会」は、二〇一四年で設立実に五十六年になり、『考える子ども』は、年七回刊行して二〇一四年末までで三六〇号になる。）
一九五九年　『知られざる教育――抽象への抵抗』（黎明書房）刊行。
「小学校社会科」教科書（梅根悟と共著）検定調査官の無知により不合格。
一九六〇年　信濃教育会教育研究所所長（兼任）
（信濃教育会との交流半世紀を超えて）
一九六一年　名古屋で「未来にむすぶ教育の会」を始め、今日も続く。
一九六四年　『人間形成の論理』（黎明書房）刊行。
教育哲学会理事、日本教育方法学会理事。
一九六五年　重松鷹泰らと共著『R．R．方式――子どもの思考体制の研究』（黎明書房）刊行。（中日文化賞受賞）
一九六八年　東京教育大学教育学部教授。

一九六九年　筑波へ移転の紛争の渦中へ。（大学人の人間としての弱さを痛烈に思い知らされる。）
紛争激化、学長に抗議の公開書簡を出す。
『林間抄』（黎明書房）刊行。
一九七一年　東京教育大学教授会で執行部に抗議退席、続いて教授退官表明。
一九七二年　立教大学文学部教育学科へ移る。『個を育てる力』（明治図書）刊行。
一九七三年　『層雲——教育についてのエッセイ』（黎明書房）刊行。
一九七四年　日本教育学会理事。
『ずれによる教育』（黎明書房）刊行。
一九七五年　学科長として学費値上げ反対闘争と対応解決。（あい戦う者どうしに生まれる信頼とは何か）
同窓の友永井道雄文相の依頼により特に文部省視学委員を受ける
『人間のための教育』（国土社）刊行。
一九八三年　教育哲学会代表理事に選ばれる。
一九八四年　公立都留文科大学学長に就任。
授業参観・指導等学外での活動活発。
一九八九年　「初志をつらぬく会」会長に就任。
『教師も親もまずわが足もとを見よ——人間観の変革』（金子書房）刊行。
一九九〇年　学長任期満了。しばらく五十年ぶりの解放感を味わう。
一九九一年　一九六〇年以来、兼任だった信濃教育会教育研究所の所長再任。
一九九二年　『上田薫著作集』（黎明書房）刊行開始。
一九九四年　研究所長辞任。

著作集全十五巻完結。（著作集に含まれていない著書数多く、この後も、著書出版は続く。）
一九九五年　『人が人に教えるとは』（医学書院）刊行。
一九九九年　『よみがえれ教師の魅力と迫力』（玉川大学出版部）刊行。
『子どものなかに生きた人間を見よ——教育低迷克服の道』（国土社）刊行。
二〇〇四年　「初志をつらぬく会」名誉会長となる。
二〇〇五年　『私はいつまで生きていてよいのか』（亜紀書房）刊行。
二〇〇八年　『沈まざる未来を——人間と教育の論に歌と詩と句「冬雲」を加えて』（春風社）刊行。
二〇一四年　『林間抄残光』（黎明書房）刊行。九十四歳。

二　上田薫の思想の根底にあるもの

(1)　上田の戦場体験と戦後教育

上田薫は、一九二〇（大正九）年五月生まれであるので、本年（二〇一四年）九十四歳になられた。四月に『林間抄残光』が刊行され、記念祝賀会が開かれた。

戦後七十年、戦後のわが国の教育の歴史と共に歩んだが、その根本思想は一貫しており、変節はない。時と共にうつろいゆく人智の行方を見れば、戦前・戦後に勢いよく体制に積極的にあるいは消極的に協力した研究者も、作家も、宗教家も、一般国民も、戦後は、その多くが掌を返したように、また戦後の体制に吸い込まれた。戦後においても思想的変節者は、少なくないが、上田の一貫性は驚異というほかない。敗戦により、中国戦線から帰還されたが、終戦の日（昭和二十年八月十五日）の数日後、日本の軍隊はまだ正式に解体されておらず将校に特進となった。この特進が災いとなり、その後、マッカーサー軍政下でパージに遭い、教師になる資格を失った。

母はすでに亡く、病弱の父（裁判官）と弟をかかえ、偶然、文部省に職を得ることができた。文部省に入り、天野貞祐文部大臣の下で「社会科」というわが国ではじめての教科の「学習指導要領」の（小学校編）と教科書を執筆した。

哲学の道から、思いもしなかった教育の道へ進むことになり、「教育の中に哲学を生かす」―つまり、デューイの「哲学とは、教育の一般的理論である」ことと同じ道を歩むことになった。

上田は、哲学者西田幾太郎を祖父にもっていたが、敢えてそのことを他人に語らず、また隠そうともしなかった。西田に関して、いくつかのエッセイがあるが、このような上田の態度が人間としての矜持であったと思われる。

さらに、

私は若いときから固い哲学用語がつらなる文体には抵抗を感じていた。自分はそういう文章を書きたくない。そもそも自分の考えを確実に表現するには、そういう文体がどうしても不可欠なのだろうか。私はできるだけ漢字を少なくしてやわらかに書きたいと考えた。むろんそのために情緒に流れ、論理があいまいになるのは困る。

高校生の時、短歌に打ち込み、
表現を緻密にし柔軟にするという努力は、思想を綿密にし深めるということとどこか通じていると思い、「そこにある」みいるようなやわらかさで哲学を語られないのかと考えたという。[2] この独特の文章スタイルも、上田の矜持であろうと思う。

上田理論の大きな特色は、哲学者として、象牙の塔にこもらず、文部省時代から現場の小中学校に通い、授業をみて教師たちと議論をしたという、いわば「歩く教育哲学者」ともいうべき面をもっていることである。静岡県の安東小学校との交流があまりに有名であるが、彼は、何回全国の現場の学校に通ったであろうか。恐らく数千回は下らないものと思われる。

上田の書いた著書は、著作集刊行後も、数多く、その量は背丈を超えるのではないか。このエネルギーは、どこから湧いてくるのか。

(2) 戦場体験

このエネルギーの底にあるのは、私が思うのにそれは、「戦場体験」にあるのではないかと思われる。そのことを二〇一四年四月に刊行した『林間抄残光』の中でのべている。一つは、権力への憎しみと抵抗である。

上田は戦争は、憎んでもいない人と殺し合わねばならぬ。それを強いる国家権力の残酷さについてのべている。[3]

戦争という状況は、無数といってよいほどの手かせ足かせが人間をはばんで、人間の心をがんじがらめにする力をもっている。いや応なしにそこへ引きずりこむ力をもっている。

戦争は恐ろしい。それを根絶するためには、臆病なくらい慎重なくふう、努力が肝要だ。勇み肌のかっこいい、あきっぽいのはだめだ。(中略)

戦争は絶対にいけない。戦争がはじまったら、人間は変ってしまう。自分が変るのをくいとめるだけの力をもった人間はいない。そのことを直視するのは勇気がいるだろう。私は死と生のあいだで、どうあっても割りきらぬということをとくと学んだ。割りきることなく徹底して人間存在にまといつくことだけが、戦争を防ぎとめることができる。私はここに若いかつての私の弱さ、卑小さ、不徹底をあえてあからさまに書きしるすことによって、今の若い人のためにいささかの手がかりを供したいと願った。戦争で死ぬことはやさしいことである。思いきりをつけてしまえば、もうそれでよい。諦めるか興奮するかしてしまえば、死というものはこわくない。しかしそれで人間はよいのか。人間の生と死はそれでよいのか。これだけの人間の生きている世界というものは、それでよいのか。

もう一つは、戦場で戦った人間の問題である。

私は己の国を、日本の人間を嫌悪したくない。国を愛する故に次の二つの卑劣は何としても許せぬと思う。戦争は兵と兵との殺し合いで、国家は当然のようにそれを推進し賞揚さえしてきた。今はそのことは問うまい。しかしかつての戦いのとき日本兵はとくに中国で、罪ありといえぬ非戦闘員に暴虐の限りをつくした。暴行略奪放火惨殺、その数の多さにはただただ声をのむ。だが私がここで言いたいのはそれだけではない。その日本人たちはいかなる理不尽を働いても責めは問われぬと知った上での非行だった。何という卑劣、底ぬけのずるさ。日本人とはそういう生きものか。

もう一つ言おう。そういう兵たちは無事故国に帰りつき、そこでそれぞれ生を享受し全うすることができた。終始虫も殺さぬような顔で尊敬されるべき夫として父として祖父として。かれらのほとんどはついに何も語ることをしなかった。告白はなくて終った。かれらが戦争について語りたくなかったのは良心のためであったのか。いやそれともやはり徹底したずるさのためではなかったのか。

この二つの卑劣を思うとき私の心はさすがにふるえる。かれらは特殊な日本人であったのではあるまい。

とすれば私のなかにも同じ卑劣な血が流れているということなのか。戦争が人を狂わせたとせめて思いたいが、古来人類は戦争というものをたえずくり返して、決してあきなかったのである。

上田は、これを「その卑劣は許しがたく」とのべている。

上田が、これ程、詳細に戦場体験をのべたものは、ほとんどないと思われるが、晩年にあたり、わが国の政治的に退潮を憂い、「戦争放棄をあえてしえていることは、真に世界に誇りうる勇気あることなのに、なぜかつてのみごとな覚悟を今毅然として世界に主張しえぬのか」と考え、九十歳を過ぎてなお、教育の問題とわが国の行末と地球環境問題を考える思想的根源は、彼の戦場体験にあり、人間の卑劣さも、ずるさも、醜さも、やさしさも、明るさも、一人ひとりの人間がもっている善悪すべてを見てきたことが、彼の人間観・世界観の底にあり、それが教育観を形づくっているのであると思わずにいられない。「動的相対主義」は、ここからはじまるのである。

(3) 戦後の教育論争の渦中に

上田は、戦後の教育論争史の中で、系統主義に、ひとりで立ち向かった。コア・カリキュラム批判、広岡亮蔵、矢川徳光、大槻健らと、経験主義教育論争、問題解決学習批判、カリキュラム論争、そして動的相対主義批判等の論争にかかわった。

一方、文部省退職後は、R.R.方式による授業研究、「社会科の初志をつらぬく会」の設立へと活動の場をひろげていったのである。

(4)「社会科の初志をつらぬく会」の設立

重松鷹泰、上田薫らの名古屋大学授業研究グループは、「R．R．方式」(相対主義的関係追求方式　Relativistic Relation Research Method）として、研究を続けていた。

上田の大きな活動拠点の一つに「社会科の初志をつらぬく会」がある。教育政策の大転換により、五年間勤めた文部省を去った。

そして、一九五八（昭和三十三）年、新しい教育の会「社会科の初志をつらぬく会――個を育てる教師のつどい」を重松鷹泰・長坂端午らと結成した。

会の主張は、「日本の教育政策が系統主義の知識主義、徳目主義の道徳教育に大きく転換したことを批判し、（中略）一九四七（昭和二十二）年に新設された社会科の初志は、新しい民主的な社会を主体的に創造する人間は子どもの切実な問題解決を核心とする学習によってこそ育つという考えにもとづいている」とのべられている。

そして、次のことをめざすとしている。[4]

○わたくしたちの会は、つめこみ・教えこみの指導を排します。社会科だけではなく、すべての学習・生活指導で、子どもが中心となって進める教育の創造をめざします。
○わたくしたちの会は、一人ひとりの子どもを人間として大切にして、広い視野から主体的に考え、行動できる子どもにしようと努めます。
○わたくしたちの会は、社会科をはじめとして、さまざまな教科に関わる教師と、学び高め合う人間関係を築きながら、教育実践にもとづく主体的で地道な研究に邁進します。

「初志の会」は、五十六年目に入った今年、会誌『考える子ども』三六〇号（二〇一四年現在）を発行し、会は続いているのである。
会の主張の中に、上田の思想も充分にあらわされており、毎年、年次総会と全国研究集会を行い、研究者と現場の教師を結びつけて、これ程長く続いている教育の研究会もまたまれなのではないだろうか。

注

（1）上田薫『私はいつまで生きていてよいのか』亜紀書房、二〇〇五年、略年譜（自注）。教育哲学会プロジェクト『聞き書　上田薫回顧録』年譜、教育哲学会編、二〇〇九年。上田薫は、私の恩師であるので、敬称をつけて表記をせねばならないが、ここでは、論文・著書の通例にならい敬称をつけずに表記することをお断りしておきたい。
（2）上田薫「発展をねがうことば」大野僚『上田薫の人間形成論――新しい教育言説の誕生』学術出版会、二〇一〇年、Ⅳ－Ⅴ頁。
（3）上田薫『林間抄残光』黎明書房、二〇一四年、一三五－一三八頁。
（4）「社会科の初志をつらぬく会」の「私たちの主張」より。

第六節　上田薫の思想（動的相対主義）の背景

上田が、動的相対主義とよんだものは、教師と子どもという「考える者」と「教えられる者＝学ぶ者」では全くない。個と個とぶつかり合いである。しかも、知識の理解は、その子どもの個性的理解としてしか成立しえないものであるという。

個と個とぶつかり合いは、あるいは「孤独な闘い」でもある。

この孤独な闘いこそ、若き日に戦場で身をもって経験した上田自身の孤独にもとづいているのではないか。

上田の思想にはニヒリズムとロマンティシズムの香りが漂う。しかし、上田のニヒリズムは、決して、ニーチェ（Nietzsche, F. 1844–1900）のいうような「受動的ニヒリズム」でも「破壊的ニヒリズム」でもない。ラテン語ニヒル（nihil）は「愛」であるが、存在に対する非存在でもない。

また、ロマンティシズム（Romanticism）は、シェリング（Schelling, F. 1775–1854）をはじめとする一九世紀のドイツ観念論や知性・経験重視に対する直観的感情、天才的直観などを重視するものでもなく、また現実逃避の保守主義でもない。上田が学生時代から文学を愛好し、特に短歌に没頭した経験から、深みのある文体、流れるような文章にその心髄があらわれている。

教育という営為の本質は、未来志向的なものであり、世界と人類生存の意味にかかわる価値意識をもつものである。

上田は、このことに、刮目していたと考えられる。

一　上田薫のニヒリズム論

一九五八（昭和三三）年の著作『知られざる教育——抽象への抵抗』の中で、上田は「ニヒリズムと教育」について一文を書いた(1)。

それは、次のような内容であった。

○ニヒリズムすなわち虚無主義は危険である。ニヒリズムを避けることのできない者は不幸であるし、ニヒリズムを避けえない者もいる。教室で教師の配慮の外におかれている者がいる。しかし、ひとりの子どももみじめにしてはいけない。ニヒリズムを避けえない者に対して、教育はニヒリズムを無視することはできない。ニヒリストもまた、すなおに生きる権利をもっている。

○ニヒリストは真実には、他者を固定させぬだけではなく、自己自身をも固定させないのである。固定させることができない。かくて、ニヒリズムは、自己を固定させるものと激しい対立の関係に立つ。

○ニヒリストにとっては、つねに自己のみがある。

つねに自己のみあって神なき者、自己を憎んで憎んで、しかもどうしても自己から眼を離すことのできぬ者、割っても割ってもいかにしても割りきれぬそのわずかなすき間を、他の人のように埋めたいと考えることが絶対にできない者、このように自己にとりつかれた人間こそニヒリストなのである。

○ニヒリストは、権威ある秩序や体系の割り切ろうとする力に抗して、あくまでも生の欲求を弁護する。

○ニヒリストは、目的から逃げない。真に目的が達せられたかどうかについてこだわりぬいて権威の導入や割り切りに満足しない。事態に迫り、迫りぬいて迫ることに絶望し、しかもなお迫ることをやめられない。一

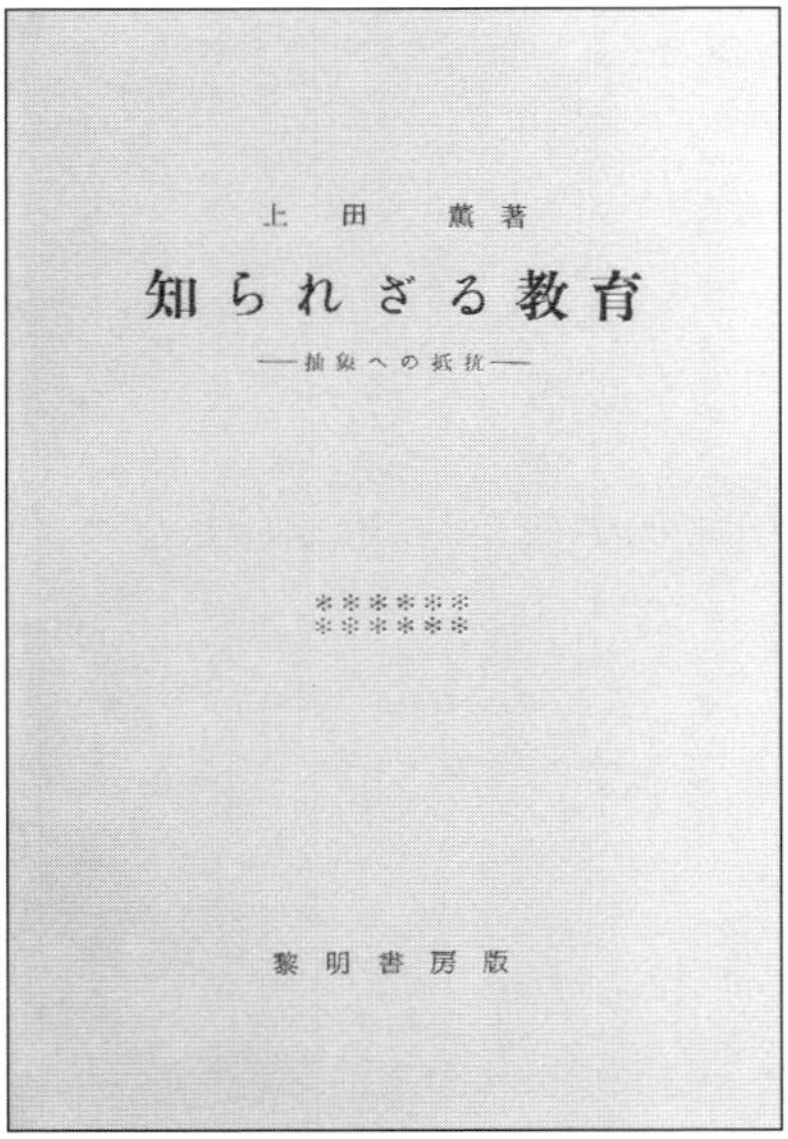

上田薫『知られざる教育』
（黎明書房刊、1958）

ならんとしてついに一になりえない。これこそ、具体性を重んずることではないのか。ニヒリズムは本質的に知的である。抽象的にではなく具体的に知的である。

ニヒリズムのこのしつようさ、強じんさをささえるものは、生の力であるとともに、それをぎりぎりまで深めるある力――人間の孤独の奥深く突きささった相対性の認識がひそんでいるのである。

わたくしは、ニヒリストこそ純粋だとは、あえていわない。しかし、ニヒリズムをおびた子どもを見る教師の眼がにくむべき者、救いがたい者を見るひややかさを消すことは、誠実に生きる人間としての教師の義務であると思う。

ただひとり大地をいだいて泣きつくすことのできる者はニヒリストである。この孤独な魂と無縁に成立する集団は、死せる抽象化された形式にすぎない。真に孤独な者のみが、真の深い結合を知ることができる。私は精神主義を好まない。そこには、つきささるような孤独、具体的な凡人の孤独がないからである。

二　上田のニヒリズムの背景

上田のこのニヒリズム、沈むような孤独はどこから来たのだろうか。本書が書かれたのは、一九五八（昭和三三）年である。

敗戦から十数年が経ち、みなが貧しい生活の中で、苦しみ、泣き、笑い、やっと生きてきた。そして、この生活を激変させる高度経済成長の足音が聞こえはじめた頃である。「テレビ、電気冷蔵庫、電気洗濯機」が、日本人にとって「三種の神器」といわれた時代に入った頃である。

すでに戦後の民主的教育は、保守反動化した文教政策の前に消え去らんとしていた。「科学技術」という他者が、人の心を支配しはじめていた。本質的な産業化社会の到来と共に、「人間疎外」の問題が顕在化しはじめていた。

軍隊は、特別な集団ではなく、一般社会の集団の集約されたものである。いじめもあり、差別もあり、笑いもあり、憎しみもある。上田は、戦場で何度も、何度も死の体験をし、絶望の果てから帰還したことや軍隊という組織の圧倒的な国家権力と人間の醜さ、残酷さを戦後のこの時期に、また見たのではないか。

否、それは、戦後のことではなく、明治維新というわが国の歴史上、最も革命的な時期を経てわが国は、政治、司法、経済、軍事、教育、科学技術等の分野において欧米の制度を取り入れ、近代化をはかった。いわゆる「富国強兵」「殖産興業」である。

しかし、維新から太平洋戦争までの七三年間その間、台湾、ロシア、中国、韓国、朝鮮との戦争をくり返し、完全に軍事国家になっていた。

その間に、失われたものは多く、家族のつながり、地域社会のつながり、つまり人の心のつながりと、歴史・文化が失われた。

上田は、以上のようなことには直接ふれていないが、上田のニヒリズムの中に、「近代化」＝欧米化に抗する「反近代」的なものを感ずる。

「反近代主義」は、「農本主義」や「日本主義」などがあげられるが、上田の場合は、それとも異なる「魂の喪失」ともいうべきものが、いつも底にあって、「孤独の自己」と対決し、なお、どうしようもない自己があるのではないか。

祖父西田幾太郎に次のような短歌がある。


我が心深き底あり喜びも憂ひの波もとどかじと思ふ（大正十二年二月）

上田は、まさにこの心境にあったのではなかろうか。

上田が、文部省を去ったあとに、もう少し、戦後に明るいものを見たならば、このニヒリズムの一文は、もう少しちがったものになったように思われてならない。

注

（1）上田薫『知られざる教育――抽象への抵抗』黎明書房、一九五八年、三九一―四〇〇頁（○印引用者）。

（2）上田薫編『西田幾多郎歌集』岩波文庫、二〇〇九年、一九五頁。

第七節　動的相対主義の本質

一　「不安定から不安定へ」

上田の思想の中核にあるのは、「動的相対主義」で、上田は、「自分のもつ経験主義を動的相対主義とよぼうと思う。」と自ら名付けている(1)。

動的相対主義は、一部の唯物論者たちの眼には、いちじるしく危険なものと映り、一部の観念論者にも、なにか伝統にそぐわない異端の説のように受けとられてきた。上田は文部省の系統主義とも日教組の系統主義とも対立してきた。一部の進歩派によれば、いかに文部省を批判しようとも、けっきょくは帝国主義を資する以外のものではないといわれた。(2)

では、上田の主張する動的相対主義とは、何か。(3)

動的相対主義は、「一つの論理的一貫性をもった体系」であり、「ひとが虚飾と安易を捨て、真に主体的に現実と対決しようとするとき、しぜんに到達する立場である。それは、他にありようがない。〃そうならざるをえない〃底の底から出発しようとする。すなわち、生きた現実のありのままをそのまま徹底させたところに根拠をおく。たとえば、人間にとって、「わかっている」状態より「わからない」状態のほうが本来的であり、「計画が意味をもつかどうかはその破られかたによると考える」のである。

教育とは、未来にかかわる新しい普遍の探究であり、その本質は未来性――予測はできても絶対に決定はできない条件――だと考えたとき、はじめて教育は社会における地位を画期的なものにすることができるのである。

教育の体制は一新されなければならないと思う。『わかることからわかることへ』ではなく、『わからないことからわからないことへ』ということが基調にならなければならないと思う。

子どもの個性的なありかた、正しくいえば、わからなさの個性的なありかたに注目するとき、そこではもはや注入主義は成り立たなくなる。

「わからないことからわからないことへ」は、上田は「不安定から不安定へ」といういい方をしているが、これは動的相対主義の中心概念である。その学習方法が問題解決学習である。この点は、デューイの探究の理論と共通しているといってよいのではないか。

動的相対主義は抽象性の論理を排し、具体性の論理に徹する。働かざる抽象、ゴールとしての抽象を斥ける。ゴールはつねに具体的であり、それゆえに永遠に完結することがない。動的相対主義は、教師論にも及ぶ[4]。

教師の教えた内容は決してそっくりそのまま子どもに受け入れられることはない。教師はつねに自己の与えようとしたものでないものを子どもに与えているのである。（中略）たしかに与えようとするものを与ええないということはさびしい。しかしそれが、人が人を教えるということなのである。それを自覚した指導の努力こそ、教師が人間としてもっとも正しいかたちで影響を与えるということなのである。もどかしいという人があるかもしれない。しかしそれなら人間そのものが本来もどかしい存在なのである。

動的相対主義はたんなる相対主義ではない。それは絶対に到達しえないことを明確に自覚しながら、しかもなおどこまでも絶対を志向しようとする生きかたである。

二　「絶対」と「抽象」への抵抗

「不安定から不安定へ」そして絶対を否定しつつ、なお絶対を求める姿勢は、何か求道者の姿を彷彿とさせる。しかしまた、絶対を破壊し、絶対を打ち立てようとする革命家を思い起こさせる。その革命は、政治体制に限らず、学問・芸術・教育に至るあらゆる分野の革命家である。

デューイの問題解決学習も、教師が子どもに問題を感じさせ、予測させ調べて、仮説を立て、問題を解決させるという意味で、子どもを混沌の中に落としこんで、自らの力で探求し、解決させるものであった。

この点で、「不安定さ」を求めたのであり、ブルーナーは、子どもは「小さな科学者」といったのは、学問の最前線に子どもを送りこんで探究し、発見させるというものであった。
上田の動的相対主義は、尚それを一層深化させたものということができるのではないか。

三 「ずれによる創造」——批判に答える——

上田は、前述のように、戦後教育の中で、系統主義と対立し、常に論争の矢面に立ってきた。特に広岡亮蔵（一九〇七—一九九五）との論争の中に動的相対主義の五つの批判——それは上田にいわせれば「誤解」であるが——に答えている。(5)

その五つの批判とは、次の通りである。

① 知識習得の軽視
② 現実の深刻な矛盾対立を軽視し、あまい連続観に陥っている。
③ 理論と系統を欠く結果主義である。
④ 歴史的社会的要素の軽視と方向性と実践力のなさ
⑤ 客観的実現を拒否する不可知論に陥っている。

○「ずれ」の理論

ここで上田は、広岡の批判に対して、詳細に反論しているが、「ずれ」という新しい理論で反批判を行っている。(6)

たとえば「目標が実現されるという事態を例にとれば、それは、いかにして、またいかなる程度までであるのか。どの程度までなら実現されたとし、どの程度なでなら実現されていないとするのであるか。そこには明らかにあいまいさが残されているといわなくてはならない。ひとははたして、このあいまいさを、自分のつごうのよいほうに解釈しすぎたことはなかったか。あたかもそのなかったもののごとく、よそおったことはなかったか。もし、あるべきもの、またあるとしたものと、あるものとのあいだのずれがいささかでも残るならば、そして、そのずれを理論的に位置づけることができないならば、目標の実現ということは決して正しくとらえられているとはいえないのである。かくて目標の実現ということは、自明のごとくして実はきわめて不明確である。

この不明確さは、明確の反対ではなく、明確をめざしつつ、しかも絶対に明確になりえない、明確を含み超えた不明確である。

ゆえに、そこにはひとがかならずみずからの足をぬらして渡らねばならぬ深いみぞがある。これに対し、動的相対主義のみが、このみぞに正しくつまずくことができるのである。

という。さらに続けて、

動的相対主義は、このみぞのもつあいまいさ、ずれをしつように追究し克服しようとする。

目標が目標になるということ、具体的に事態が動くということをあくまでつきつめようと努力する。そこでは、肯定した足がかりをつくって、それによって追いかけるということは許されない。なぜなら「動くものによって動くものを求める以外に動くずれ、いをとらえる道はないから」である。

ずれは本来行為において生ずるものである。純粋に知的な認識論的な問題においても、ずれがずれとしての意義をもつのは、そこに問題解決的な体制、すなわち主体性の確立ということがあるかぎりにおいてである。ずれこそはまさに実践の中核の問題なのである。(7)

四 「数個の論理」

「ずれ」の論理を支え発展させるものとして上田は「数個の論理」が重要であるという。(8)

ひとりの人間を「かれはどんな人物か」と問いかけられた時やある事柄について考える時、一語であらわせるような単純なとらえ方はできない。同一人に対する把握が各種各様であることこそ、むしろ常態である。

事実は一つしかない。しかし、その中身はつねに一ではなくて多である。さまざまな解釈を許容せざるをえない複雑なものである。

「基準としての一と多」について、多はつねに一を求めることを通じて新しい多へと変化していくという意味で、まさに一は重要不可欠である。わたしはこれを発展の手がかり、媒介者になる「一」を仮構の一とよんでいる。数個とは実際には多分三から六くらいの数であり、そのあいまいな数が代えがたい価値を発揮することが生ずるのである。

「数個の論理」という立場を明確に打ち出した理論は過去に見あたらない。(中略)

数個の論理は実践の論理であり、動きを把握する論理である。私たちは、ふだん説明の手がかりに数個の手がかりを使う。論文の一章は多く数節から成っている。修学旅行の注意事項も数項にまとめている。一つだけでも多すぎても事態を把握できない。一つにしぼることが無理がかかるとすれば数個にしぼる以外に方法はない。

数個の論理は本来発展しうる数個、生きた構造をもったものである。

さらに続けて、次のようにのべている。(9)

人間をとらえるのに多数の観点から、すなわち多面的に追求するということは、じつは数個の構造をもって把握するということであった。いくつかの観点の間に対立を含むことが、統一解釈を深める条件であることは、もはや重ねて言うまでもないであろうが、その統一の過程がまさしく動く数個によって形成されているのである。(中略)その意味はずれこそ、数個を成立させ発展させるかぎだということができる。哲学は普遍を求める学びである。しかし、真に普遍が働くのは数個の世界においてなのである。

五　「カルテ」による人間把握

上田は、学校現場の授業研究において、「カルテ」と「座席表」の作成を非常に重視している。カルテは、医師が患者の病気の診断に使うものであり、カルテなしでは治療することはない。教師もカルテを欠いて授業を進めることはできない。

カルテは教師が自分の予測とくいちがったものを発見したとき、すなわち「おやっ」と思ったとき、それを簡潔にしるすべきである。したがって一時間にひとつでもよい。それで一日に数個は書ける。一週間やれば、ひとりひとりの子にひとつずつぐらいになる。それを二カ月つづければ、ひとりにつき最低四つ五つはメモできるであろう。（中略）「おやっと思う」ということが勝負なのだ。それもどこでそう思うかがぎりぎりの問題なのだ。きびしく豊かな予測がなくては驚くこともできない。さまざまな読みを含んだ周到な計画であってこそ、計画が破れることに意味が生ずる。結論を急ぎ、割り切った解決に安産しているようでは、成長があるはずがない。カルテが生きるということは教師の成長だと思う。(10)

「おやっ」と気づくことは、教師の心が裸になるということである。このことは、ピアジェが教育論の中でのべていることと共通している。

上田のカルテの原理は、教師が人間として子どもへの個性的発見をつなぎつなぎ考えていくことにつきる。その発想は、名古屋大学時代の重松鷹泰らとの「R．R．方式による思考体制の研究」にあるが、カルテは、前述の「数個の論理」と密接な関係にある。

子どもの手がかりは、二つだけを結びつきつけるのでは弱い。三つ出ればそれらをつなぎ合わせるというのを原則にして、三角形を基成にする動的バランスから生まれたものであるとのべている。(11)

この三角形の発想は、ヘーゲル（Hegel, G. W. F. 1770–1831）の弁証法（正・反・合）を想起させる。一つではだめ、二つでもだめで、三つになってそれらが相響きあって新しいものが生まれる。上田は、さらに、二つ三つ加えて「数個の論理」を展開したわけであるので、全く独創的であるといってよいであろう。

六　知識の二重の相対性

教師が与えようとしたものが、そのまま子どもに伝わらず、また誤って理解されたりするこの錯誤は、教育という営為の宿命性でもある。

上田は、この点を「知識の二つの相対性」とのべている。[12]それは、

①　個人の知識獲得および活用が、いかにしても個性的にしかおこなわれないという意味の相対性

②　知識自身がつねに自己否定的に発展し新しくなるという意味の相対性

である。上田は、これをくりかえしのべてきた。

しかしながら、あたりまえにみえるこの二つの相対性は、戦後教育の中で、深く考えられてこなかったのではないか。

広岡のいう「動的相対主義は単なる連続である」というのに対して、上田は、かかる見えた方こそ抽象であり、唯物弁証法が自らを固定化し、絶対化して、みずから弁証性の本質を喪失しているのに対し、真の弁証性は結合こそ区別であり、区別こそ結合であるという。

　人と人、人と物、物と物との結合対立は、すべてこの原理によって具体的に成立する。求めあうということは、異なるところあるゆえに生じ、また異ならざるところあるゆえに可能なのである。すなわち、具体的関係性こそ結合であり、同時に矛盾対立である。

　経験とは、かくのごとき結合連続であるが、いかなる深い対立矛盾も、またかかる経験を通じてのみ個に迫り理解されうるのである。（略）

このきびしい矛盾対立に動的相対主義は正対し、否定の否定としての真の弁証性が働くのである。[13]

科学上の発見や法則が次代の研究によって否定されるように、知識は絶対ではない。歴史もまた動く限り、その歴史観も不変絶対のものはなく、みずからの相対性を自覚することによって、はじめて正しく動く事態をとらえることができる。

動くものは相対的である。生きたものは相対的である。新しい教育哲学は動くものが動くものをとらえる論理でなくてはならない。

それは、決して無秩序ではないのである。

ずれを生ずることによってかえって統一を創造することができる動的な秩序がそこにある。[14]

七　経験の連続性と環境との交互作用

上田は、哲学によって教育理論をつくりあげたいという主旨のことをのべているが、デューイも同じことをのべており、上田の数少ない引用文献の中からデューイの影響はみてとれるのであるが、デューイの認識論（探究理論）は、二十世紀の量子力学の理論を革新させた「不確定性原理」（uncertainty principle）に影響を受けている。

自然現象の記述は実際に観測可能な諸量および諸概念のみによって行うべきであるとし、観測不能の諸量、諸概念の存在を否定した。[15]

自然現象に関するわれわれの認識はすべて観測行為を通じて可能になるが、このことは必然的に認知する側の主体と認知される側の客体との相互作用を意味する。主体と客体の切れ目に関する解釈次第では、主観の作用が測定結果を左右するという見解も生じる。

上田理論にも「不確定性原理」の影響が考えられるが、彼の「ニヒリズム」は悲観的・虚無的ニヒリズムではなく、人間および教育を真正面からとらえようとしていた。底流にあったのは、近代社会における「世界観なき科学主義」であり、そこにおける「人間疎外」であった。これを一言で「反近代主義」(anti-modernism) とは言い切ることはできないが、常に一種の「絶望」があったことは紛れもないことである。

生物学から哲学、そして発生的認識論への道を歩んだピアジェ、生物学、進化論、心理学から哲学・教育への道を歩んだデューイ、一貫して「動的相対主義」とその実践の道を歩んだ上田薫。デューイの教育哲学に関する上田の次の一文をみると、実は、デューイではなく、私は三者の理論をまとめている様に思われてならない(16)。

デューイの経験の基本的な考えかたが、それを有機体と環境との不断の交互作用によって展開される連続的発展的な過程とすることにあるのは、経験を生物に対応させて考察した結果にほかならないのである。この「交互作用」(interaction) と「連続性」(continuity) は、デューイの教育哲学にとってきわめて重要な概念である。

それは、次にあげる三つの文章からも、同じことを感ずるのである。

八　ピアジェとデューイと上田薫

構成主義者ピアジェ、経験主義者デューイ、動的相対主義者上田薫の教育論を比較してみよう。

① 教育の目的は、知識の量を増やすことではなく、子どもが発明し、発見できるような可能性を創り出すことである。

われわれが、あまりに急いで教えると、子どもは、自分自身で発明したり、発見したりすることができなくなってしまう。

教えることは、構造を発見できるような状況を創り出すことであって、ただ単に、ことばのレベルによって理解できるような構造を伝達することではない(17)。

② 教育者の基本的な責任は、年少者たちが、周囲の条件によって、彼らの現実の経験が形成されるという一般的な原理を知るだけでなく、さらにどのような環境が成長を導くような経験をするうえで役立つかについて具体的に認識することである。何よりも先ず、教育者は、価値ある経験の形成に寄与するにちがいないすべてのものが引き出せるようにと存在している環境――自然的、社会的な――をどのように利用すべきであるか、そのことを知らねばならない(18)。

③ 子どもの発見はじつは教師にとっても発見でなくてはならぬ。子どもがそういう発見をするということが、教師の驚きでなくてはならぬ。それでこそ子どもには立体性がある。そしてその発見を驚きつつも位置づけるということにおいて教師の主体性は保持されるのである。問題解決学習はかかる主体的発見を可能にする。発見学習よりもはるかに高い次元において発見を生かすことができる。要するに次元の高さをきめる

ものは、教師が驚くかいなかということにあるといわなければならないのである。(19)

以上の三つの文は、三人のうち、誰かどの文を書いたのであろうかと見紛う程、内容は相似ており、共通している。

①において、ピアジェは構成主義の立場から、②ではデューイは、経験主義にもとづく探究理論の立場から、③で上田薫は、動的相対主義による問題解決学習の立場から、それぞれの教育論をのべている。

つまり、三者は、認識論研究、哲学研究と出発時の相違があったにせよ、彼らの思考過程においては、お互い並走し、通底するものがあり、ほぼ同じ地点に到達しているといえるのではないか。

以上が、三人の理論から、私が得た結論である。

(追記)

一、上田は、かなり以前から「環境問題」に関心をもちつづけ発言をしている。

それは、たんに地球環境問題を地球温暖化等の自然現象の変動にとどまらず、核問題、人口問題、民族対立、宗教対立も含めとらえようとしている。社会福祉、高齢社会問題も視野の中にある。

「あえて奇矯の言をなすことを許されよ。」にはじまる一文は、あまりに厳しい内容である。人が錯誤をおかしているのは、科学の絶対性ともいうべきものへの甘い傾倒であるという。

予期せぬことが忽然と決定的なかたちで生ずるのが環境問題の本質だ。それに気づくことがない限り、人類破滅は必然のことだ。私は今こそ人類滅びの哲学が、滅亡に直面しうる深い哲学が不可欠だと思う。(略)今日は高齢化社会だというのに、老人の地位は低い。社会に用なきこわれた人間の扱いである。しかし多くの老人はもう少し正常だ。知恵も経験もある。面倒を見るのが大変だからそろそろ消えてほしいという注文の存在は一応わかるが、それなら老残の言い分ももっと謙虚にきけと言いたい。

これは、『思想』誌（二〇〇九年一月、No.一〇一七、岩波書店）の一文である。

二、上田は米寿のころに俳句をはじめている。それは、自らの思想をのべることと同じだとのべている。二〇一四年春、『林間抄残光』を刊行し、後半を句集とした。

人類の史ただに戦記とちろろ去る（ちろろはこおろぎのこと）

人類の史閉じゆくは今か虫すだく

ひと滅びぬ一匹の虫誄に似て（誄は死者の生前を讃えしのぶこと）

環境問題激化人類の存続すでに危うし

枯れし野といへど反骨あたたむる

「ずれ」四句の中から

水澄むとずれの深さを知らずゐて（ずれは動的なる奥行）

自宅にて（筆者撮影）

朴の葉の落つるやわづかずれの影（ずれは間をもてる一瞬）

　学ともすれば専横に走る
学に酔へど誇りかに酔へど空し秋

哲といふはむしろほのかよ光る秋

もはやたれも死なしめずあれ秋とんぼ

のたうてどいのちニヒルに冬をゆく

老残をひそと歩めば春淡き

上田の句は、プロの俳人たちには、「異風の句」として評価が高い。私は、上田思想は凝縮された「哲学俳句」と思う。

その奥深さは、たとえようもない。

思想は、言語で表現し、読む人、聞く人に理解できることが肝要であると、上田はのべている。

　私は文章では流れと奥行が欲しいと思っている。流れがあるとは、スムーズだというだけではない。自然に読み進むことができるような何かだ。それは、調子がよいとことではなくて、読者にそこへ分け入ってみたいと感じさせることだ。そうであるためには、実は奥行がいる。個性と立場をもった読み手が入りこんでいく場がいる。

（上田薫『林間抄残光』黎明書房、二〇一四年、一四二頁。）

しかり、俳句も同じであろうと思われる。

注

（1）上田薫『知られざる教育——抽象への抵抗』黎明書房、一九五八年、三三六頁。
（2）上田薫『人間形成の論理』黎明書房、一九六六年、九二－九五頁。
（3）同書、九六－一〇〇頁。
（4）同書、九九－一〇〇頁。
（5）上田薫、前掲書、『知られざる教育——抽象への抵抗』、三三四－三六四頁。
上田のかかわった戦後教育論争については、船山謙次『戦後日本教育論争史』東洋館出版社、正編（一九五八年）の「相対主義教育論争」、続編（一九六〇年）の「カリキュラム論争」に詳細な検討がなされている。
（6）同書、三三九－三四〇頁。
（7）上田薫『ずれによる創造』黎明書房、一九七三年、一二三頁。
（8）同書、六四－六八頁（要約）。
（9）同書、六九－七〇頁。
（10）上田薫・静岡市立安東小学校『ひとりひとりを生かす授業——カルテと座席表』明治図書、一九七二年、一五－一七頁。
（11）上田薫『林間抄残光』黎明書房、二〇一四年、六〇－六一頁。
（12）上田薫、前掲書、『知られざる教育——抽象への抵抗』、三四二頁。
（13）同書、三四四－三四五頁。
（14）上田薫、前掲書、『ずれによる創造』、一二〇頁。

(15)　下中弥三郎監修『哲学事典』平凡社、一九七一年、一四七六頁。
(16)　上田薫『教育哲学』誠文堂新光社、一九六四年、一〇〇頁。
(17)　Ripple, R . and Rockcastle, V. eds., *Piaget Rediscovered Cornell University*, 1964, R3. これは、アメリカコーネル大学での講演集であるが、現在、英文でしか刊行されていない。
(18)　デューイ『経験と教育』(市村尚久訳)、講談社学術文庫、二〇〇四年、五七―五八頁。
(19)　上田薫『個を育てる力』明治図書、一九七二年、一四頁。

(その他の参考文献)

○教育哲学会プロジェクト『聞き書　上田薫回顧録』教育哲学会編、二〇〇九年(学会の「教育学史の再検討グループ」による)。
○大野僚『上田薫の人間形成論――新しい教育言説の誕生』学術出版会、二〇一〇年(博士論文に加筆修正したもの)。
○上田薫『私はいつまで生きていてよいのか』亜紀書房、二〇〇五年(第三部において、「わが思想のしるべに」として、上田は自らの思想を十三にまとめている)。
○川合春路編著『教育をひらき支える言葉――上田薫、人生と教育へのアフォリズム(警句)』黎明書房、二〇〇〇年。
○伊藤実歩子「『カルテ』に見る教育評価論――上田薫の場合」田中耕治編著『人物で綴る戦後教育評価の歴史』三学出版、二〇〇七年。
○川合春路「『カルテ』的把握に関する判断論的一考察」日本教育方法学会編『教育方法学研究』第九号、一九八三年。
○池田久美子「動的相対主義の無基準性――特に「確定」「不確定」について」教育哲学会編『教育哲学研究』第四〇号、一九七九年。
(上田薫「池田さんの質問に答える」『教育哲学研究』第四一号、一九八〇年)
○上田薫・樋口澄雄「社会科教育」浜田陽太郎編『討論　戦後教育の潮流――改革の理念は生きつづけたか』日本放送出版協会、一九七三年(これは、一九七三年九月から十月にかけて、NHKラジオ「教師の時間」(全九回)各教科、障害児教育、教員養成等のテーマで放送されたものを刊行したものである)。

第六章　ピアジェをめぐる人々(Ⅲ)

M・モンテッソーリ（1870–1952）（左）
『モンテッソーリ・メソッド』（初版1912　著者蔵）

和田實（1876–1954）

第一節　ピアジェとワロン

発達理論に関するピアジェとワロンの論争は、一九二〇年代の終りから一九五〇年代の中葉までの約三十年間にわたって、シンポジウムや著作、学会誌の論文をめぐって、長く断続的に行われた。しかし、両者が直接、論争したのは、たった一回という例をみない論争である。

唯、「ピアジェ＝ワロン論争」といういい方は、後年、ワロンの弟子が命名したもので両者は、自己の理論の正しさを主張し、相手を批判するということでなく、それぞれの著作などで批判し、相手が応え、批判するというもので珍しい形で展開した。

この論争については、論争の経過を詳細にたどり、また、多くの文献をはじめて理解した加藤義信らの長年の共同研究の成果が公刊されている(1)。

アンリ・ワロン（Wallon, Henri 1879–1962）は、精神医学の臨床医として、障害児の治療にあたり、後に、子どもの発達の心理学的研究を展開した。また、ピアジェと同様、教育にも深い関心をもち、「国際新教育連盟」のフランス支部の会長として活躍した。

また、ワロンは、第二次大戦後のフランス教育改革のために、フランス教育学会会長のポール・ランジュヴァン（Langevin, Paul）と共に、「ランジュヴァン・ワロン計画」を作成したことでも知られている。

ちなみに、「国際新教育連盟」（Ligue internationale pour l'éducation nouvelle）は、一九二一年、第一回大会が開

かれたが、その機関誌「新しい時代のために」(Pour l'ère nouvelle)の編集委員は、ワロン、ピアジェ、H・ピエロン、O・ドクロリーの四名で構成されていた。一方、ピアジェは、ジュネーヴにあった「国際連盟」の教育局長として活躍したわけで、論争前とはいえ、その後も、教育方法やカリキュラムに関心を持ち続けた両者が同席していたこと、また両者が、「子どもの教育を受ける権利」について見解をのべていることは、教育史の上からも興味深いことである。

一 論争点

では、両者の論争点は何だったのか。

その前に、共通点を整理しておく必要がある。

二人は、共に大陸合理論の精神的土壌の中に育った。イギリスやアメリカの経験主義にもとづく発達論、特に行動主義心理学における発達論は、発達を「経験による量的変化の累積」として重視しているが、ピアジェやワロンは、発達を単なる量的変化ではなく、「質的変化」としてとらえ、主体の能動的活動を重視した。

二人の共通点としては、次のことが挙げられる(2)。

① 一般的発達論(発達段階論)を提起したこと。

ともに全体的発達論を展開し、ピアジェは「認識主体としての子ども」、ワロンは、「情動を含む人格としての子ども」をとらえようとした。

② デカルトの心身二元論以来、合理論が前提とした活動主体としての主体と客体とを切り離すことに反対したこと。また、経験論が強調する客体(経験)を過大評価することにも反対した。

③ 子どもを、大人の操作の対象と見なさなかったこと。両者ともに、子どもの自発性・能動性を尊重し、子

どもを外的な目的のための手段としては見なかった。

このようなピアジェやワロンの「子ども観・発達観」は、後に「教育の自由」や「子どもの権利」を守る世界的な教育思潮の論拠になった。

では、両者の相違点は何か。それは、ピアジェの発達の三分法に対し、ワロンの二分法にあった。ピアジェは、子どもの知能の発達は実践的知能（感覚運動的知能）から理性的思考（操作的思考）へ進む、その中間媒介項として「自己中心的思考」を設定した。いわば、人間の思考の質的区分を三分法で行った。これに対し、ワロンは、「行為（運動的知能）から思考（理性的思考）へ」と飛躍すると考えた。この点が両者の決定的な相違である。

ワロンは、人間を全体としてとらえようとしたのに対し、ピアジェの関心は、人間の認識活動であった。ピアジェは、「自己中心的思考と社会中心的思考」（一九五一）と題する論文の中で、次のようにのべている。(3)

彼（ワロン）と私（ピアジェ）の本質的な不一致点は、ワロンによれば、子どもは〈集団と自己との未分化状態という意味での〉社会的なものから出発し、次第に個性化されるのに対して、私（ピアジェ）は、子どもは自己（moi）から出発し、少しずつ社会化されるということ（これこそが、ワロンが〈ピアジェの個人主義（individualism de Piaget）〉と呼ぶものである）に起因する。

というものである。

つまり、発達において、ピアジェのように個体が社会化される方向とみるか、ワロンのように、社会的な関係が個人化される方向とみるかという違いがあった。

発達のプロセスについて、ピアジェは、初期には三分法（感覚運動的知能〈自閉的思考を含む〉→自己中心的思考↓操作的思考）を考えていたが、最終的には、四段階（感覚運動的知能↓前操作的思考〈自己中心的思考〉↓具体的操作的思考↓形成的操作的思考）から成る段階論を主張した。

一方、ワロンは、大きく分ければ、「感覚運動知能（場面の知能）と推論的知能（理性的思考）」に二分されるが、ピアジェのように、はっきりした段階はとらない。（推論的知能がピアジェの前操作的思考と具体的操作的思考にあたる。(3)）

二　ピアジェの「自己中心的思考」をめぐって

もう一つの問題は、ピアジェの主張する「自己中心的思考」にある。

ピアジェは、次のようにのべている。(4)

自己中心的思考は、運動的知能と理論的思考との間のたんなる中間物ではない。自己中心的思考は、運動的知能に固有の同化の要素の開化を保証し、調節の要素が理性的思考にまで及ぶのを防げるのである。このように自己中心的思考は、屈折作用の効果をもつ中間項を構成する。

と、子どもの思考の特殊性を主張した。

これに対し、ワロンは、次のように反論した。(5)

自己中心性とは、主体自身と主体の知覚する事物との本質的な混淆であり、自らを知る能力の欠如、主体が説明を試みようとする実在から自らを引き離す能力の欠如である。（略）私は、子どもがある種の全く閉ざされた存在だとは考えないし、子どもの自己中心性を初期の行為と理性的思考の法則の闇に入り込んでくるレンズとは考えない。私の考えでは、子どもの自己中心性は実践的思考と直接つながっており、この実践的思考においては、子どもは自分が働きかける事物と混ざり合っている。そんなわけで、この自己中心性という考えから自閉性という考えにどうして移行することができるのか、私には想像もできない。

ピアジェ氏の理論は、自己中心性を自閉性の意味にとっており、関係の思考への接近は、子どもが自分自身からようやく脱して、自分の視点と他者の視点が区別できるようになる時点から始まる。その時に子どもは他者とのつながりを持つことができる社会的存在になっていると考えられるというが、私には疑問で、反対に、私には、子どもの社会性は知能の発達よりも、いっそう早期に現われると考える。

ピアジェのいう「自己中心的思考」を、子どもが外界とつながりのない「個人主義」だと批判したのである。

三　両者の発達観

基本線は、両者の研究の出発点にあった。ワロンは、人間の「生理―心理―社会性を含む人格発達の全体像」をとらえようとしたのに対し、ピアジェは、人間の「認識構造の発達の全体像」をとらえようとした。

ピアジェの発達的認識論にもとづく四段階発達説は、ある「完態」(complete state)を予定した子どもの認識の一元論的把握で、明解ではある。個が社会と切りはなされており、その意味で、ワロンは、「個人主義」と批判した。一方、ワロンは、認知(対物的適応)と情報(対人を軸にした主体形成)が相互に絡まり合いながら進行する過程を大切にした。浜田寿美男は、これをピアジェは単線的で、ワロンは複線的であるとのべている(6)。

論争は、決着のつかないまま、ワロンの死去（一九六二年）をもって終った。「ピアジェ＝ワロン論争」（la controverse entre Piaget et Wallon）という言い方は、ワロンの高弟ルネ・ザゾ（René Zazzo　一九五四）によるものとされるが、わが国では、二十年後の一九七四年に紹介されている。(7) ピアジェは、ワロンを追悼するザゾの著作に寄稿し、次のような結論ともいえることばを残している。(8)

今日では、ワロンの研究と私の研究との間には、ある点でおたがいに相補完するものがあると確信している。（略）要するに、ワロンと私がたまたま論争したのは、――私たちの共通の友人であるザゾが、最近この論争を耳のきこえない人同士の対話にたとえました――明らかなことですが、同じ言葉を使いながら、私たちはちがったことを考えていたからなのです。（略）「表象」という中心的な言葉こそがまさに私たちを隔てていたあいまいな用語の一つであることに気づきました。（後略）

つまり、これは、論争というよりは、二人の研究者が、それぞれ独自に進めていた発達研究が、あるいは交差し、あるいは異なっていたと考えた方が、すっきりするかもしれないのである。勿論、理論の比較研究は、その理論の共通点、相違点を明確にできるので、研究にとって必要なことではあるが、この両者の論争を「ピアジェとワロン」という対比ではなく、「ピアジェもワロンも」という相補的な発想の方が、発達研究にとって大切ではないかと考えられる。

注

（1）加藤義信他編訳『ピアジェ×ワロン論争――発達するとはどういうことか』ミネルヴァ書房、一九九六年。

(2)　足立自朗「ピアジェ-ワロン論争の時代背景とその現代的意義」前書所収、一七七―一八四頁（要約）。
(3)　ピアジェ「自己中心的思考と社会中心的思考」（加藤義信訳）、前掲書、一一九頁。
(4)　ピアジェ「自己中心的思考」（日下正一訳）、前掲書、三五頁。
(5)　「ピアジェの報告に対するワロンのコメント」（加藤義信訳）、前掲書、三八―四〇頁。
同様な指摘は、
ワロン『科学としての心理学』所収の「子どもの精神発達」（滝沢武久訳）、誠信書房、一九六〇年。
ワロン『子どもの精神的発達』（竹内良知訳）、人文書院、一九八二年。
滝沢武久『ワロン・ピアジェの発達理論』明治図書、一九七五年。
(6)　浜田寿美男『ピアジェとワロン――個的発想と類的発想』ミネルヴァ書房、一九九四年、一〇九―一一一頁。
(7)　浜田寿美男、前掲書、『ピアジェとワロン――個的発想と類的発想』。
浜田は、以前から、ワロンとピアジェの発達論を再検討し、人間発達の総体的把握に取り組んでいる。
(8)　ピアジェ「あとがき――表象の形成における模倣の役割」R・ザゾ『心理学とマルクス主義――アンリ・ワロンの生涯と業績』（波多野完治他訳）、大月書店、一九七八年、二〇四、二〇七頁。

今日、わが国では、ピアジェとワロン共にその著作の多くが邦訳されているが、ワロンは、ピアジェほど研究されず知られていない。

たとえば、わが国の第一線の研究を集約した『発達心理学ハンドブック』（東洋他編、福村出版、一九九二年刊）や『児童心理学ハンドブック』（波多野完治他編、金子書房、一九八三年刊）には、ピアジェに多大のページをさいているが、ワロンは、部分的に著作名を引用されているにすぎない。この扱いは、どこからくるのだろうか。

ピアジェの著作は難解だといわれるが、ワロンは、より難解である。それは、子どもの発達の理解という研究対象そのものの難解さにあるともいわれる。しかし、邦訳書の難解さ――あるいは誤訳が、その理解を妨げているともいわれる。

その点で、前掲書の足立、加藤らの研究グループや浜田、谷村覚らの精力的なピアジェ、ワロン研究は、敬服に値するものである。

「ピアジェとワロン」のこの節は、両グループの研究に依拠したものであるが、その成果を充分に消化しきれなかった面がある。

第二節　ピアジェとチョムスキー

一　チョムスキーの理論的背景

この二人の巨人は、一九七五年に開かれたにシンポジウムで、意見をたたかわせたことがある。ピアジェは、構造主義として、発生的認識論の研究者として、チョムスキーは、構造言語学批判の旗手として、自らの生成文法論によって言語学界のみならず、認知科学、情報処理等へ多大な影響を与えた人物である。チョムスキー（Avram Noam Chomsky）は、一九二八年、アメリカ・フィラデルフィアに生まれ、幼少期から、父親の仕事を通して、言語学に関心をもち、大学院では、ヘブライ語に関する学位論文を提出している。博士論文（「変形分法」）は、後に出版されている。ペンシルヴァニア大学からハーバード大学の研究員を経て現在は、マサチューセッツ工科大学（ＭＩＴ）教授である。研究分野は、言語学、言語哲学、論理学に及んでいる。

幼年時代から政治的関心も高く、ベトナム戦争批判にみられるように、戦争、政治、教育、マス・メディアへとその社会批評においても精力的な活動を行い、著作も多く、各国語に翻訳されている。

思想的には、啓蒙主義と自由主義に起源をもつ伝統的アナーキズムといわれ、Ｊ・オーウェル、Ｂ・ラッセル、Ｊ・デューイらの影響もみられるといわれている。

二〇〇五年には、「世界最高の論客」(World's Top Public Intellectual) に選ばれている。

しかし、なんといっても、チョムスキーの最大の功績は、「言語生得説」にあるといってよいであろう。あらゆる言語の初期形態である「普遍文法」(UG. Universal Grammar) が、生物学的言語能力の基礎として、人間に備わっていると主張した。この「普遍文法」とは、生得的言語にまつわる知識・規則の体系であり、遺伝的に、脳神経器官に生理的機構として備わっているという仮説を提出したのである。これが「生成文法論」(Generative Grammar Theory) である。

つまり、どの言語の下に生まれた幼児も、数年のうちに複雑な文法構造を身につけ、ことばが話せるようになるのは、何らかの生得な能力があると考えないと合理的な説明ができないと考えたのである。

彼は、「言語」を他の生体器官と同様に人間の生物器官と考えたのである。

それが、「言語習得装置(機構)」(LAD, Language Acquisition Device) という考え方である。

それについて、次のようにのべている(1)。

(1) 言語習得装置(ＬＡＤ)
人間は、正常な子どもならば、比較的わずかな期間、言語的環境に接するだけで、特定の訓練も受けずに言語を獲得するのである。そして幼児は特定の規則やそれらを統括する原理の持つ複雑な構造を何の苦もなく使用して、自らの思考や感情を他人に伝え、新しい観念や微妙な知覚および判断までも他人に生じさせることができる。(中略) この故にこそ、言語は深く重要な意味において人間精神の鏡であると言えよう。言語はまさに人間の知性の産物であり、意志や意識のはるかに及ばぬところに働く作用によって個々人の中に新たにつくり出されるのである。

彼は、デカルト流にいうならば「学習には、先行する知識という基礎が不可欠であり、我々は発達した状態の知識に達するためには生得能力を持っていなければならない。」とのべ、乳幼児が、言語を耳にするだけで、言語を習得してゆく能力をＬＡＤ（言語習得装置　Language Acquisition Device）と名付けた。[2]

つまり、個々の認識が経験や学習によって得られるのでなく、生得的な枠組によって経験をとらえてゆくという哲学的合理論に立脚するもので、チョムスキーの「言語習得装置（機構）」説は、興味深い仮説であるが、まだ十分な支持を得るに至っていない。

(2)　普遍文法とコンピテンス

チョムスキーは、Ｊ・ブルーナーらの知覚研究の例証を引用しながら、このことをのべている。

チョムスキーの言語観・世界観の基本になっているのは、普遍文法（ＵＧ）の概念である。彼は「人間の言語領域における学習理論」（Learning Theory for Humans in the Domain Language）として次のような考え方を提示している。[3]

ＬＴ（ＨＬ）〈ＬＴ（学習理論）、Ｈ（人間）、Ｌ（言語領域）〉

これは「言語領域に関する学習理論」である。つまり、言語経験が与えられれば、すなわち、言語データに対して人間が予備的な分析を加えたものが与えられれば、言語の知識に到達することができるような原理の体系にほかならない。次に、普遍文法は、たんに偶然的にではなく、必然的に——むろん論理的必然性でなく生物的必然性のつもりであるが——すべて人間言語のもつ要素、あるいは特質となっている原理、条件、および理論の体系である。[4]

したがって、ＵＧはＬＴ（ＨＬ）の一部門であり、学習されたもの、得られた認知構造は、ＵＧの諸特質をもったものである。

二　二人の論争――構成説と生得説――

一九七五年十月、フランスはパリ近郊のロワイヨモン大僧院（Abbaye de Royaumont）において、ピアジェ、チョムスキーはじめ、ピアジェの共同研究者、Ｂ・イネルデ女史をはじめ、Ｓ・パパート（ＭＩＴ）ら二十三名が参加して、思考と言語に関するシンポジウムが行われた。

このシンポジウムは、ピアジェとチョムスキーの二人の見解を中心に展開された。

中心論題は、前述したチョムスキーの生得説とピアジェの構成説という哲学上の二大思想の対立・論争を中心に展開された。

ここでは、主に両者の見解とその相違についてまとめてみたい。

先ず、冒頭で、ピアジェは「認識の心理的発生とその認識論的意味」と題して、次のようにのべる。(5)

五十年にわたる研究によれば、

　アプリオリな、もしくは、生得的な認知構造も人間には存在しない。（略）その結果、心理的発生の諸データに合致する認識論は、経験論でも、前成説でもなく、新しい操作と諸構造の連続的な綿密な構築を伴なう構成主義（constructivism）からのみ成立つのである。

ピアジェは、自らの発達の四段階論（感覚運動的知能段階〈〇歳～二歳ごろ〉―前操作的知能段階〈二歳ごろ

〜七歳ごろ〉―具体的操作段階〈七歳ごろ〜十二歳ごろ〉―形成的操作段階〈十二歳ごろ〜成人〉〉をもとにして、たとえば、論理数学的構造（logico-mathematical structures）について、次にようにのべている。(6)

七歳ごろになると、子どもは、可逆性、推移律、クラス包摂、数の保存など、いわば論理学と数学のあらゆる基礎を、自ら発見する（reinvent）ようになる。もし、数学が前もって形成されているものであれば、それは生まれたばかりの幼児がすでにガロワ、カントール、ブルバギ（注：歴史上著名な数学者）らが現在までに実現したすべてを、事実上、保有していることを意味するであろう。

と、チョムスキーの言語生得説を批判した。

そして、ローレンツの「インプリンティング（imprinting）説も批判して、チョムスキーの「生得的な不変の核」（innate fixed nucleus）を否定した。

その理由は、人間という種に固有な突然変異は、生物学的に説明不可能であり、突然変異という偶然が、人間をして音節から成る言語を〝学ぶ〟（learn）能力を与えたという理由を理解することは、これまでなかったのである。また、合理的言語構造の生得性を偶然性に帰するものとすれば、この構造はそれ自体、偶然性に従うことになるわけである。(7)

以上が、ピアジェのチョムスキー批判の要点である。

三　チョムスキーのピアジェ批判

これに対し、チョムスキーは、どのように反論したであろうか。

先ず、チョムスキーは、ピアジェのいう二つの点を要約した。
①　仮定的な生得的構造の発端となる人間に固有な突然変異は、〝生物学的に説明不可能〟である。
②　生得的に固定された構造という仮説で説明できるのは、〝感覚運動的知能〟の形成による必然的結果としても説明することも可能である。
そして、二点にわたって、ピアジェを批判した。(8) 第一点は、

生物学的に説明不可能という断固とした主張を認めるいかなる理由も信じない。(中略)第一に、気まぐれな突然変異が、人間のことばを学ぶ特殊な能力を人間という種に与えた方法と理由を、我々が完全に知らないのが全くの真実であるにしても、気まぐれな突然変異が、哺乳類の目や大脳皮質の構造の発達を誘導した方法と理由を、同様に我々が知らないのも同じく真実なのである。従って、我々は、成熟した個人のこれらの構造の基本的性格が、環境との相互作用によって決定されると結論づけることはできない。

第二には、ピアジェの結論が何を根拠に成立するのかわからないという。

「感覚運動的知能」にかかわる基本的命題は、説明が必要な言語的現象を説き明かすいかなる希望を与えてくれなかった。(中略)我々の知的歴史の特異性のひとつは、精神によって発達した認知構造は、身体によって発達した器官構造と、極めて異なった方法で、一般に考察され、研究されてきたという奇妙なことにある。

とピアジェを手厳しく批判し、従来の研究方法をも批判した。

しかし、論議は、ややレトリック的な応酬の様にもみえる。チョムスキーが、精神発達と身体発達を一元的に同一のものと考えていることは、彼が「言語を眼や耳と同じように身体の器官の一部」とみることと合致する。

そこから、前述のＬＡＤ理論が導き出されたのである。

四　イネルデの「ピアジェ・チョムスキー評価」

このシンポジウムに参加したピアジェの共同研究者イネルデは、興味深い発言をしている。(9)
第一に、ピアジェとチョムスキーは二人共、同じ敵を攻撃している。つまり、相手は経験論である。チョムスキーは、行動主義的アプローチを、ピアジェは、論理的経験論である。ピアジェとチョムスキーは、思考と言語の明白な諸形成の記録に、その仕事を限定しなかった。彼らはともに潜在的構造の分析を求めたが、ただその方法が異なっていた。
前者は、永続的対象、空間、時間、因果関係という認識のカテゴリーを説明する最も一般的な構造を説明しようとした。そして、その研究のゴールは、言語を含む認知の全習得について、生物学的胚形成の進化の形態から、現代の科学的思考にいたる漸進的構成の所産として考えていることと、ことばの厳密な意味で、前プログラミングという仮説を拒絶していることである。(略)
ピアジェは、論理的操作の構成にとって、「言語は、必要条件であるが、十分条件ではないとしている。言語が思考の精密な構成に不可欠なのは、象徴的凝縮性と社会的規制というこの二重の意味においてである。」とのべた。

言語と思考は、二つの関係が一方が必然的に他方に依存するような〝発達的円環〟の関係がある。そして結局、両者は、言語に先行し、言語とは独立している知能それ自体に依存しているのである。

チョムスキーは、認識における言語的構成要素と非言語的要素を明確に区別できないことが明らかになりうると考えている。

さらに、イネルデは、「認知的学習の一般理論は存在しないとチョムスキーは主張するが、我々は、論理数学的知識・物理的知識、または母語を対象とする認識のいずれの問題であっても、認識の学習は、極めて一般的なある過程に対応するものと確信している。」と反論した。

ピアジェもチョムスキーも、思考と言語の関係を主要な研究テーマにしたことはなかったし、ピアジェ自身は、人間の認識の他の面に対するような深い研究を、言語の獲得に捧げたことはなかったとものべている。

デカルトを引用して、認識原理の生得性を主張するチョムスキーと同じヨーロッパ大陸に生まれて構成主義を主張するピアジェに橋を架けることはできるのであろうか。

ピアジェは、彼の発達段階論の構成要因として、「生得性（生物的成熟）」と、「経験（論理数学的経緯と物理的経験）」をあげている。

シンポジウムに参加した分子生物学者の説明では、「チョムスキーは生物をあまりに閉鎖的なシステムでとらえており、ダイナミックな自己制御体系として、子どもの発達をとらえるピアジェの図式の方が合理的にみえる。」とのべている。

チョムスキーの生得的遺伝的プログラミングという仮説は、子どもの言語運用能力をみる限り、興味深いものであるが、言語を媒体としたわれわれの文化（歴史・思想・教育・社会的相互作用―家族・社会集団等）により、われわれは、認識能力や言語能力を高め、社会的認識を高めているわけであり、このような人間の「学習能力」を考えるとき、「言語生得仮説」は、大きな課題に直面しているのではないか。

注

(1) チョムスキー『言語論——人間科学的考察』(井上和子他訳)、大修館書店、一九七九年、七—八頁。
(2) チョムスキー『文法理論の諸相』(安井稔訳)、研究社、一九七〇年、三八、五四頁。
(3) チョムスキー、同書、二一—二三頁。
(4) チョムスキー、同書、四一—四二頁。
(5) Palmarini, Massimo P. ed., *Language and Learning: The Debate between Jean Piaget and Noam Chomsky*, Harvard Univ. Press, 1980, p. 23.
ロワイヨーモン人間科学研究センター編『ことばの理論・学習の理論——ジャン・ピアジェとノーム・チョムスキーの論争』(藤野邦夫訳)、思索社、一九八六年、三三頁。

(訳文は、一部変更したところがある。以下同様。)
(6) Palmarini, *op. cit.*, p. 26.　同訳書、三七頁。
(7) Palmarini, *op. cit.*, p. 31.　同訳書、三九頁。
(8) Palmarini, *op. cit.*, p. 36.　同訳書、四三—四四頁。
(9) Palmarini, *op. cit.*, pp. 132–137.　同訳書、一四九—一五三頁(要約、傍点引用者)。
ピアジェとチョムスキーの論争の内容紹介に関して、次のものがある。
○大久保忠利「ピアジェ対チョムスキー——国際学術論争　第1回—最終回(第12回)」『現代教育科学』誌、明治図書、三〇五号—三一六号、一九八二年四月—一九八三年三月。

第三節　ピアジェとモンテッソーリ

ピアジェとモンテッソーリは、二十世紀を代表する研究者であるが、モンテッソーリは、幼児教育の実践家として、「モンテッソーリ法」名の下に、世界的に知られている。

モンテッソーリ（Montessori, Maria 1870–1952）は、ローマ大学卒業後、イタリア最初の女性の医学博士として、知的障害児の治療教育に取り組んだ。医学的知識に加え、J・ルソー、J・ペスタロッチ、J・M・イタールやE・セガンの治療教育法の成果に学び、知的障害児のために開発したセガンの教具を改良し、「モンテッソーリ教具」として完成させた(1)。

彼女は、ローマの保育施設「子どもの家」（Casa dei Bambini）において、これらの教具を系統的に配列し、「日常生活訓練」「感覚訓練」「言語訓練」等を実践した。算数教具、幾何教具、音楽教具とあらゆる分野を網羅しているといってよい程、体系化されている。

では、モンテッソーリの教育思想の根幹にあるものは何であろうか。

彼女は、子どもの出生後から六歳ぐらいまでの時期を「敏感期」ととらえた。

一つは、からだの成長を左右する内部の腺分泌の発見である。もう一つは、感受性が高まる一定の時期があって、それから心の成長を理解するために新しい方法が開かれるという知識である。

敏感期というのは、発育のうちにすなわち生き物の幼児期にあらわれる特別敏感な状態のことであります[2]。

幼児が自力で吸収する心を持っているという発見は教育に革命を起こさせます。どのほかの年齢でも、子どもは知識のための援助を、この第一時期以上に必要としません。（中略）われわれは、幼児を弱小な生きものと思う同情からではなく、彼が大きな創造的エネルギーを賦与されているからこそ、生後六歳までのこの第一時期を援助するのです[3]。

知的機構を「作動させる」練習は「自己練習」しかなく、他の人に代わりに練習してもらったのでは、技術獲得はできない。感覚練習はこの本質的な活動を生じさせ、強化する。熱い―冷たい、粗い―滑らか、重い―軽いに分離された感覚を明瞭に知覚する時、雑音―美音に分離された音を感じ分ける時、目を閉じ、囁き声を待つ時、外的世界は活動を覚醒させようと精神の扉を叩くのだ。（略）感覚訓練が精神の中枢機構を覚醒し、作動させる根本的で重要な知力の練習を可能にするのである[4]。

モンテッソーリは、知的障害児の中に、自ら成長する力を発見し、同時に感覚器官をより鋭敏にするために、教具や環境を整備する必要性を感じたのである。

子ども期を成人とは異なる発達上の重要な時期ととらえたこと、そのための子どもの「自己活動」のために「自由の保障」、子どもの内的成長のために「外的な環境」の整備の必要性を唱えたことが、モンテッソーリ教育の特色といえるものである。

今日、モンテッソーリの著作は、二十数か国で翻訳され、教具も各国で普及している。

わが国でも、世界的新教育運動の流れの中で、大正期に、森川正雄らによって、教育現場にとり入れられた。そして、昭和の戦争の時代を経て、一九七〇年代の世界的な「モンテッソーリ・リバイバル」の中で四十年の時を経て、鼓常良（一八八七―一九八一）によってイタリア語から翻訳がなされ、教育現場で普及し始めた。現在、わが国では、「モンテッソーリ協会」「モンテッソーリ研究所」などが、各地にあり、「モンテッソーリ教師」養成コースも開かれている。

一　ピアジェのモンテッソーリ批判

ピアジェは、一九七〇年に来日した折、インタヴューの中で、「モンテッソーリの感覚教育は、遊具を操作していくもので、この操作ということはピアジェのいう直観的思考と非常に融合していると考えられるが」という質問に対して、次のように批判した。[5]

> 私は、モンテッソーリの感覚教育の理論は知覚にあまりにウェートをおきすぎている。知覚は、人間の認識能力あるいは人間の知能の重要な働きの一つではあるが、すべてではない。
>
> モンテッソーリは、オモチャを与えることによって児童の活動を融発するという方向をとっているが、この点について、私は、二つの難点を指摘したい。
>
> 第一は、児童の知能活動は、感覚よりももっと重要な働きであるということ。つまり、精神活動というものは感覚よりいっそう重要である。モンテッソーリは、児童の活動を触発することをめざして、実際は児童の感覚そのものを触発している。
>
> 第二は、モンテッソーリが児童に与える感覚教育の素材はあまりにも標準化しすぎていることである。児童の知能は非常に柔軟であり、また個人によって偏差のはげしいのが特徴であるはずで、それを感覚教育と称して画一主義をとることは、児童の能力をあたら固定化してしまうことになる。つまり、能力を制限する

結末になる。これがモンテッソーリ法の根本的な欠陥である。

ピアジェが言いたかったのは、子どもの自発性を無視した画一的な教育方法である。教師は、子どもが前進できるような材料や状況や機会を与えることであり、新しい問題が次から次へと出てくるような状況を与えてやることだというのがピアジェの本心であろう。

二　キルパトリックによるモンテッソーリ批判

二十世紀の初頭、各国でモンテッソーリ教育に高い関心と讃辞が寄せられていた時に、実際にイタリアのモンテッソーリの教育の現場を観察し、鋭い批判をしたのは、アメリカの教育哲学者キルパトリック（Kilpatrick, William 1871-1965）である。

キルパトリックは、モンテッソーリの教育界への貢献について、次の三点をあげて評価している。[6]

① 「子どもの家」を設立し、幼児教育の普及をはかったこと。
② 教育について、自然科学的概念を導入し、科学的教育を強調したこと。
③ 子どもの発達には、自由が必要であり、その自由の現実的実践を主張したこと。

しかし、いくつかの厳しい批判を展開している。[7]

彼女は、「教育は、子どもの内面からの発達である」という。これは、ルソー、フレーベル以来の教育思想であり、「発達としての教育」は、植物の栽培にたとえられるもので、庭師は、その植物が最も容易にその特性や本性を表すことのできる諸条件を発見し、それを充足させようとするものである。

しかし、この「植物栽培モデル」による類推は、人間の教育には、明らかに不十分である。つまり、モンテッソーリは、「発達は、最初から、子どもの内面に潜んでいるものの単なる展開」だと考えたのである。

このような決定論的な発達観は、誤っていると批判した。このような原理は、十九世紀半ばのものであり、現在（一九一〇年代）よりも、五十年遅れているものであると痛烈に批判した。

一方、クレイン（Crain, W.）は、以上の批判を考慮しつつ、モンテッソーリは、

　革新的な理論家として、過小評価されており、知的発達において敏感期あるいは臨界期が存在する可能性を最初に論じた一人である。とりわけ、言語に対する洞察には、非常に重要なものがある。子どもが複雑な文法の規則を無意識的に獲得することを示唆し、また、子どもは、このような習得を可能にする生得的な機構を所有しているはずである点を指摘しているが、これはチョムスキー（Chomsky, Noam）の研究に先んじた考えであった。

と高く評価している。(8)

モンテッソーリの「吸収精神」（absorbent mind）は、経験論的でもなく自発的に吸収するという生得論に近いものがある。言語習得論は、チョムスキーに近いものを感じさせる。(9)

思うに、モンテッソーリ教育は、文字指導や算数教具などは、あまりに主知主義的であり、子どもと教師の間に介在する「モンテッソーリ教具」のウェートが大きく、創造性、社会性や生活の視点が欠落した方法で教えられている。

モンテッソーリの発達観・教育観は、新しい環境、新しい時代状況の中で、どのような教育・カリキュラム・

教材がよいのか、を考える手掛りをつかむことができないし、第一にどのような教育目標も設定もできない。しかし、このような「ロマン主義的発達観」の限界は、今日においても乗り越えられていないのである。

モンテッソーリの感覚教育優先主義の発達観、主知主義、余りに体系化された「モンテッソーリ教具」、子どもと教具の関係を重視した教育観は、大きな課題に直面している。

注

(1) モンテッソーリ『モンテッソーリ・メソッド』(阿部真美子他訳)、明治図書、一九七四年(第二章 方法の歴史)。

(2) モンテッソーリ『幼児の秘密』(鼓常良訳)、国土社、一九六八年、五〇―六一頁。

(3) モンテッソーリ『子どもの心——吸収する心』(鼓常良訳)、国土社、一九七一年、三六―三七頁。

(4) モンテッソーリ『自発的活動の原理——続モンテッソーリ・メソッド』(阿部貴美子訳)、明治図書、一九九〇年、一六六―一六七頁。

(5) ピアジェ、インヘルダー『創造的知能の開発——ピアジェ・インヘルダー訪日講演集』(三嶋唯義・滝沢武久訳)、誠文堂新光社、一九七二年、一五七―一五八頁(傍点引用者)。

エヴァンス『ピアジェとの対話』(宇津木保訳)、誠信書房、一九七五年、一〇三―一〇四頁。

(6) キルパトリック『モンテッソーリ法の検討』(平野智美訳)、東信堂、一九九一年、七六頁。

(7) 同書、一五―一九頁。この点について若干の注釈を加えるならば、モンテッソーリは、十九世紀中葉のアメリカのベイン(Bain, Alexander)やヘイヴン(Haven, Joseph)の心理学・道徳学に学んだ点をキルパトリックが経験主義の立場から批判したものである。

ちなみにヘイヴンの *Mental philosophy*(一八五七)は、西周によって『心理学』の訳語の下に、単行本として一八八一(明治十四)年に、文部省から刊行されている。

(8) クレイン『発達の理論』(小山芳郎他訳)、田研出版、一九八四年、五四頁。

(9) モンテッソーリ『モンテッソーリの教育——子どもの発達と可能性』(林信二郎他訳)、あすなろ書房、一九八〇年、三二―

三九頁。

近年、新しい訳書が刊行されている。

○中村勇訳『子どもの発見』

○　同右『幼児の秘密』

○　同右『子どもの精神――吸収する精神』

いずれも、日本モンテッソーリ綜合研究所刊、二〇〇三年。

〈モンテッソーリ関係の協会・研究所〉

○日本モンテッソーリ協会（東京都）

○東京モンテッソーリ教育研究所（ＮＰＯ法人　東京都）

○モンテッソーリ家庭教育研究所（名古屋市）

○日本モンテッソーリ綜合研究所（横浜市）

いずれも、ＨＰでみることができる。

第四節　ピアジェと和田實

和田實（一八七六―一九五四）は、今や忘れられた人である。幼児教育・保育関係者の中にも知らない人がいるくらい忘れられた人である。

したがって、ここでピアジェとともに和田を持ち出すことは、あるいは奇異に感ずるかもしれない。和田は明治・大正・昭和の三代にわたり幼児教育界で活躍し、生涯に四冊の著作と約九十編の論文を残している。その体系的教育論は、わが国では、他に例を見ない。

和田が著作や論文で展開した幼児教育理論は、ピアジェと共通したものがあり、それは、ほぼ同時代に、スイスと日本という国を隔てて、共通の関心の下に教育論が展開されたことに興味をかきたてられる。

一　和田實の生涯

まず、和田の生涯をかんたんに辿ってみよう(1)。


一八七六（明治九）年　三月　東京に生れる。

一八九七（明治三十）年　神奈川県尋常師範学校卒業（二十一歳）。

一九〇四（明治三十七）年　横浜市神奈川小学校首席訓導（二十八歳）。

一九〇五（明治三十八）年　師範学校、高等女学校免許状取得（文部省）。

アメリカへの留学中止。（原因は、トラホーム（眼病）といわれる。）

一九〇六（明治三十九）年　東京女子高等師範学校（現お茶の水女子大学）助教授となる（三十歳）。

一九〇八（明治四十一）年　『幼児教育法』中村五六と合著。実際は、和田の執筆になるもの（三十二歳）。

ここで和田は、「幼児教育は、感化・誘導である」とのべた。倉橋惣三が、「誘導保育」を唱えたのは、実に、二十八年後のことである。

一九一三（大正二）年　『幼児保育法』刊行。

一九一五（大正四）年　附属小学校への転勤を断り、女高師退職。目白幼稚園設立。

以後、生涯、在野で幼児教育に専念した。

一九三〇（昭和五）年　目白幼稚園保姆養成所（現東京教育専門学校）設立。

一九三二（昭和七）年　『実験保育学』を刊行（五十六歳）。

一九三四（昭和九）年　『幼児の教育』誌上にて、「堕落したる自然主義」として暗に倉橋惣三を痛烈に批判。

一九四三（昭和十八）年　『保育学』刊行（六十七歳）。

一九四八（昭和二十三）年　「幼稚園に関する新法令に疑義あり」として、「学校教育法」の幼稚園条項に疑問を提出した（『幼児の教育』誌）。

一九五一（昭和二十六）年　学校法人目白保育学園（現和田実学園）設立。

一九五四（昭和二十九）年　永眠（七十八歳）。

二　和田實の幼児教育理論の特色

和田の幼児教育理論の特徴は、次のようなものである。

第一に、自然主義の教育思想で、本来、子どもがもっている諸能力を伸ばすというルソーやペスタロッチの影響が見られる。

第二は、幼児教育は、徹底した「感化・誘導」によるとし、知識・技術の伝達ではなく、人間性の陶冶であるとした。この「誘導」概念は、倉橋惣三の誘導保育論より約三十年も前に発表されたもので、倉橋の誘導が幼稚園に限定されたものであるのに対し、和田は、園、家庭、幼児の生活すべてが誘導であるとした。

第三は、発達論で、和田は、発達の段階性、連続性を子どもの発達の特色としてあげているが、これはピアジェの発達理論と共通しており、和田の先見性・洞察力には驚くべきものがある。

第四は、遊戯（遊び）論である。彼は、遊戯を、経験的遊戯、模倣的遊戯、練習的遊戯に分類し、遊戯的教育論を展開しているが、これも、ピアジェの機能遊び、象徴遊び、ルール遊びに対比できるもので、両者の理論の共通性はまことに興味深い。

三　和田實の発達論

和田の発達論は、ピアジェに近いものがある。それは、昭和前期、つまり一九二〇―一九三〇年代の心理学において発達概念が充分解明されていない時代のことであった。

和田は、次のようにのべている。(2)

> 子供の発達は継続的である。前の発達は後の基礎となることは当然である。直観の発達は観念発達の基礎であるし、観念の発達は知覚判断の概念推理の発達の基礎である。前の発達が後の発達の基礎であり前駆であるから、前の発達は独立したる活動と云ふことが出来ぬと云ふ理由はない。観察や模倣が発表活動の前駆であるからとて、之のみの遊びが成り立たぬと云ふことはない。

ここでは、発達の内容を構成する「発達の要因論」と年齢発達をふまえた「発達の段階論」が適確に展開されており、発達の連続性と段階性のピアジェとの類似性は驚くばかりである。

これは、ピアジェの「活動教育法」における「子どもの自発性を重んじる教育」にみられる子ども観・教育観

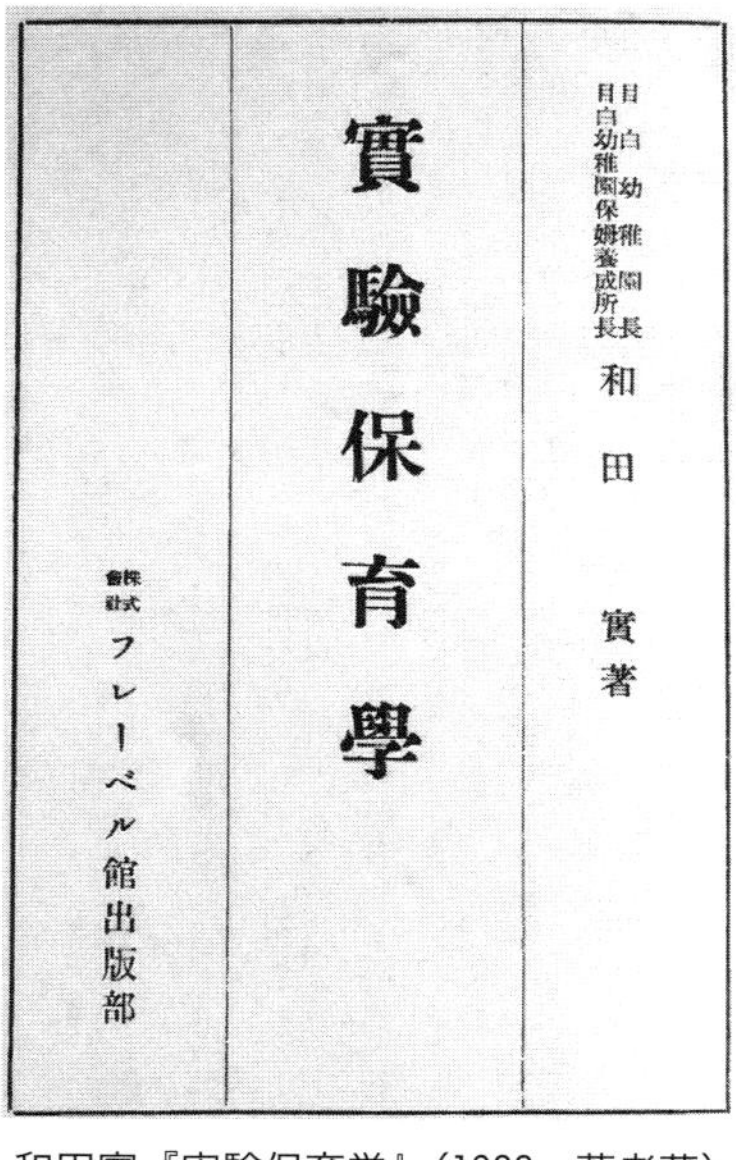

和田實『実験保育学』(1932　著者蔵)

と和田の「自然主義教育論」の根底にある子ども観の共通性によるものであろう。

四　ピアジェと和田の遊び論

ピアジェは、各々の発達段階において、「遊び」と「模倣」を対置させている。「模倣」は、主として、外界に合うように全体の行動図式を「調節」する傾向が優位な行動であるのに対し、「遊び」は、外界を主体の行動図式のなかに取り入れて、自分に「同化」する行動が優位であると考えた。

そして、この「同化と調節」が均衡（Equilibrium）へ向かうところに、真の幼児の発達があるとしている。そして、この発達の段階に沿って、遊びを分類している。[3]

(1) ピアジェの遊びの分類

① 機能遊び（二歳ごろまでの感覚遊び）

感覚遊び・運動遊び・身体遊び・対象遊びがある。

② 象徴遊び（二歳～五・六歳まで）

虚構遊び・想像遊び・空想遊び・ごっこ遊び・役割遊び・模倣遊び・構成遊びがあり、何かの振りをしたり、空想にもとづいてつくりごとの遊びをしたり、何かを何かに見立てたり、自分で演

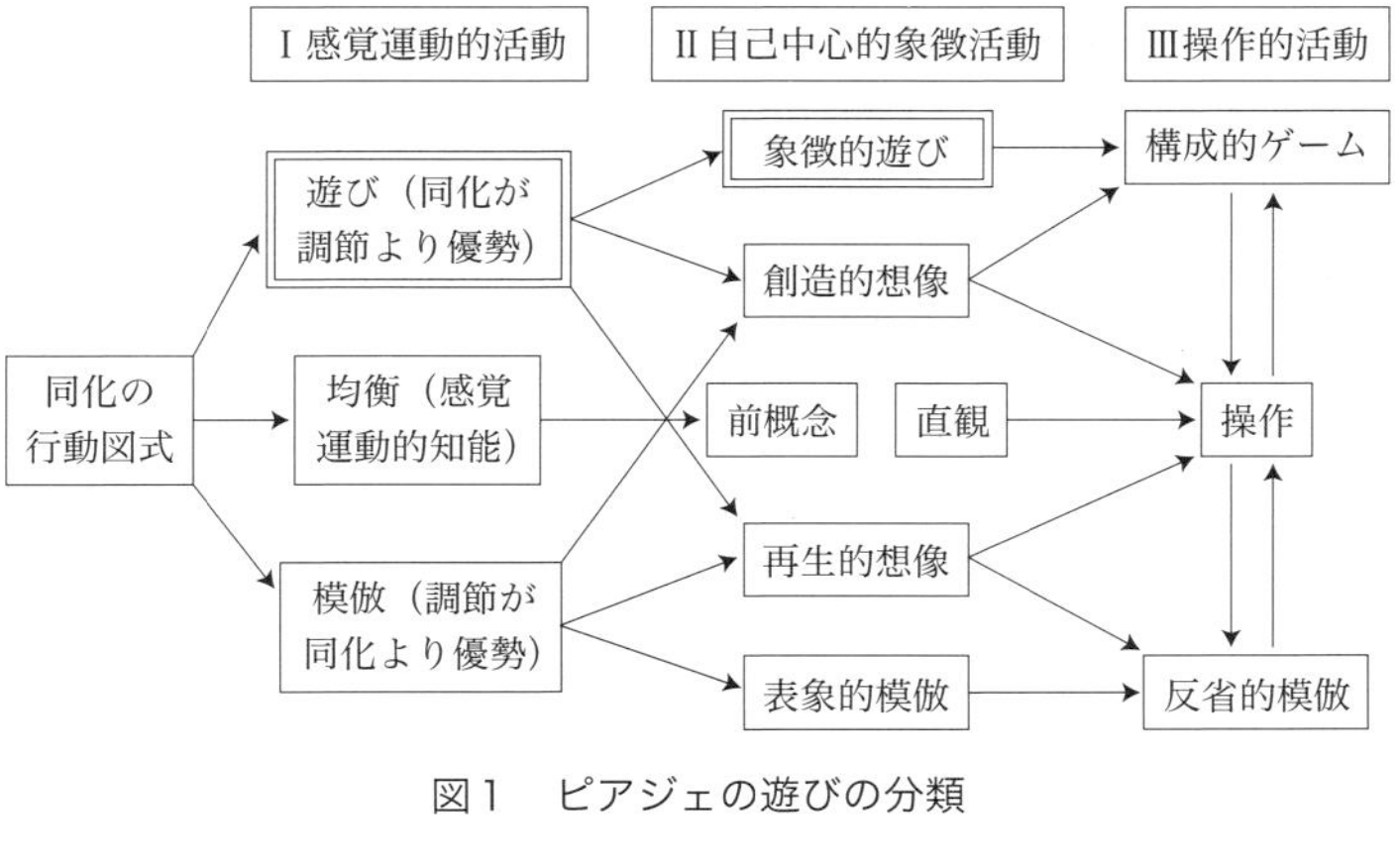

図1　ピアジェの遊びの分類

じたりする遊びである。

③　ルール遊び

七歳ごろからの社会的遊びで、ルールがあり、協力や競争を伴うものである。

ピアジェは、象徴的活動が生まれる前と後に分け、感覚運動的活動の段階では、機能遊びが中心であるが、それ以後、象徴遊びが現れ、ここにいたって、自己中心的同化現象が徐々に、脱中心化、社会化、客観化という方向へ向かうようになると考えた。

これに対し、和田は、遊びを「遊戯」あるいは「遊嬉」と表記して、次のように遊びの教育的意義をのべ、分類している。(4)

(2)　遊びの教育的意義

彼は、遊び（遊びと同じ意味で「遊戯」という用語を使っているので、以後、「遊び」とする）の意義とその種類について、いくつかの理由をあげている。

①　快感を伴うものであること。

②　興味を満足させることであること。

③　自由であること。

④　社会的縮写であること（将来の社会生活を映すものであること）。

⑤　遊戯意識の発達。

⑥　発表能力の発達。

(3)　遊びの種類

①　収得的経験的遊戯（経験を反復することにより、新たな知識を得る。知学力判断力を育成し、新しい観念を形成する。）

A　直観的遊戯（㋑観察　㋺実験　㋩鑑賞　㊁蒐集）

（注：「実験」とは、手にとって、細かく観察し、音を聞き、中を見ることなど。「鑑賞」は、人形芝居、絵話などの児童演芸の鑑賞。）

B　内観的遊戯（聴話）

（注：これは、直観による印象即ち観念を材料として心中に事物を想像する遊びで、幼児は童話（昔話、神話、作話、歴史譚）を非常に喜んで聞く。）

②　模倣的発表遊戯

A　実際生活そのままの模倣遊戯

B　想像的構成的模倣遊戯（注：芝居遊び、言葉遊び、童話の再現）

教育的価値（一、学習の基礎として模倣力の発達、二、発表能力の育成、三、活動の実感、同情心、劇よりの感化など）

③　練習的発表遊戯

A　音楽的遊戯（唱歌、舞踊）

B　技術的遊戯（手技―毬、お手玉、おはじき、独楽廻し、綾取り、手工細工―自然物細工（葉、つる、花、実などで色々なものをつくる）、紙切り、折り紙、貼り紙、合成手工、図画（描画））

C　理知的遊戯（談話、考え物）（注：短い物語。別名、精神的遊戯または思考的遊戯）

D　労役的遊戯（注：採集、釣り、園芸、花壇造り、虫、魚、小鳥の飼育など）教育的価値（一、注意、観

察の発達、二、自然に親しみ、自然の理解、三、勤労の習慣）

Ｅ　運動的遊戯（注：鬼ごっこ、かけっこ、相撲、シーソー、ブランコ、すべり台等）教育的価値（一、体力の発達、二、姿勢の矯正、三、活発、敏捷、勇気等の良い習慣を養う。）

和田の遊びの分類の用語は今日、あまり使われないものもあるが、保育現場の実践から得たもので、精緻を極めている。当時は、ほとんどみられなかった遊び研究である。

和田の経験的遊戯、模倣的遊戯、練習的遊戯は、ピアジェの機能遊び、象徴遊び、ルール遊びに対比できるもので、両者の遊び論の共通性はまことに興味深い。

和田は、次のようにのべている。(5)

遊技意識の発達

幼児の最初に遊ぶのは、概して無意識的注意の流るゝまゝに、極めて受動的の立場に在って、経験を重ねるに過ぎぬ。稍《やや》長ずるにしたがって意識明瞭となり、自ら充分に其遊戯を意識するに至るものである。（注：ピアジェの遊び論の「機能遊び」と「象徴遊び」）意識的に遊戯することの進むに連れて経験は確実となり、（中略）興味は益《ますます》発達して極めて有力となり、強き意志も生じ。遂に有意的努力を以て能く困難なる遊戯を遊び得るに至るものである。（注：ピアジェの「ルール遊び」）

ここには、ピアジェのいう「同化」より「調節」が優勢な「模倣」から、「同化」が「調節」より優勢になる「構成的・練習的遊戯」論が展開されており、その共通性に驚く。

「理知的遊戯」の教育的価値について

一、思想の明瞭正確なる発達
二、数観念の発達
三、推論の発達

をあげているのは、ピアジェに似て、非常に興味深いものがある。[6]

和田は、前述したように生涯に、四冊の著作と約九十編の論文を残しているが、わが国において、これ程、体系的に幼児教育理論を展開した人はほかに例を見ない。

処女作『幼児教育法』は、幼児教育は、徹底して「感化・誘導」であると主張した。この書は、「幼児教育」という用語を用いたわが国最初の書といわれるが、その内容があまりに独創的であったため倉橋惣三や研究者、幼児教育界にも理解されず、和田自身、「お世辞と誤解に対し、不満に堪えなかった」とのべているほどであった。[7]

和田實と倉橋惣三は、ともに誘導保育論で高く評価されているが、倉橋が「誘導保育」を主張したのは、和田に遅れること、実に二十八年後である。「幼児教育・保育における自由」をどう考えるか、「教育における自然主義」については、両者隔たりがあり、和田が「堕落したる自然主義」と題して、暗に「倉橋の誘導保育論」を批判しているが、それに対し、倉橋は答えていない。[8]

しかし、彼の理論は、明治・大正・昭和と激動の時代にあっても、終始一貫、変節はなく、太平洋戦争中においても、時の権力に迎合することなく、実践に裏打ちされた理論は、その論理性、実証性においても、また独創性において優れたものであったということができる。

倉橋が、わが国が戦時体制に入り、「国民幼稚園」、更に、幼児を天皇の「赤子《せきし》」とする「戦時幼稚園」を普及する国家主義教育のイデオローグとなっていったのとは、誠に対照的である。[9]

ピアジェが、二十世紀の世界的新教育運動の旗手のひとりとして、国際的に活躍したのに対し、和田は在野の一幼児教育家として同時代に洋の東西において活躍したわけであるが、その教育論に多くの共通性を見ることができるのは、誠に興味深い。

和田の業績は、もっと正当に評価されるべきだと考えるが、「歴史の谷間」に沈んだままにあるのは、誠に残念というほかない。

五　象徴的遊びの教育的役割

次に、遊びの中の象徴的遊びについて考えてみたい。

遊びをせんとや生まれけむ
戯れせんとや生まれけん
遊ぶ子どもの声きけば
我が身さへこそ動がるれ

これは、平安時代、権勢を振るった後白河法皇の撰になる『梁塵秘抄』にうたわれている子どもの姿である。一心に遊びに打ち込む子どもの姿は、いまも昔も変わらない。

(1)　象徴遊びとは

遊びは、主体（子ども）が外界のものを同化していくプロセスの中で行われるものである。なかでも象徴遊びは、子どもの認識が、主観性の強いレベルから、客観化の方向へと向かう段階で現れるものである。

幼児は、日常生活のなかで経験をとおして、対象に働きかけ、いろいろなものごとに対するイメージをつくり上げていく。乗りものごっこ、幼稚園ごっこ、いわゆる「ごっこ遊び」は、子どもたちがそれぞれもっているイメージが重なり合って、はじめてできるものである。しかし、このイメージも、はじめから重なり合うものではなく、その食いちがいから、ごっこ遊びそのものがうまくいかない場合もある。

しかし、このイメージの重なり合いにより、イメージを共有することができ、ごっこ遊びができるようになっていく。

(2)　標識・記号・象徴の意味

ごっこ遊び（make-believe）に見られる「イメージの共有」は、心理学でいう一種の「表象」（representation）というべきものである。

象徴遊び（symbolic play）の象徴とは、表象の一種にあたるものである。表象には、標識や記号、それに象徴がある。このことについて、カミイ（Kamii, C.）は、次のようにいう[10]。

表象とは、外界の事物を別のものによって表すことである。

標識は、事物の一部を表し、その事物と関係し合っている。たとえば、ジェット機から聞こえる音とジェット機その後に残していく飛行機雲は、ジェット喜の標識になるわけで、音が聞こえると、姿が見えなくても、ジェット機が空をとんでいることがわかる。

しかし、象徴と記号は、標識とは異なっている。それは、この二つが、事物の一部ではなく、事物からはなれて存在するからである。

そして、さらに、象徴と記号は、異なる点をもっている。象徴（シンボル）は、事物との類似性があるが、記号には、それがない。（「ジェット機」と「ジェット機ということば」は、似ていない。記号には、交通信号、数学的記号がある。）

次に、子どもが用いる象徴の例をいくつかあげてみよう。

(a)　振りをする

①　模倣（事物を表すためにからだを用いること。たとえば、両腕を飛行機のように横に広げて、ブーンと言いながら走りまわること）。

②　別の事物を表すために事物を使うこと（たとえば、二本のエンピツを十字に交差させてつなげ、それを「飛行機だ」ということ）。

(b)　絵と模型（たとえば、オモチャの飛行機や絵を作ったり、それを見て、飛行機だとわかったりすること）。

象徴遊びで大切なことは、象徴したものに意味をあたえることにより、遊びが成り立つということである。飛行機遊びをするのに、両腕を広げる、そのことに「意味を与える」ことができるかどうかということである。これは、〝目の前にない対象に言及できる能力、ことばとか、象徴的な身振りをつかって意志を伝える能力〟ということができる。けっして、ことばを教えるとか、ごっこ遊びの遊び方を教えることではない。したがって、このような能力をいかに育てるかが、教育の大きな目標になると考えられる。

六　象徴遊びの発達とその分類

(1)　カイヨワの遊び論

遊びに関する研究でもっとも有名なフランスのカイヨワ（Caillois, Roger 1913–1978）は、遊びの特徴として、次のものをあげている。[11]

①　自由な活動　　遊戯者が強制されない。

②　隔離された活動　　あらかじめ決められた明確な空間と時間の範囲内に制限されている。
③　未確定な活動　　ゲーム展開が決定されていたり、先に結果がわかっていたりしてはならない。
④　非生産的活動　　財産も富も、いかなる種類の新要素をつくり出さない。
⑤　規則ある活動　　約束ごとに従う活動である。
⑥　虚構の活動　　日常生活と比して、非現実の意識をもっている。

以上のようなカイヨワの遊び説は、「遊びの休養説」「準備説」や「エネルギー余剰説」のような古典的定義と異なって、社会的側面からみて興味あるものである。

次に、カイヨワは、遊びの種類として、四つをあげている。

①　アゴーン（競争遊び）　　条件を設定して、スピード、耐久力、技量を競う遊びで、スポーツ競技全般がこれに入る。
②　アレア（偶然）　　サイコロ、ルーレット、くじびきのように、明確に結果の表れるもので、遊び手は完全に受け身となる。
③　ミミクリ（模倣）　　虚構的活動を行うことにより、非現実の世界に入る。ものまね、空想の遊び、オモチャなどの遊具など。
④　イリンクス（めまい）　　回転、落下、急激な活動により、めまい的状態を体験する。子どものグルグルまい、メリーゴーランド、ブランコ、ワルツ、スキー、登山。

本章との関連でいえば、ミミクリがもっとも近い内容であるが、カイヨワは、これらの四つの種類の遊びは、その魅力や喜びの原動力であり、あらゆる社会的生活のなかに浸透していることを強調している。

(2) ミードの象徴遊びの理論

アメリカの社会哲学者・心理学者であるミード（Mead, G. H.）は、わが国ではあまり知られていないが、森楙（広島大学名誉教授）の研究によれば、彼の自我形成論は、子どもの遊び論を中心に展開されており、たいへん興味深いものがあるといわれる。

以下、森の貴重な研究から、ミードの遊び論の特色を考えてみたい[12]。

(a) プレイとゲーム

彼は、遊びの発達段階を二つに分けて、第一段階がプレイ（play）であり、第二段階がゲーム（game）の段階であるとしている。

ここでいうプレイは「遊び」であるが、それは、「ふり遊び」「つくりごと遊び」のことをさしている。子どもはプレイのなかで、親として、教師として、警察として、海賊として、振るまい、その遊びのなかで、子どもは自分の社会に属する人たちの役割を習得していく。この遊びは、一歳ごろから始まって、五～六歳ごろにもっともさかんとなり、七～八歳ごろまでつづくものである。

このような「ふり遊び」つまり「模倣遊び」は、目の前にない対象を思い浮かべ、ことばや身振りをつかって行う象徴行動の一つと考えられる。ミードは、このことが、幼児の自我意識の発達に大きな影響をもつという。たとえば、母親のまねをして遊ぶということは、日常生活における母親の行動を観察することにより、母親の行動様式を学んでいるわけである。つまり、母親の役割を習得しているといえる。そして、同時に、そういう行動をとる自己を理解し、評価し、自己を客観化しているということもできる。

(b) プレイとゲームを結ぶごっこ遊び

ゲームというのは、集団のなかで、一定のルールにもとづいて行う遊びであるが、その段階に到達する前に「集団的なごっこ遊び」がみられる。

「お店屋さんごっこ」「乗りものごっこ」のように、集団の中に、人間関係的要素が新たに入ってくる。このようにして、幼児は自我をあそびのなかでつくり上げていくというのが、ミードの遊び論の特色である。要約していえば、遊びの発達を自我の形成とむすびつけ、「役割の取得」という社会化の考え方を、その中心においたことにある。

七　象徴遊びを育てる条件

ここで象徴遊びを育てるにはどのようにしたらよいか。教師（保育者）、友だち関係、物的条件の三つの側面から考えてみよう。

(1)　象徴遊びを育てる保育者

(a)　教師の役割

ピアジェの高弟カミイは、遊びを育てる教師の役割について、次のようにのべている。[13]

①　学習に役立つ環境と雰囲気をつくり出すこと（発達に役立つ環境とは、子どもが独立的で、自ら進んで興味を追求し、自分の考えていることを正確にのべ、質問し、いろいろなアイデアを思いつくことのできる環境である）。

②　教材を提供したり、活動を示唆したりして、それをつかって、子どもができることを何でもしてみるようにはげます。また、教師は、自然に子どもの遊びのなかにとけ込むようなしかたで、見本を示したり、活動を示唆したりする。

③　子どもが、自分のアイデアを発展させるように援助すること。

④　関係する知識の種類に応じて、子どもに応答すること。

④の「知識の種類」とは、次のことをのべていると思われる。

ピアジェは、知識の種類として、社会的知識、物理的知識、論理・数学的知識の三つをあげている。子どもは、象徴遊びのなかで、この三つの種類の知識をつかって、さまざまな経験をする。そして、仲間集団のなかで、ごっこ遊びなどを行い、イメージの共有化を行うなかで、自己中心的思考から、徐々に脱中心化した思考になっていく。その際、保育者は、子どもにとって、「応答する存在」であることが重要になる。

ハント（Hunt, J. McV.）は、「応答する環境」の重要性を指摘しているが、これは、子どもに対する物的環境というよりは、人的環境（友だち・教師・両親など）の重要性をのべたものであると解釈することができる。

(b)　心豊かな、感覚の鋭敏な教師に

子どもは、めずらしいものを見たとき、変わったものを見たときは、驚きと感動の表情を示すものである。特に、それが、生まれてはじめて経験したものであればなおさらのことである。絵本を見て、生きている虫を見て、感動するものである。そして、その感動は、おとなの感動とちがい、ふるえるような、からだ全体がしびれるような感動である。よく、子どもは、〝頭の先から、足のつま先まで感動する〟というのはこのことをさしている。

このような感動を鋭敏に感じることのできる教師・保育者、ことばにならない感動や、たった一回の感動を感じ取ることのできる感覚をもった教師・保育者であることが、必要な条件であろう。

(c)　教師・保育者の協力体制

遊びの発達を教師・保育者が援助し、子どもと感動を分かち合うことのできる教育が行われるには、一人ひとりの教師の教育にかける情熱なくしてはありえないことは、いうまでもない。

しかし、そのような教育への情熱を根底で支える、教師同士の協力体制もまた、大切なものの一つである。教師がお互い協力して、クラス運営を行い、意見の交換をし、よりよい教育をめざすチームワークほど尊いものはない。よいチームワークはもとより、一人ひとりの教師の姿勢にかかっているといっても過言ではない。同時に、お互いの足りない点をおぎない、助け合うという姿勢がなければならず、遊びや教育全体をめぐって、意見のちがいがあれば、話し合う機会を十分にもつことも必要である。そのためのチームのまとめ役としてのリーダーの存在が大切なことはいうまでもないであろう。

教師の協力体制が十分になされてこそ、日々の教育も充実したものになるわけである。人的条件としての教師の存在ほど、大きなものはほかにない。

そのために、

①　子どもを理解し、子ども中心の姿勢を教師がつねにもっていること。

②　クラスの運営のために、意志の統一ができており、いつもお互いに協力し合えること。

の二点が重要であると考えられる。

子どもを理解しようとする姿勢をもたない教師には、象徴遊びの何たるかを見る眼はないといってよいであろう。

教師は、何よりも子どもの成長を願い、子どもの成長に関しては、専門家である。しかし、最初から専門家であるということではなく、いつも、子どもの立場でものを考え、教育をするという姿勢のなかからうまれてくるものである。

(2)　象徴遊びを育てる仲間集団

子どもは、友達という仲間集団のなかで遊びをおぼえ、また、遊びによって仲間集団の輪を広げ、自らの集団のなかで役割や、地位を身につけていくという、いわば、「社会的相互作用」のなかで成長していくものである。

ここで、子どもと仲間グループの関係を考えてみたい。

ピアジェは、子どもの知的発達・社会性の発達・道徳性の発達において、遊びの役割を重視している。特に、二歳ごろから、六〜七歳ごろの子どもに顕著に見られる象徴遊びの段階は、一方的服従という他律的道徳から、相互的尊敬という自律的道徳の確立への橋わたしになる時期だという。

子どもが、これまで過ごしてきた家族という集団は、主として、たての関係を中心にしていた。——つまり、おとなと子どもの関係は、対等にはなりえないところがある。教師—子どもの関係も同様である。しかし、仲間関係は、対等の関係——横の関係であり、これは、自律的な協同関係を発達させる機会である。

つまり、仲間集団のなかで、協力したりすることは、子ども一人ひとりがもっている「自己中心性」を、社会的・情緒的にも知的にも克服し、「脱中心化」するよい機会を与えてくれるものである。

遊びや道具をめぐって、子どものケンカが始まったとき、一方的にひきはなしたり、介入したりすることではなく、子どもが、自分たちでケンカを解決できるように（他人の立場に立って）、いろいろな意見の交換ができるように努力することである。

「みんなでなかよく使いましょう」「みんな、なかよくしましょう」というだけでは、教育的ではない。少しでも、他人の立場に立ってものごとを考えることは、ひいては、社会性・道徳性の発達につながっていく。これが、遊びをとおして社会化される、いわゆる、「社会化の過程」である。

このように子どもは、仲間集団そのものから遊びを学んで、社会性・道徳性を身につけるという過程を経て、発達をとげるわけである。

八　ピアジェの教育論から学ぶもの

(1)　幼児の知育の有効性

いま私たちの周りには、教育過熱の情況がある。親も教師も非常に教育熱心で、幼稚園から大学までみな教育に駆り立てられている有様である。幼児期における知的教育、英語教室、知能教室等のいわゆる「塾」も盛んで、一方、幼稚園や保育所においても、知育を取り入れているところもある。

ここに一つの調査がある。一九八五年七月、文部省から「幼稚園教育に関する実態調査」が発表された。これは、全国の国公私立六百五十余園からの回答をまとめたもので、それによると、幼稚園における文字や数の取り扱いについての興味深い結果が出されている。（以後、同様な調査は行われていない。）

「文字の取り扱い」については、「いろいろな経験や活動の中で、文字に対する興味や関心が育つよう環境を整えている」園は、国公立は約八八%、私立六〇%が「そうだ」と答えている。次に「全員に文字の一斉指導をしている」園は、国公立は全体の一%であるのに、私立は全体の五分の一以上（二一・四%、四・七園に一園）が「行っている」と答えている。

同じことは、「数量の取り扱い」においてもみられる。「いろいろな経験や活動の中で数量に対する興味や関心が育つよう環境を整えている」園は、国公立約九二%、私立七三%であった。「全員に数量の一斉指導をしている」園は、国公立〇・四%に対し、私立は実に一四%（七・二園に一園）になっている。

「文字や数」を教える園は、今日では、もっと多いと考えられる。

文字や数量の一斉指導は、幼児の知的能力を高めるのにどのような効果があるのだろうか。

これについては、今までのところ決定打といえる研究報告は出されていないと考えられるが、参考になるものはいくつかある。

たとえば、石井式漢字教育法によるものや、アメリカのヘッドスタート計画で行われた言語や数量の指導を中心にした短期集中方式（圧力釜方式）では、学習直後の効果は著しいが、それは一時的で、せいぜい小学校二年生くらいまでに別の学習方法をとった子どもに追いつかれ、追い越されてしまうというものである。

したがって、文字や数の教育を中心にした幼児の知育を急いで行う理由を、もう一度考え直してみる必要があるといえる。

(2) 知育過剰か、知育不足か

知育に関しては、もう一つの興味深いデータがある。それは、国立教育研究所の全国調査で「漢字の読み書き能力」に関して、たとえば「読み」では、小学六年生では「外科の医者」が六三％、「親しい友人」が六七％しか読めなかった。「書き」については「講演会」は、小六で八・八％、中三で三〇％、高二で四八％しか書けなかった。「お金を預ける」も、各々三三％、六〇％、七〇％であった。計算問題では、236×47という問題が、小・中・高でそれぞれ七八％、七九％、八九％、分数（$\frac{5}{6}+\frac{3}{8}$）は、それぞれ六三％、六二％、七二％という低い正答率であった。

知育は、教育の重要な目標であることは間違いない。知育なくして何の教育ぞやという議論もあるくらい、大切なものである。しかし、右の結果は知育過剰といわれる情況の中で生まれたひとつの結果である。

このような低い正答率をみて思うのは、基礎学力になるスリーアールズ（3R'S 読み、書き、計算）すら充分ではないのではないか、知育は過剰ではなく、不足しているのではないかということである。ものを知るたのしみ、知識を発見する喜びが欠けているように思われてならない。

一般に幼児は四、五歳になると文字や数に対してかなり強い関心をもつようになり、多くの文字を読んだり書いたりできるようになるといわれている。しかし、だからといって幼稚園で文字や数の指導をもっとしっかりやるべきであろうか。ここが知育を考える上で一番むずかしい点であろう。

私は人間の知的能力の基礎は、文字や数を教えて形成されるというようなうすっぺらなものではなく、幼児自らのあふれるばかりの好奇心やみずみずしい感覚の醸成の上に、言語や数が花開くものだと考える。知育不足は、直接知識の伝授を施すことだけではだめだと考えられる。

(3)　ピアジェが投げかけたもの

このように考える時、ピアジェの言葉は、私たちに多くの示唆を与えてくれる。

「子どもたちが本当に理解するのは、彼ら自ら創案したものだけで、われわれが何かをあまり急いで教えようとすると、彼らはそれを消化して自分なりに創案していくことができなくなってしまう」。また、「教育の目的は、最大を教えることではなく結果を最大にするもとである」とものべている。

彼は、子どもの認識について次のように考えていた。一切の認識は外から大人の指導する言語表現や視覚的表現から獲得されるとする経験論や、認識は生得的にすでに形成されているという生得論や内部成熟論に異論をとなえ、そのどれでもなく、子どもは自分の経験を組織化するある構造をもっており、それが環境の影響を受けながら、より高いレベルにまで構成されていくという、構成主義の立場をとっていた。

それは、六十年に及ぶ幼児の臨床的研究から生まれた結論であった。外から一方的に教えるのでなく、また成熟待機主義でもなく、外的要因と内的要因が相互作用的に働き合って発達するという考え方を基本にしていた。

そのため、彼は自発的活動を重んずる教育法（活動教育法）を重視し、保育者の役割として、子どもが自発的に探求するような意欲と努力を促すことが大切だとのべている。発達段階を早める教育をしたり、彼がいろいろな実験に使ったいわゆる「ピアジェ課題（数、量、重さ、長さ等の保存を調べる課題）を教える」ことを嫌った。

つまり、文や数を教えても、単語や文章の意味を理解する能力が形成されていなければ、それはただ文字を口にするだけのものということになるし、数に対する真の理解ができていなければ単なる数唱に終ってしまうわけである。

ピアジェの高弟のアラバマ大学教授カミイは、自律性の育成（知的自律性と道徳性自律性）こそが教育の目標であり、幼児期はその基礎を養う時だとのべている。

文字や数を教えるのは、知能テストの得点をあげるためにテストの答えを教えるのと同じで、木を茂らせようとして紙の木の葉を一枚一枚はりつけているようなことではないかとのべている。木を茂らせるためには土を整え、温度を調節し、適度の肥料を与え、間接的に働きかけねばならない。

幼児が毎日の生活の中で知的にも情緒的にも生き生きと活動するためには、文字や数で直接働きかけるのではなく、好奇心に満ち、自分で考えることに自信を持ち、話し、行動出できるように子どもを励ますこと――つまり「間接教育」しかありえない。間接教育は、一見回り道のようであるが、結局は一番近道であり、教育とは本来そうした営みであると考えられる。

ピアジェの自律性を促す活動教育論は、近年、話題となっている「コンピテンス」（compitence　有能感・自己効力観）、「多重知能」（Multiple Intelligence　論観）、「自己教育」「自尊感情」「共感的態度の育成」等々の今日の教育課題をすべて包含しており、ピアジェのその先見性と問題意識の深さを改めて感ずる。

注

（1）　東京教育専修学校（現東京教育専門学校）編『和田實遺稿集』一九七六年所収の年譜に追加作成。

和田の業績については、日本保育学会等の学会や大学のテキストでも取りあげられることは少ない。文体が旧式であることと、文献の入手が困難であることにも起因しているかと考えられる。

(2)和田實『実験保育学』フレーベル館、一九三二年、九二頁。

(3)ピアジェ『遊びの心理学』(大伴茂訳)、黎明書房、一九六七年(第一章)。ピアジェが分類した遊びの図式は、邦訳版では省かれているので、英語版から訳出した。(Jean Piaget, *Play, Dreams and Imitation in Childhood*, translated by C. Gattegno & F. Hodgson, Norton, U.S.A. 1962)

(4)和田實、前掲書、第三章「遊戯的教育論」、六三―一二九頁。

(5)和田實、前掲書、七二頁。

(6)和田實、前掲書、一二二頁。

(7)和田實「お茶の水時代」『幼児の教育』33巻3号、一九三三年。

(8)和田實「堕落したる自然主義」『幼児の教育』34巻8・9号、一九三四年。

(9)宍戸健夫『日本の幼児保育――昭和保育の思想史　上』青木書店、一九八八年、一六六―一七四頁。

湯川嘉津美「倉橋惣三――日本の保育理論構築者」沖田行司編著『人物で見る日本の教育』ミネルヴァ書房、二〇一二年、一九五―二〇三頁。

○和田實の論文は、一部、著作に含まれるものもあるが、遺稿集に収録されている。

〈著作〉

①中村五六・和田實合著『幼児教育性』東京堂、一九〇八年。(復刻版)『明治保育文献集』第九巻所収、日本らいぶらり、一九七七年。

『幼児教育法』(現代語版)和田實学園刊、二〇〇七年。

②和田實『幼児保育法』大阪市北区保育会、一九一三年。

③和田實『実験保育学』フレーベル館、一九三二年。(復刻版)『大正昭和保育文献集』第十巻所収、日本らいぶらり、一九七八年。(復刻注解版)和田実研究会『実験保育学―復刻注解版―』東京教育専門学校刊、一九八五年。

④和田實『保育学』日本保育館、一九四二年。
〈遺稿集〉
①東京教育専修学校編『和田實遺稿集』一九七六年。
②鈴木四郎編『私の聴いた和田実先生の保育学—一九三一年十月－一九三二年一月—』東京教育専修学校刊、一九六七年。
(これは、鈴木四郎氏が、旧東京目白保姆学校および目白幼稚園保姆養成所における和田實の講義をまとめたものである。)
(10) カミイ『ピアジェ理論と幼児教育』(稲垣佳世子訳)、チャイルド本社、一九八〇年、一一六－一一七頁。
(11) カイヨワ『遊びと人間』(多田道太郎他訳)、講談社(文庫版)、一九七三年、三九－八〇頁。
(12) 森楙「G・H・ミードの幼児社会化論の研究」(広島大学　博士論文)
(13) カミイ、前掲書、一五五－一五六頁。

第七章　ピアジェ理論に対するさまざまな批判

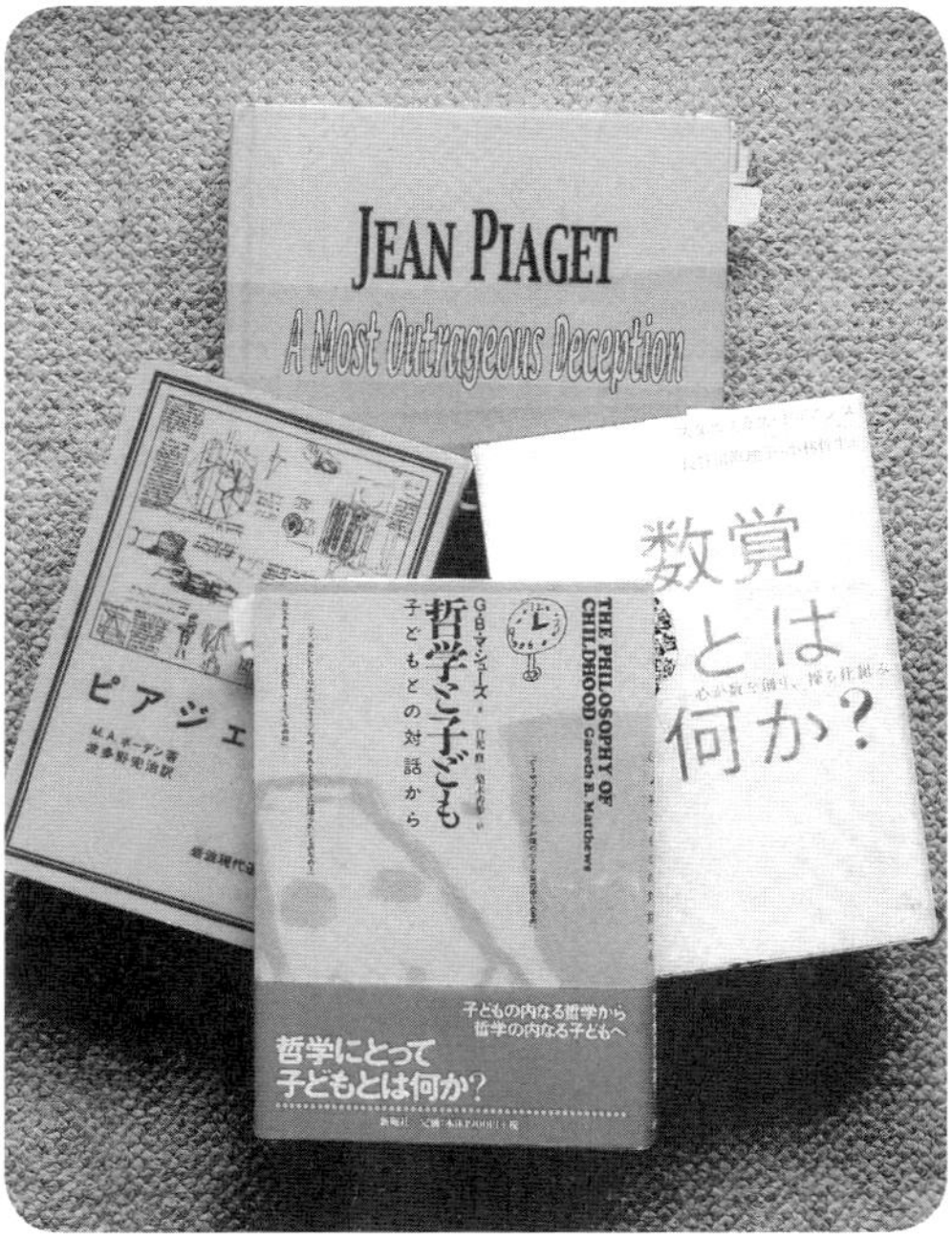

ピアジェ批判の書

第一節　「幼児は自己中心的ではない」――ゲルマンの批判――

ピアジェの認知発達理論についての批判をいくつかとりあげてみたい。

ゲルマン（Gelman, Rochel）のものは、よく知られているものである。(1)

彼女は、自らの実験研究や他の研究を引用して、先ず第一に、「就学前幼児は、自己中心的ではない」という。ピアジェの研究では、前操作段階の子どもは、自己中心性がその思考の特色とされている。自己中心性とは、幼児が他の子どもや大人の観点に立てないこと、さらには、自分の観点が他人と同じと信ずることである。しかし、ゲルマンの実験では、四歳児は、二歳児に対して、オモチャのしくみについて説明するときに、示したり、教えたり、注意を集中させたり、一定の方へ向けさせたりした。他方、大人に対することばは、子ども自身の考えを話したり、大人からの情報・支援・解明を求めたりした。つまり、聞き手のさまざまな能力や要求を知覚したり、考えたりすることによって、自分の話を調節することができたのである。したがって彼らの思考が自己中心的とは思えないというものである。

数の能力についても、言語能力についても、ゲルマンは、いくつかの実験をもとにした反証データをあげている。

われわれが、幼児の能力を固定的にとらえて、かなりの能力があることを見落としてきたのは、単にみようとしなかっただけだという。

我々は、年長児のために設定された課題のみを用いて幼児に接近することをやめなければならない。われわれの注意を、幼児ができないことだけではなく、できることに向けるときがきたのである。

発達の本質についての優れた洞察の多くは、幼児が確かにもっている能力の使用を妨げている条件は何であるかを正確に理解することから生まれると信ずるゲルマンは、ピアジェを否定しているわけではない。保存課題ができないからといって、幼児が数の保存を理解していないと結論づけてはならないとのべている。ゲルマンは、われわれに子どもの発達の実像を探る研究方法を積極的に提案していると受けとめるべきであろう。

注

（1）ゲルマン「就学前児の思考」、波多野誼余夫監訳『子どもの知的発達』（現代児童心理学3）所収、金子書房、一九八一年。原著 Gelman, Rochel Preschool Thought, *American Psychologist*, Oct. 1979, Vol. 34, No. 10, pp. 900–905.

第二節　「ピアジェ理論は難解だ」――ボーデンの批判――

ボーデン（Borden, Margaret）の『ピアジェ』（一九七九年）は、ピアジェの初期の思想的背景、生物学を経て、発生的認識論へと研究を進めたピアジェの研究の全体像を扱った骨太の著作である。

その中で、ピアジェは、ヨーロッパ、それをスイスを中心に四十年近く子どもの発達を研究しつづけ、すでに三十歳で、ヨーロッパでは、著名な心理学者であったにもかかわらず、ピアジェに関する研究がアメリカで最初に出されたのは、一九六三年のフレイヴル（Flavell, J.）の研究が最初であった。もう一つ驚くべきことは、アメリカ心理学会が、傑出した心理学者に贈られる名誉称号を与えたのが、ピアジェが実に七十三歳（一九六九年）の時であった。

これはなぜか。ボーデンは、ヨーロッパの学界では受け入れられても、アメリカの学界では受け入れにくい傾向が、ピアジェの側にあったという。

ボーデンはピアジェ理論の特徴として、次の四つをあげているが、実は、これがそのままピアジェ理論の弱点になっているという。

一　文体の問題——その難解性——

ボーデンはいう。

　ピアジェの文章は、どうみても上手とはいいかねる。明晰、簡明、またはウイットに富むなどという点から、賞をもらえるような点は全然ない。彼は、研究の多産をもって、読もうとする人びとを怯ませるが、くり返しが多く、かつ難解な点でも読者を気おちさせる。……（後略）……

と世界の巨星を一刀両断、誠に手厳しい。確かに、ピアジェは難解だ。生前の著作だけでも六十冊近くあり、没後も、彼の書き遺した論文をまとめて、毎年一冊位の割で著作が刊行されてきている。論文も数百を数え、その量には圧倒される（著作については、巻末の文献・資料参照）。

二　思想の抽象性

若き日、哲学から出発し、生物学、数学、論理学から発生的認識論（発生的構造主義）へと進んだピアジェは、その理論の性質からいって抽象的、体系的であって、ヨーロッパの大陸合理論的思考様式は、プラグマティックなアメリカ的思考様式に合わない。これはまた日本人の思考様式とも合わないという気もする。前述のように文体が明快でなく、かつ冗長ときて、また、異なった領域を示すのに同じ用語を使ったりするので、ピアジェの考えに納得することも、批判することもできないという批判もある。

たとえば、「均衡」「同化」「調節」などの用語は、もともと生物学の用語で、定義がはっきりしているが、ピアジェが心理学や認識論で使う時は、あいまいで、はっきりしないので、混乱してしまう。ブルーナーが、「均衡」概念を「余計なお荷物」だと批判したのは、このようなピアジェの抽象性に対してであった。

三　研究方法

ピアジェの研究方法は、一人ひとりの子どもをていねいに教育し、記録をとる方法である（ボーデンはこれを「半臨床法」と呼んでいる）。アメリカの心理学者がやる大量観察にもとづいて統計的処理をする方法と基本的に異なる。つまり、科学における「量」よりも「質」に重点を置くやり方がピアジェの方法である。

つまり、科学における一つの形式的システムを表現する構造主義は、理論化のために多くの事例を必要としていない。ピアジェは、この方法を使うことによって、子どもの心は一人ひとりちがっているが、精神のある発展段階における個人個人が共通の精神の側面をもつ「認識主体」を把握しようとしたのである。これは、行動主義心理学が主流のアメリカでは、なかなか理解されなかったといっても過言ではない。

四　ピアジェのメンタリズムの問題

アメリカの心理学者は、ピアジェが哲学的論議を押し出すやり方には閉口している。ピアジェは観察可能な行動の下にある、見えない心的図式や心的操作という活動を仮定するのだが、アメリカの行動主義心理学者は観察可能なデータにもとづく理論が大切で、それと単なる哲学的思考は区別すべきだとピアジェのメンタリズムを鼻であしらった。

しかし、認知心理学が顕著になり、思考、言語や知能の研究で、心的プロセスや構造や表象を仮定するメンタリズムの傾向が強くなるにつれ、行動主義は主流ではなくなった。

注

（1）Boden, M. Jean Piaget, The Viking Press, 1979, pp. 15–21.
ボーデン『ピアジェ』（波多野完治訳）、岩波書店、一九八〇年、二七－四〇頁。

第三節　哲学者による「自己中心性」批判――マシューズの見解――

マシューズ（Matthews, G.）は、哲学者の立場から、現代心理学に多くを負うている子ども観・発達観に疑問を提出している。

子どもについての研究は、二十世紀に入り急速に進んだが、それは、主に二つの観点からなされている。[1]

第一は、子どもの発達は成熟過程であるという生物学的過程を強調する考え方。

第二は、成長が段階的に進むという段階論である。この「段階的成熟モデル」には、「成熟」という概念と「発達段階」という概念を結びつければ、子どもの発達は少なくとも大まかには年齢と対応した段階を経る成熟過程であると捉えることができる。

一　ピアジェの実験結果

認識論に関する歴史的理論には、合理論、経験論、反復発生論があるが、ピアジェは、この三つを統合しようとした。

そして、ピアジェの実験の特徴は、次の三つの点にあるという。[2]

第一に、結果が非常に印象的である。（例として、有名な水や粘土のボールに関する量の保存の実験に関する年齢別の反応である。）

第二に、彼の実験は追試が可能である。

第三に、彼の実験は加齢変化（age-related sequence）が明らかにされている。

このようなあざやかな特徴ある実験を考え出すことができたのは第一級の天才的研究者だけであった。「ピアジェの実験がこのような非常に一般的な特徴をもっていたために、たいていの人は、実験にその理論の詳細がどのようなものかをほとんど考慮せず、ピアジェの認識発達理論の一般的な考えに納得してしまった。」

その結果、(3)

① 実験結果があまりに印象深いために、私たちは、子どもについてよく知っているにもかかわらず、実際には全く知らなかったと信じるようになる。つまり、子どもは異邦人だったと思い、そこで、子どもに関する理論を必要とするようになる。

② ピアジェの実験は、追試しやすいので、いかにも科学に近いかのように思わせる。

③ 実験の結果は、年齢に伴って変化するため、認知発達の過程は成熟過程であるという結論に反対することが一見不可能になっている。

しかし、マシューズは、子どもの次のような哲学的疑問にどう応えるかと問う(4)。

「どうやって大きなドアが僕の小さな目の中に入るの」（六・七歳）

「お父さん、なぜ僕にはお父さんが二重に見えないの。僕には、二つの目があって、それぞれの目で別々に見ているのに」（八歳）

デカルトやライプニッツに始まる網膜像の問題は古くからある。子どもの疑問にあるように外界が網膜に映し出されるとして、実際には小さい網膜像なのに、どのようにしてドアのような大きなものが目のような小さなものの中に入ってくるのか。そして、どのようにして脳は小さな映像から実際のものの大きさを描き出すことができるのか。
このような問に答えるには、ピアジェのいう標準的な年齢があるとは思えないとマシューズは、疑問を提出した。

二　マシューズのピアジェ批判

そして、次のように、ピアジェを批判した。(5)

ピアジェは、もともと、子どもの認知発達は普通の大人の成熟した能力に近づいていく成熟過程であると考えていた。そこで彼は、この保存の物語を、ごく小さな子どもが段階ごとに知能欠陥を克服していく勝利の物語だとみなしたのである。ピアジェの理解では、この発達過程の初期の頃には、子どもは様々な基本的な点で能力が欠けている。物質、重さ体積の保存の原則を徐々に受け入れるということは、ピアジェにとっては、無能さに対する段階的勝利であり、重要な認知的欠陥の克服である。

さらに、この「認知的欠陥」について、その特徴である「自己中心性」(egocentrism) と「現象主義」(phenomenalism ——ものの見た目にとらわれ全体像が理解できるないこと——引用者注) について、ピアジェとイネルデは、何を意味しているのか、はっきり語っていないという。そして、「保存の発見によって、子どもたちが自己中心性や現象主義を徐々に克服していくという主張には根拠がないというのが私の結論である。」とのべた。(6)

マシューズの批判は、ピアジェの保存の実験を、物理学、化学の知見と子どもの疑問にもとづいて、かなり詳細に検討した興味深い論考である。

しかし、ピアジェは、子どもの認知発達の過程を無能さの克服過程と考えたり、能力の欠陥があって、それを克服する過程と考えたことはなかったし、そのような用語を使ったこともなかったことは、彼の著作をみれば明らかである。

子どもが、「どうやって、大きなドアが僕の小さな目の中に入るの」という疑問を大人はもつことはあるが、子どもでは珍しいのかもしれない。この自然科学疑問は、ピアジェが「自己中心性」を提案した時、「僕が歩くと、お月さまも歩く」という子どもの疑問と、似ているのではないか。

注

(1) マシューズ『哲学と子ども――子どもとの対話から』(倉光修他訳)、新曜社、一九九七年、二四―二五頁。
(2) 同書、四五―四六頁。
(3) 同書、四六―四八頁。
(4) 同書、五六―五九頁。
(5) 同書、七〇―七一頁。
(6) 同書、七一、七五頁。

第四節　数学者によるピアジェ批判――ドゥアンヌの批判――

一　構成主義の子ども観への疑問

数学者・脳神経科学の面から、ピアジェを批判したスタニスラス・ドゥアンヌ（Dehaene, Stanislas）は、ピアジェが創設した構成主義は「〇歳児は数がわかる。」という着想などあり得ないものとして片づけてしまう人間観であると批判した。(1)

その理論に従うと、論理・数学的能力は、外界の規則性を観察し、それを内在化し、抽象化することによって、赤ちゃんの心の中に徐々に構成されていくものだ。出生直後の新生児の脳は、どんな概念的知識もまったく存在しない白紙にすぎず、遺伝子は、赤ちゃんをとりまく環境についてのどんな抽象的観念も与えていない。彼らはたんに、単純な感覚運動装置と汎用的学習メカニズムを与えられているにすぎない。彼らは、それらを利用して、環境と相互作用しながら、自分自身を徐々に構成していくのである。

ピアジェの仲間たちも、幼児は算術を理解できないという証拠をせっせと集めた。構成主義者は、子どもが数の保存課題に合格したとしても、算術の概念を理解したことにはならないという。

このピアジェの知見は、教育システムに多大な影響を与え、「教育に携わる人々は、悲観的な態度と『待って見守る』というポリシーを植えつけられてしまった」という。

この理論によると、子どもは、成長という不変の過程に導かれ、ピアジェの想定した段階をある決まった順序で続行していく。数学の早期教育は無意味であり、有害でさえある。

「この悲観主義は妥当なものだろうか」というのが、ドゥアンヌの問いかけである。

二　ピアジェの誤り

先ず問題なのは、「ピアジェの保存課題」である。[2] それは、保存課題が、実験者と被験児の対話に依存しているからで、そこが欠点である。子どもは、尋ねられた質問を正しく理解しているのだろうか。さらに言えば、子どもは、これらの質問を大人が意図したと同様に解決しているのだろうか？

ドゥアンヌは、これに対する反論を二つあげている。[3]

1、一九六九年『サイエンス』に発表されたジャック・メレールらの研究では、ピアジェ課題の結果が「文脈と子どもの動機づけ」に大きく左右されることを明らかにした。

彼らは、二〜四歳の子どもに対して、古典的保存課題である「おはじき」を二列に並べる実験を行った。一方の列に、おはじきを六つ並べたが、その間隔は短かった。もう一方の列は間隔をより長くしたが四つしかなかった。どちらの列のおはじきが多いか子どもに尋ねると、三・四歳の子どもは、ほとんどが間違って、長いが個数の少ない列の方を選んでしまった。古典的保存課題の誤答パターンである。

だが、二つ目の試行では、おはじきを「ごちそう」（M＆Mのキャンディ）に取りかえた。その結果、子どもは、質問の内容理解の問題を超えて、動機付けを高めて、二つの列のうち、より多い方を選ぶのである。

つまり、三・四歳の子どもは、実験者の質問を大人と全く違ったふうに解釈しているのである。ピアジェの実験では、実験者は全く同じ質問を二度繰り返す。(「これは同じものですか？　それとも、こっちの列の方が多いですか？」)

二列のおはじきが同じ個数の場合、子どもは、二つの列の数が同じことは明らかなのに、つまらない質問を全く同じように二度も繰り返す大人を見て、どうもおかしいと感じているにちがいない。

心理学者が「心の理論」と呼ぶ、他者に関する意図や信念、知識について推論する能力が形成されるのが、三・四歳であることを考えると、ピアジェの保存実験は明らかにおかしいのである。[4]

エジンバラ大学のJ・マルガリータらは、「ピアジェ課題で子どもが数の保存に失敗するのは、実験者の意図を誤って理解するからだ」とする仮説を実際に検証している。

2、一九八〇年代に入って、赤ちゃんが数を認識できることを最初に確かめたのは、ペンシルヴァニア大学のB・スターキーらの研究であった。[5]

床の上をころがったボールがソファのかげに隠れて見えなくなった時、赤ちゃんは、ボールは、なくなったものと思い、取りにいかない。これは、「見えないもの」(out of sight) は、「心に存在しない」(out of mind) と思っているわけでなく、「対象物の永続性」課題に失敗する理由は、「手を伸ばす動きをコントロールする前頭前野が未成熟なせいなのだ。一歳未満の赤ちゃんは隠された物体に対して適切に手を伸ばすことができない。その観察例をもとにして、彼らが、その物体はすでに消えてしまったと思っているとすることはできない」ことが現代の脳科学の結果から、ある程度わかっているとピアジェを批判したのである。

注

（1）ドゥアンヌ『数覚とは何か――心が数を創り、操る仕組み』（長谷川眞理子他訳）、早川書房、二〇一〇年（原書 *Number Sense: How the Mind Creates Mathematics*, 1997）、八〇－八一頁。

（2）同書、八四頁。

（3）同書、八五－八六頁。

（4）同書、八七－八九頁。

（5）同書、九三－九四頁。

第五節　ピアジェ批判の総括

ピアジェ理論に対しては、各国の多くの研究者が、さまざまな点を批判してきた。「ピアジェ理論の擁護――十の共通の批判への回答」と題する。それらの批判を総括した論文が発表された（一九九六年）。O・ロレンソ（Lourenco, O.）とA・マホド（Machodo, A.）は、約三〇〇論文を検討し、それらの批判を十に分類した(1)。

それらの批判は、大まかにいえばピアジェ理論は、経験主義的には誤りがあり、認識論的には弱点があり、哲学的には素朴であるという。

また、ピアジェの段階理論は誤っている。ピアジェの描く子どもの発達段階は貧弱である。ピアジェは「記述」に関心をもっていたが、その「解釈」には関心がなかった。そして、ピアジェの解釈は、過去の歴史を集約すれば、過去の人であり、現在にはもう合わないという心理学者もいる。等々である。

ロレンソらは、この論文の目的を三つあげている。

第一は、ピアジェ批判論文を十に分類し、その存在理由（raisons d'etre）をピアジェ理論の外から（from without）問うことである。

第二は、ピアジェ理論の内側から（from within）から問うことである。

第三は、ピアジェ理論のより深い理解のために、「内から外から」の両方の解釈の相互役割がいかにできるかである。

つまり、真のピアジェが発見されるべきであるとか、ピアジェ理論が正しいとか誤っているということではなく、ピアジェの研究の視点は、発達心理学において、未だ充分に調節され、同化されていないということである。われわれが、ピアジェを超えて、改善された理論に進もうとするのならば、内側から彼をより多く知ることである。

以下、十の批判グループを要約することにする。

1、ピアジェ理論は、子どものコンピテンス（competence　適性・能力）を過少評価している。

特に、前操作期の子どもについて、数百の論文が標準的ピアジェ課題が誤った否定的エラーを導き出していると指摘している。

2、ピアジェ理論は、データでは追認できない年齢規範を打ち立てている。

ピアジェ理論では、暦年齢と操作の発達の相互関係が非常に重要な理論的予見の一つになっている。

3、ピアジェは、発達を否定的に記述している。
初期には、ピアジェは、子どもの前論理的自己中心思考を特色づけ、認知発達における社会的相互作用の役割を強調したが、後期には、認知構造は、個人の行動の自己規制から生まれるという考えを受け入れ、前論理的、自己中心的思考の概念を前操作的思考の概念に置きかえてしまった。

4、ピアジェ理論は、極端なコンピテンス理論である。
ピアジェは一方で、論理構造の心理学的意味を強調し、他方で、その内容とコンテキスト（context）を過少評価している。また、ピアジェは、認知構造の形成における学習の重要性の役割を低くみている。

5、ピアジェ理論は、発達における社会的要因（social factors）の役割を無視している。
ピアジェは、発達を促進したり、遅れたりする発達の障害になる要因よりも、認知発達の発現、順序性に関心があり、操作的構造の心理的発生の中心的問題として、成熟や物理的経験、社会的要因ではなく、均衡の過程（the process of equilibration）を強調している。

6、ピアジェ理論は、データによる証明ではなく、発達の共時性（developmental synchronies）を予見したものである。
ピアジェは、認知の段階は、全体構造に従うものであり、操作段階の均質な共時的達成を予見していた。たとえば、具体的操作段階の子どもは、種々のピアジェ課題――クラス包摂（class inclusion）、系列性（seriation）、分類（classification）、保存（conservation）が高度に相関してくることである。

7、ピアジェ理論は記述（describe）しているが、説明（explain）がない。
ピアジェは、認知発達について、あいまいな説明をしている。記述はあるが、ほとんど説明がない。

ピアジェの発達段階論は、年齢に関係した認知的変化を、うまく記述しているが、彼が考えた認知発達の最も基本的概念である「均衡」は、せいぜいメタファ（metapher）であって、最悪、余分な概念である。

8、ピアジェ理論は、言語を通して思考を評価するという逆説になっている。
ピアジェの臨床法は、言語的テクニックに関係しているが、これは、パラドックスで、彼は操作的思考の理論的定義に言語を含めていなかったのである。

というのは、仮に、思考が行為の調整と発達的内面化から生まれるとして、認知を説明し、推論するために、言語を使用することは、原因それ自体を説明するために、原因の結果を使用することと同じだからである。

9、ピアジェ理論は、青年期以後の発達に無関心である。
ピアジェは、一九七〇年までに、十一・十二歳から十五・十六歳で形式的思考段階について、均衡の最終段階に到達するとのべたが、青年期以後（postadlescence）について、無関心である。これを批判して、第五段階――形式的操作段階以後の段階として、弁証法的段階（dialectical stage）という説を提案した研究者もいる。

10、ピアジェ理論は不適切な論理モデルを提唱している。
ピアジェは、発達や数種類の知識の構造的組織化を特色づけるために「論理」（logic）を用いている。

論理学者によれば、論理学の規範を侵し、〝非常に常軌を逸脱した結果〟を生み出す命題的論理に進んでしまっているという。

一言でいえば、ピアジェは心理学者のために、論理を使いすぎたし、論理学者のために心理学を使いすぎた。結果、ピアジェは、論理それ自体に対して、聞きなれない論理構造を提案したというのである。

〈結　論〉

ロレンソらは、論文のまとめとして、以下の点をあげている。

一九八三年、イギリスの心理学者コーエン（Cohen, David）は、ピアジェは、偉大な心理学者のひとりとして尊敬され、記憶されるべき人であるが、それは、過去の心理学者としてである。ピアジェの著作が同時代の心理学者として、彼を評価する最後になるであろうと予測した。十二年後の今日、コーエンの宣告は明らかにいい過ぎであった。

しかし、今やピアジェを超えて出発する時がやってきている。

なぜ、ピアジェ理論は、しばしば誤解され、批判されるのか。

第一に、ピアジェは厖大な数の著書、論文、分担した著作の章、巨大な量の実証データ、彼のコアになる仮説の変化、部分的に多様な異質のものに見える結果から、彼の理論研究の成果の矛盾は避けがたいものであった。加えて、予期しない発見に興奮して、ピアジェは、しばしば、彼の文献の正確なコミュニケーションを軽視した。したがって、多くの研究者が、彼の文体に不満をもつのも、最もなことである。

第二に、非実験的なピアジェの臨床法、非統計的なデータ分析である。彼の関心は、抽象性の構築にあり、研究全体が科学的進歩に関心があった。

第三に、成人の言葉で赤ん坊のこころを理解すること、天国としての乳幼児期に符合する概念、以上の両方とも、子どもは、大人とは論理の異なるというピアジェの主張に反して、ピアジェ理論への不満とピアジェ理論が事実を歪曲しているというもとになっているのである。

新しい思考様式の個体発生と必然的知識の構成を探究することがピアジェの主要な目標であったことを、発達研究者は忘れてしまっているが故に、ピアジェ理論が誤解されてきたことを確認することである。

発達心理学者は、子ども、青年、成人の特定の年齢に関心をもっているが、そうではなく、時間（年齢）を超えていかに発達するか、論理的必然性ではなく、真実の認知的発達を追求することである。

私達は、多くの批判のように、ピアジェ理論の外側から（from without）分析することができる。

しかし、一方で、ピアジェの研究を形成している目的、論点、概念も、こころに留めておくと共に、彼の理論を内側から（from within）その貢献を理解することもまた重要である。

以上が、ロレンソらのピアジェ批判研究の大要である。

三〇〇近い批判論文や著作を分析した労は大変興味深く多大なものがあり、今後のピアジェ理論研究に示唆する点も多い。

しかし、十の分類の中には問題点もある。

私の若干のコメントをつけ加えるならば、次のような点があげられる。（番号は、10の批判の番号順）

2、ピアジェの発達（段階）と暦年齢の関係について。

これは、ピアジェ自身が、年齢は発達段階を理解する目安であって、発達が主たるものであることをのべているので、誤解である。

3、ピアジェが、発達を否定的にとらえているという点について。

全く逆であって、ピアジェは、発達は四つの要因（成熟、経験、伝達、均衡）によって形成されるが自然の過程であるとのべているので、大いに疑問である。

5、ピアジェ理論が発達社会的要因を軽視しているという点について。

ピアジェは、発達の四要因の中に伝達として社会的伝達と教育的伝達をあげている。

しかし、ピアジェは、社会的伝達や教育的伝達は、各々、一要因としてあげなかっただけであって、それらを軽視したわけではなく、彼の遊び論や道徳発達論、教育論の著作にその重要性は明らかに示されている。

8、ピアジェが思考よりも言語が優先するということについて。

これは的を射ているかもしれない。

しかし、ピアジェは、ヴィゴツキーやチョムスキーとの論争にもみられたように、言語よりも先に思考（行動）が優先し、それにより言語を含む認知構造の発達がみられることを強調している。

10、ピアジェの発達の「論理」について。

ピアジェは、自らを心理学者というよりは、認識論の研究者であるとのべている。そして、認識論研究を進めるために、数学、物理学、生物学のような自然科学や社会学、論学、心理学、教育学のような人文・社会科学の知見を取り入れた。これは、異なる学問分野に橋を架ける非常に大胆な「学際的研究」であり、二十世紀の二〇～三〇年代には、全くなかった研究方法ではないか。

その意味で、学際研究の先行ランナーであったと位置づけ、もっと評価されてしかるべきだと考えられる。

注

（1）Lourenco, O. and Machodo, A. In Dence of Piaget's Theory: A Reply to 10 Common Criticisms, *Psychological Review*, 1996, vol. 103, No. 1, pp. 143–164.

第六節　「発達」概念の批判

一　「発達」の定義

発達は、次のようになされている。(1)

それぞれの環境の中に生まれてきた個人が、そこでの生活を通して、心身の形態、構造、機能などを、一定の方向に変化させていくことをいう。（中略）一定の方向への変化というときの中心は、個体が複雑で高次の構造と機能をもってくることにあり、しかも、人間の発達は、基本的に生物学的個体から、社会的文化的存在へと進化、発展することであるから、発達は価値的概念として使われることが多い。

現在では、心理学においても、社会学においても、「一定の方向」や、「完全な状態」(complete state) また、「社会的文化的存在」へ、進化・発展することを発達とみなす価値的概念として使われることが多くなっている。

ピアジェは、第二章でのべたように、生物学から出発した科学者であるので、その発達論は、成熟を重視した生物学的色彩が濃い。彼は、個体が環境に働きかけ、また環境から影響を受けつつ、環境に適応し、同化と調節のプロセスを経て、一定の均衡状態に達し、認知構造を変化させるのが発達であるとのべている。

ピアジェは彼の発達段階論の最終段階の形式的操作段階を、一つの「完成された段階」として設定している。英語の development は、日本語で「発達」と訳されているが、もとの意味は、「巻物をひもといて中身を読む」(develop　潜在していたものが顕在化する。展開するの意。) という意味であったといわれるが、それが十九世紀の自然科学の発達にともない、生物学（進化論）の影響を受け、そのアナロジーとして人間の精神的事態をのべるのに使われるようになったものである。

ピアジェが、適応概念、均衡概念によって「発達」を説明しようとしたのは、これらの歴史的背景を無視して考えられないものである。

教育においては、「発達」は、一般には、生物学的成長や心理学的発達の上に、教育的意図をもって、子どもに働きかけた結果、実現されてゆく人格的総体を意味している。この場合は、ある方向（教育目的）への意図的働きかけがあることが当然の前提になっている。

このように、「一定の方向」に向かうこと、「完全な形態」(complete state) になることを発達とすることは、まさに、発達が前進であり、進歩であり、それが「善」であるとする「発達＝前進」論もしくは、「発達＝進歩」論となり、発達万能論となる。その結果、前進、発達がみられない子や、発達の遅い子は、「劣っている」から、「発達させる」とか、「発達を促す」ことが必要とされるようになる。これがはたして正しいのかというのが近年の発達批判論であり「反発達論」といわれるものである。

二　障害児研究からの批判

野村庄吾は、障害者の立場から、従来の発達心理学のもっている発達観を批判している。(2)

私たちは、障害を「あってはならないもの」と考え、それを克服しようとするが、それだけでは、障害者自身の主体的存在がどこかに忘れ去られ、健常者の一方的思い込みになる場合も多い。

われわれの現代の文化や学問が、いかに健常者中心の一人よがりのものであり、現代社会が「障害者」を排除した能力主義で貫かれているか、心理学や発達学が障害者にとっては、「健常者の理論」でしかないという。

つまり、健常者を中心とした価値観で成り立つ学問、社会においては、障害を克服しえない障害者は「悪い障害者」であり、息つく暇もなく、障害を克服することが要請されるという。

実際に、重い障害をもった子どもたちの中には、発達がゆるやかであったり、早い時期から退行的行動があらわれてくることもあるし、心身の衰退が若年でみられる場合もある（発達おくれ説〈developmental log theory〉ジグラー（Zigler, E））。

「子どもは、『人間になる。』『人間になりつつある。』のではなく、生まれながらに『人間である。』発達はあくまでその一面の変化にすぎない。」とのべている。

つまり、発達しないこと、発達のゆるやかなことが無価値とされ、一方的に決められた「発達」が強要されるならば、その発達論は「適者生存」「自然淘汰」の言い換えにすぎない。

野村は、障害者からの問題提起を以上のように整理し、発達＝前進論を批判した。

三　発達心理学からの批判

安達貴美子も、従来の発達を二つの点から批判している[3]。

第一は、生涯発達心理学（life-span developmental psychology）といわれるもので、「発達的変化が人間の当然の事態」と認めている点では、従来の発達概念と変わりないという。

第二は、障害児教育の立場からの批判である。「進歩、発展を前提とする発達概念では、説明しえない障害児・者、精神薄弱児・者（注：知的障害児・者）をどう考えたらよいのか。この子たちは、発達することが、人間の共通運命だとする従来の概念から逸脱する存在である。」

「どんなに変化させようと働きかけても、表面的には、何も動いてみえない子ども」たちである。

従来、発達の定義に用いられてきたもの、それは、「発達をある終極の状態」（end state）あるいは、目標（goal）へと一方向に向かう非逆転性の比較的永続性のある、継続的な一連の変化であるとする考えであり、野村も指摘したように、それが、「発達しない障害児」を排除することになる。

発達は、人間が生きるということの分脈の中で問い直されなければならない。

発達は何よりもまず、人間一人ひとりの問題として考えなければならない。社会の要求や期待が先行するのではなく、個人が自分の生活を生きるということの中で、考えなければならないものである。（中略）すべての個人が共通に到達すべき発達の段階や状態などというものはない。

と言い切っている。

以上の批判は、現代の「発達＝進歩」概念が、近代社会の産業化に伴って、あらわれたものとして、その克服を求めようとするもので、これは、現代の発達心理学にむけられた大変厳しい批判として受けとらねばならないものであろう。

四　ピアジェ理論による自閉症の発達段階評価

ここに、「反発達」を超えると思われる一つの事例研究がある。(4)

自閉症は人生の早期に起こり、①対人関係の質的障害、②極端な興味の偏りや固執、③言語及び非言語性のコミュニケーションや想像的活動の質的障害と三つの症状を必須とする「行動の異常」であり、「発達障害」としてＷＨＯ（世界保健機構）で定義されている。

自閉症児の治療において、発達段階にみあった発達課題に沿って発達を促す方法を〝認知発達治療〟と呼んでいる。

認知発達治療を行なう際にもっとも重要なことは一人ひとりの自閉症児の発達の水準をいかに適切に測るかである。

自閉症児は発達上の非常な不均衡さがあるので、どこに発達の水準をあわせるかで評価が異なってくる。

永井・太田は、発達段階を評価する際に、「表象機能の発達」に焦点をあてている。それには、ピアジェの発達理論（注：感覚―運動的段階）に従って五段階に分け、それを「太田の stage」と呼んでいる。

ステージの発達段階分けは、発達における順序性の法則とよく一致している。

ステージ表は次の通りである。

太田のステージは、一般の保育園児に施行した結果によれば、発達はほぼこの年齢に相応しており、遊びの発達とも非常に相関する報告である。自閉症児への治療教育の点から総括すれば、遅滞が重度であっても認知発達的なアプローチが必要であり、重度であればある程不断の積み重ねを必要とする。重度の遅滞をもつ子どもに対

表１　各 Stage の水準の定義

Stage I	：シンボル機能がほとんど認められない段階（１歳半くらいまで）
Stage II	：シンボル機能の芽ばえが認められる段階（１歳半から２歳くらいまで）
Stage III-1	：シンボル機能がはっきりと認められる段階（２歳から２歳半くらい）
Stage III-2	：シンボル機能がいっそう確実となる段階（２歳半から３歳くらい）
Stage IV	：基本的な関係の概念が形成された段階（３歳以上）

する教育は、健常者よりもいっそう必要であり、人間としての成長過程をつくりあげるとしている（ヴィゴツキー）。

認知発達的な視点からの治療教育は自閉症児に対して人間としての成長過程をつくりあげるための具体化の基本的な一つの手段となりうるだろうとのべている。

ここでピアジェ理論は、一つの重要な役割を果たしている。それは、ピアジェの認知発達の段階理論が自閉症児の認知発達のための治療教育の評価尺度として応用されていることである。ゆるやかで、遅い発達と低い発達水準というラグ（log　ずれ）はあるにしても、ピアジェの発達段階の順序性に沿っていることがわかる。

ピアジェの発達理論は、普通児を対象としたデータからつくられたものであるが、ここでは、普通児―発達障害児という対立図式ではなくピアジェ理論をより相対化した形で理解され治療教育に応用されている。

多くの発達理論の基礎データは、普通児をもとにしたものから理論構成されている。ここには「健常者の理論」ではない、発達の「定向性」や「完態性」ではない相対主義的視点が提起されている。

近年、「脱構築主義」（deconstructionism）の立場から、発達心理学、現代教育を批判し、特にピアジェ理論や「子ども中心の教育」が「自律性」を強調するあまり、子どもが教師や学校から離れ、「家庭教育」に責任が押しつけられている。社会的不平等・格差をそのままにして、「個人」を重視することは「不平等を固定化」させるこ

とになるという批判がだされている。(5)

注

(1)村山賢明「発達」日本教育社会学会編『新教育社会学辞典』東洋館出版社、一九八六年、七二五―七二六頁。
(2)野村庄吾「現代社会と障害」三宅和夫他編『児童心理学ハンドブック』金子書房、一九八二年、一〇〇三―一〇一八頁。
(3)安達貴美子「『発達』概念の検討」波多野完治編『発達』(教育心理学講座4)朝倉書房、一九八二年。
(4)永井洋子・大田昌孝「自閉症」東洋他編『発達心理学ハンドブック』第五七章「情緒・行動の障害」福村出版、一九九二年、一九九六―二〇一一頁。
(5)E・バーマン『発達心理学の脱構築』(青野篤子他訳)、ミネルヴァ書房、二〇一二年。

第八章　ピアジェ断章

『ピアジェさん、今日は』
“Bonjour Monsieur Piaget”（2010）

ピアジェが研究を続けた「子どもの家」
（ジュネーヴ大学ルソー研究所）

一　二十世紀の偉大なる知性

一九九九年、アメリカの『タイム』誌（TIME）は、二十世紀の偉大なる知性（The Great Mind of the 20th Century）として、自然科学、社会科学を含むあらゆる学問分野から一〇〇名を選出した特集号を発行した。

その中には、S・フロイト（精神分析学）、ライト兄弟、A・アインシュタイン（物理学）、L・ヴィトゲンシュタイン（哲学）、A・フレミング（微生物学）、E・ハッブル（天文学）、J・ケインズ（経済学）、E・フェルミ（原子物理学）、J・ワトソンとF・クリック（DNA発見、細胞生物学）、R・カーソン（環境学）、リーキイ家族（人類学）、A・チューリング（コンピュータ科学）と共にピアジェが「児童心理学者」として選ばれた。

その業種は要約すれば、次のようにのべられている。

ピアジェは、発達心理学、認知心理学および発生的認識論の研究に貢献した。彼は、教育改革者ではなかったが、今日の教育改革の研究の基盤を礎いた人であり、デューイやモンテッソーリやフレイレのように子どもの視点を教育に取り入れたが、彼の教育への影響は、より深く、巾の広いものである。

彼は、自らを児童心理学者とは考えておらず、認識論の研究者と考えていた。そして、彼は教育者ではなく、教える法則を体系化しなかったが、長年の子どもの認識の研究から、子どもは、自ら積極的に知識をつくりあげていくことを見出していた。

次のことばが、それを端的に表している。

子どもは、自分自身で創造＝発明した時にのみ真に理解することができる。われわれが、急いで何かを教えようとすると、彼らは、自ら創り出すことができなくなってしまう。

コンピュータやインターネットが、子どもが自律的に探求できるデジタルな学習ができるように、ピアジェが開拓したアイデアも、それに適合しているものである。

最近の脳科学の進展で、ピアジェが考えていた「新生児は、何らかの知識をつくりあげている」ということが実験的に証明されているとピアジェの研究への賛辞がのべられている。

注

"TIME", March 29, 1999, Vol. 153, No. 12.

二　ピアジェの生涯をたどる写真集

ピアジェの写真集は、二冊刊行されている。

(1) A JEAN PIAGET en l'honneur de son 80ème anniversaire (1976)

一冊は、"A JEAN PIAGET"（『ジャン・ピアジェに捧ぐ——誕生八十周年を祝して』）と題するもので、一九七六年に刊行されている。

内容は、一八九六年の生誕から一九七六年までの生涯を年代別にたどり、名誉博士号を授与された大学名が紹介されている。その数、全世界の二九大学から贈られている。最も早いのが、一九三六年のハーバード大学である。行動主義心理学の本場で、ピアジェの心理学が認められたのは、一九五〇年代に入ってからであるので、ハーバード大学の先見性を高く評価するのと共に、ピアジェにとっては、何とも皮肉な話ではないだろうか。本書の大半は、ピアジェが出席した国際会議、シンポジウム、研究者との語らい、共同研究者の写真が載せられ、偉大な研究者の素顔を垣間見ることができる。著名な女性の共同研究者であるベルベル・イネルデ（Inhelder, B.）、シェミンスカ（Szeminska, A.）、サンクレール（Sinclair, H.）らの生き生きした顔や若き日のカミイ（Kamii, Constance Kazuko）の顔もみられる（表紙布張り製本。刊行は、Centre d'etudes et de recherché surapplications psycho-pedagogigues de l'audiovisuel, 1976.）。

⑵　"Bonjour Monsieur Piaget"（2010）

これは、『ピアジェさん、今日は』というべきタイトルで、表紙に、二十五歳のベレー帽にパイプをくわえたピアジェの写真を載せた全一七五ページの仏文・英文で解説を入れた大型写真集である。

ピアジェの幼少期の写真、ピアジェの描いた絵、妻と三人の子どもとの旅行、子どもを抱くピアジェ、山荘でペンを走らせるピアジェ、自転車と生涯パイプ・タバコを手離さなかったピアジェ。

物理学者アインシュタイン、哲学者ハイデッガーと共に出席した一九二八年のダボス会議等々。

ピアジェの三人の子ども――ジャクリーヌ（一九二五年生れ）、ルシエンヌ（一九二七年生れ）、ローラン（一九三一年生れ）――は、やがて、ピアジェが妻バレンティンと共に、観察し、研究成果を残す出発点になった。

子どもたちの絵、ピアジェ課題の数々、研究会、国際会議の写真、数々の著作、歴代の共同研究者の写真が一九二〇年代から揚げられている。今、主な人をあげれば――

恩師のクラパレード（Claparede, Jean Louis 1920）、妻バレンティン（Piaget, Valentine 1920）、共同研究者シェミンスカ（1930）、イネルデ（Inhelder, B. 1935）、エイブリ（Aebli, Hans 1945）、エチェンヌ（Etienne, Arianne

1955)、ボヴェ（Bovet, Magali 1960）、ドロ（Doroz, Remy 1960）、ランザー（Lunzer, Erie 1960）、エヴァンス（Evans, Richard 1960）、パペート（Papert, Seymour 1960）、パスカル＝レオーネ（Pascal-Leone, Juam 1960）、サンクレール（Sinclair, Hermine 1960）、ガルシア（Garcia, Rolando 1965）ダーゼン（Dasen, Pierre 1965）、ボネシェ（Voneche, Jacques 1965）、ヴワイヤ（Voyat, Gilbert 1965）、カミイ（Kamii, Constance 1970）、ダックワース（Duckworth, Elenor 1970）、キルヘル（Kilcher, Helga 1970）、グルーバー（Gruber, Howard 1970）、ブリンゲル（Bulliner, Ander 1970）等々、六十年にわたる研究生活で総計一二六名である。

ピアジェは、写真集の中で、「私はすべての研究者がいなかったら、研究ができたかわからない」とのべている。

世界の大学から贈られた名誉博士号は三十一大学にのぼる。多くの優れた研究者に囲まれ、子どもの認識の発達の研究――発生的認識論研究に生涯を捧げることのできたピアジェは、彼の卓越した知性と努力と相俟って、研究者として誠に幸運な人であったというべきであろう。

三　ピアジェの不幸・私たちの不幸

一九七〇年六月二十一日から二十九日まで、ピアジェは、共同研究者のイネルデ女史と共に、初めて来日し、四回の講演と新聞インタヴューとテレビ出演（読売テレビ）をした。

講演を主催したのは、「日本幼年教育会」という関西に本部を置く私立幼稚園の団体が『国際幼年教育者会議』開催の主賓として、ピアジェとイネルデを招へいしたものであった。

日程は、次のようであった。

○六月二十一日(日)　来日（羽田空港着）

○六月二十二日(月)　読売新聞大阪本社で新聞対談　（七月二日夕刊掲載）
○六月二十五日(木)　国際幼年教育者会議での講演　ピアジェ「記憶と知能」
○六月二十六日(金)　国際幼年教育者会議での講演　イネルデ「認識の発達心理学と幼年教育」
○六月二十七日(土)　発達心理学学術集会で講演　ピアジェ「速さと時間」
　　　　　　　　　　　　　　　　　　　　　　　イネルデ「学習と認知構造」
○六月二十八日(日)　読売テレビでの対談

このうち、新聞対談と四つの講演は、次の書物に収録されている。

『創造的知能の開発』（三嶋唯義・滝沢武久訳）、誠文堂新光社、一九七二年。

読売テレビでの対談は、次の書物に収録されている。

『ピアジェとブルーナー――発達と学習の心理学』（三嶋唯義訳）、誠文堂新光社、一九七六年。


さて、世紀の来日に際して、どれだけの人が講演を聴いたのであろうか。寡聞にして、学会主催の講演会はなかったようで、ピアジェも、わが国の研究者との対論を期待していたそうであるが、それもなく残念に思っていたといわれる。

ピアジェ研究で著名な波多野完治は、この間の事情を次のようにふり返っている。

一九六五年に、ジュネーヴで彼に会い、彼の講義を聴くことができた。（中略）
その次に会ったのは、一九七〇年、日本で万国博覧会が開かれたとき、彼の来日を機としてであった。このとき、わたしは、ある大学で管理職みたいなことをしていた。大学紛争の真っ最中ときている。とても、ピアジェさんにゆっくりつき合っているヒマはない。で、空港（そのころは羽田）のＶＩＰルームで、日本到着でひと休みしているところをつかまえて、ホテルまで送り届けるのがやっとであった。このとき、ピアジェは、大病のあととかで、例のトレードマークのパイプもくわえておらず、万事にひどく老けてみえた。（中略）何でも、このときの招へいは、大阪のある保育団体の手で行われたとかで、日本の学界とは何の関係もなかったらしい。そのため、保育学会は特別声明を出したとか聞いた。

そんなこんなで、日本人たちの『熱烈歓迎』を期待していたピアジェには、来会者の人数は少なく、質問の熱のないのに拍子はずれの感をいだかせたらしい。

本当に気の毒なことをした。主催者としては、ピアジェの老体を気づかってのことであったのだろうが、ピアジェのように他人と論じ合うことの好きな人には、なるべく熱心な若い学者との交歓ができる機会をこそ作ってやるべきだったのである。

波多野の「本当に気の毒なことをした。」という一言に、大病後のピアジェが、はるばる日本へ来た事に、十分答えられなかった悔しさが、滲み出ている。

子ども研究の泰斗の声を、もっと多くの人が聞く機会がなかったことは、学界への影響を考えると、わが国の研究者にとっても、幼児教育の関係者にとっても、誠に不幸なことであったと思うし、ピアジェやイネルデにとっても不幸なことであったと思われてならない。

これは、研究者が関東圏の方が圧倒的に多いことを考えると、会議全部が大阪で開催されたことも影響していると思われる。

幸い、講演等の記録は、前掲のように邦訳されているので、今日でも手にすることはできる。

しかし、裏を返すと、ピアジェの著作の邦訳は多いが、ピアジェ研究の研究者人口が少なかったともいえるし、研究の精神風土のちがいもあるが、それは、今日に続く問題でもある。

○波多野完治「ジャン・ピアジェとわたし」日本心理学諸学会間連絡会編『さいころじすと』No.8、日本文化科学社、一九八一年。
○日下正一「ジャン・ピアジェの心理学――日本におけるその受容と影響」長野県短期大学人文社会研究会編『共同研究　西洋文化とその受容』白文社、一九八二年。

四　ピアジェの死

一九八〇年九月十六日、ピアジェは、十日あまりの入院の後、卒然と世を去った。

子どもたちには、いつも笑顔で、やさしく語りかけていたピアジェは、若い頃から、パイプ・タバコを愛用し、自転車で野山を散策し、夏は、共同研究者とは少し距離を置き、山荘に籠り、原稿の執筆に集中した。日常生活では、朝は、四時に起き、手書で原稿を書き、午前中は講義や会議に出席し、午後は、どんな問題に直面していても、散歩と思考の習慣を続けていた（「ニューヨーク・タイムズ」紙）。

ピアジェが亡くなった翌日、世界各国の新聞は、彼の研究の生涯を詳しく記者署名入りで報道した。しかし、わが国では、その邦訳の多さにもかかわらず、メディアはわずかな関心しかもたなかった。今、私が入手した限りの若干のものを要約して、ピアジェを追悼したいと思う。

(1)「ジャン・ピアジェ、ジュネーヴにて八十四歳で死去」――「ニューヨーク・タイムズ」紙（アメリカ）――

（「ニューヨーク・タイムズ」紙の扱いは、他の新聞より大きく、一面で、写真入りで生涯をのべ、次面で、一面全部をその研究の紹介にあてている。）

精神分析のフロイトの研究と比較される子ども発達の研究で知られるピアジェが自身に問いかけた疑問は、明白で単純なものであった。

〝子どもは、どのようにして学習するのか〟

その答は、子どもは、発達の各段階（四段階）を通して学習する。その内容は、生物的機能と環境との相互作用によるものであることを強調した。また、ピアジェは、既成の固定的な子ども観に挑戦し、長年の研究から、次のような誤りを指摘した。たとえば、

1、子どもは、小さな大人である。

2、観念（idea）は、生得的なものである。

3、学習は、環境条件や強化によって引き起こされる。

ピアジェは、このような考え方に対し、「発生的認識論」（Genetic Epistemology）を主唱し、六十年以上の研究生活で、このことを明らかにしたのである。

人間の感情の段階的発達を研究したフロイト同様に、革命的で二十世紀の最も創造的科学者のひとりである。

一方、教育に対する貢献も大きなものがある。

教師は、案内人（guide）であって、既成の真理を強制的に教え込む人ではない。

ピアジェはいう。

教育の目的は、知識の量を増やすことではなく、子どもが発見し、発明することができる可能性を創り出すことであり、新しいことができる人間を生みだすことである。

(2)「ジャン・ピアジェ、現代児童心理学の建設者、死去」――「ワシントン・ポスト」紙（アメリカ）――

ピアジェの長年の子どもの観察による研究により、知的発達は、情緒的、身体的、社会的発達と密接に結びつ

いていることは、今日広く受けいれられている。

その研究は、臨床児童心理学および教育に影響を与えた。

彼の発達段階は、次のようである。

第一段階は、「感覚運動的段階」で、乳児は、感覚を通して、対象について学びはじめる。

次に、二歳頃に「具体的操作段階」に入り、話し始めるが「イナイ－イナイ－バー」(peek-a-boo) のような見えなくなると、もう〝そこにいない〟という「永続性」の認識はない。第三段階は、「形式的操作段階」で、十一－十五歳頃には、数、分類、関係、仮説等について操作できるようになり、成人の思考段階に達する。

彼の研究方法は、子どもにインタヴューし、行動を観察するというもので、「知識をどのように獲得するか」という認識論の研究であり、「全体性」(totalities) または、「全体構造」(structures of the whole) の把握であった。

一九五五年に、ロックフェラー財団の援助で、「国際発生的認識論研究センター」(The International Center for Genetic Epistemology) を創設し、生涯その所長をつとめた。三十冊以上の著作は、各国語に翻訳され、ハーバード、エール、ソルボンヌ、モスクワの各大学を含む三十以上の世界の大学から名誉博士号を贈られている。

(3)　「著名な心理学者ピアジェ、八十四歳で死去」――「ロサンジェルス・タイムズ」紙（アメリカ）――
ピアジェの写真入りであるが、扱いは小さく、署名入りではない。

「保育室の巨人」(Giant in the Nursery) として知られるスイスの心理学者ピアジェは、八十四歳で死去した。

彼は、人間の知能の研究においてフロイトの研究と比較された。国際連盟の「国際教育局」の局長やユネスコの最高評議会の委員をつとめた。

彼は、生物学から出発し、知的発達過程の「全体構造」に関心をもち、子どもの発達研究に入った。

彼の最も大きな貢献は、子どもの精神発達（三段階説）に関する理論である。

彼の発達理論は、西欧の教育制度の改革に影響を与えたし、また児童保護に関する法律にも影響を与えたといわれている。

(4)「哲学者ジャン・ピアジェの死」——「ル・モンド」紙（フランス）——

〃ピアジェの死〃ピアジェ教授は、九月十六日、十日余りに入院の後、ジュネーヴで八十四歳の生涯を閉じた。

「知能の哲学」

ピアジェは、二十世紀における最も偉大な心理学者であるだけでなく、全世界の最高のエスプリであった。生物学者、論理学者、社会学者であり、数学や物理学の研究や、知能のメカニズムや思考の発達の学際的研究の先頭に立っていた。その成果は二五〇と数え切れない論文となった。

ピアジェは、発達の三段階説を提唱している。それは、『子どもの知能の誕生』（一九三六）と『子どもにおける現実の構成』（一九三七）によるもので、彼の三人の子どもの詳細な観察によるものである。

更に、彼の認識論を補足するために、発生的心理学の研究にも着手した。

認識の成長は、子ども自身による環境（物的環境と人的環境）との相互作用によるものである。構成主義的認識による教育学に重要なことは、単純な伝達によって、主体が受動的に記憶を利用するような教育とは異なるものであることは明白であるとのべている。

ピアジェにとって、主体は、「同化」と「調節」によって「シェム」（認識の枠組）を構成することである。知能の構成は、認識を探索する主体と認識の現実的方法に合わない認識の対象の興味深い均衡によって説明できるのである。

（この後、偉大な研究業績として、彼の研究歴、諸外国から研究が認められたこと、著作の紹介がされている。著作全体では、二万ページを超えるものであったことが記されている。）

(5)「軟体動物から赤ん坊へ」――週刊『タイム』誌（アメリカ）――

十歳の時に、白スズメに関する論文を書き、軟体動物に関心を広め、二十二歳で生物学の博士号を取った。二十四歳で、知能の発生学に関心をもち、子どもの知能の発達の研究をはじめる。

彼は、ジュネーヴの街通りを彼の一番身近な知的問題をゆっくり考えるように父親らしい風貌でトボトボ歩いたり、パイプを吹かしながら、目を輝かせて、ブルーのベレー帽をかぶり自転車に乗って、走る控え目で物静かな性格であった。

彼は、名声とか論争とかおしゃべりには、関心がなかった。

六十年以上の研究で得た結論は、「子どもは、大人とは異なる考え方をするだけでなく、全く異なる世界観――文字通り、異なる哲学――をもっている」ということであった。

幼児は、未開社会の人間と同じような考え方をする。たとえば、「自分が歩けば、月も歩く」とか、「夢は、夜、窓を通して入ってくる」「海の波も、風になびく旗も生きている」というものである。

道徳性の概念も同様である。

しかし、ピアジェは、自らを心理学者、教育学者とは考えず、「発生的認識研究者」と考えていた。

（人間の知能の発達について、四段階説で説明している。）

彼は、学習について生得的過程を強調したが、いわゆる「氏か育ちか論争」(nature-nurture debate) では、「中間の立場」にあること――つまり、主体と環境との活発な「相互作用」にあるとのべている。

環境論の強いアメリカでは、ピアジェ理論は肩身の狭い思いをしたが、レヴィ＝ストロースやチョムスキーによって、ある種の生得的な精神構造の指摘により、体面を保つことができたのであった。

ピアジェに対する批判として、彼の研究は、子どもを、どのように教育するかについて、明解なヴィジョンがないことである。

しかし、次の二つの彼の結論が明解に答えを出している。

① 動機づけや報償は必要なものではない。子どもの心の構造が、ある種の自発的発達を導くのである。

② 教師は限られた役割を果す存在である。ピアジェにとって、子どもが真の教育者で教師ではないのである。

(6) 波多野完治「認識のための心理学を構築したジャン・ピアジェ」(『朝日ジャーナル』誌)

私(波多野)が、はじめて彼の著書に接したのは、一九二七年のことで、『児童の世界観』(一九二六年刊)の原著であった。『心理学研究』に発表したのは、一九二八年のことであった。

ピアジェの発達に関する最初の著書『児童の言語と思考』(一九二三年)における「自己中心性」概念は、大きな反響を呼び、アメリカのマッカーシーやソビエトのヴィゴツキーから批判が出された。

アメリカとソ連の双方からの攻撃によって、ピアジェの研究は、価値がないとされ、ピアジェは学界から無視され、葬り去られそうになった。

一九五二年になって、アメリカに招かれ、ピアジェ・ブームが起こり、一九六六年、モスクワで開かれた国際心理学会の招待講演をうけている。

ピアジェは、もともと生物学から出発して、認識の生物学的基底を出発点としているので、彼の心理学は、「発生的認識論」といわれる。

つまり、「生物たる人間の考えた数や論理が、どうしてそのまま外の世界に適用されてうまく適合するのだろうか」というのが、彼の認識論研究のテーマでもあった。

(7)　滝沢武久「ジャン・ピアジェの死」(『朝日新聞』)

現代世界の知的巨人ジャン・ピアジェが八十四歳で亡くなった。六十年にわたる研究で、これ程多くの著作を残したのは、ヴントとフロイトを除いて他にはない。

ピアジェは、現代の諸科学が当面している問題に実に敏感で、常に新鮮な問題意識の下、独自の理論と研究性でその問題点の究明に徹底して迫る知的精神をもっていた。

彼は単なる発達心理学者ではなく旺盛な知的好奇心で、多くの学問分野へ関心を向けた。

生物学から出発したピアジェは、人間の起源は、生物学の問題であるという見地から、認識の生物学的基礎を出発点とし、「発生的認識論」と名づけた。

ピアジェは、認識の発達を説明するために「構造」という概念を設定したが、レヴィ＝ストロースが社会を、チョムスキーが言語を要素のまとまりとしての構造によってとらえようとしたが、ピアジェは、構造主義の非歴史性・固定性を批判しつつ、構造は、最初の生物学的構造から、論理的思考構造に至るまで、単純な構造から、複雑な構造へと一連のつながりをなして移行したもので、発達があくまでも人間の活動（機能）を媒介として実現されるという点で、ピアジェの構造主義は、機能主義的であり、彼自身「構造主義」と名づけて、一般の「発生なき構造主義」と区別している。

ピアジェは、教育についても関心を持ちつづけ、ルソーの自然主義を発生的認識論の成果で裏づけしたのが「活動教育法」である。

それは、子どもを受け身的とする知識の詰め込みをしりぞけ、知的発達は、子どもの自発的・能動的活動によってのみ保障されるという活動教育の主張は、現代の教育界への大きな問題提起である。

欧米のメディアがピアジェの認識論の研究成果を強調し、教育への貢献を評価していないが、滝沢は、ピアジェの教育への努力を正当に評価している。

注

（1）The New York Times, Sep. 17,1980. "Jean Piaget Dies in Geneva at 84" by Alden Whitman.

ガードナー（Gardner, Howard）は、同紙に「ジャン・ピアジェ――ルネサンス人としての心理学者」と題して寄稿し、「ピアジェの難解な文体や人間の情緒性への関心が欠けていたとしても、彼の認知面への関心は、フロイトの人格や無意識への関心よりは、将来の心理学の流れになると思われる」とのべている。

ガードナーの「a Renaissance Man」には、従来の発達論・認識論を一変させた革命児という意味が込められている。（Gardner, Howard "Jean Piaget: the Psychologist As a Renaissance Man," The New York Times, Sep. 21, 1980）

（2）The Washington Post, Sep. 17, 1980. "Jean Piaget Dies, Was a Founder of Modern Child Psychology," by J. Y. Smith.

「ワシントンポスト」紙は、ピアジェの発達段階について、三段階説を紹介しているが、これは、「ロスアンジェルス」「ル・モンド」紙も、同様である。

ピアジェは、一九五五年のシンポジウムで「三段階説」を発表しており、三紙は、これにもとづいていると考えられるが、現在では、ピアジェは、第一段階を二つに分け、「四段階説」をとり、今日では、これが通説となっている。

（3）Los Angeles Times, Sep. 17, 1980. "Noted Psychologist Piaget Dies at 84"

（4）Le Monde Du jeudi 18 au Mercredi 24 September 1980 Edition Internationale "La Mort de Philosophe Jean Piaget" par Francois Longeot.

（5）"TIME" (Form Mollusk to Moppets) by John Leo, Sep. 29, 1980, p. 55.

（6）波多野完治「認識のための心理学を構築したジャン・ピアジェ」『朝日ジャーナル』誌、一九八〇年十月二十日、八四－八五頁。

（7）滝沢武久「ジャン・ピアジェの死」『朝日新聞』、一九八〇年九月二十九日夕刊。

○「追悼」特集学会誌
Murry, Frank Editor, Tributes To Jean Piaget, *The Genetic Epistemologist*, Vol. IX, No. 4, Dec. 1980, The Jean Piaget Society.（十七名のピアジェ研究者が追悼文を寄稿している。）

五　ジュネーヴ大学ルソー研究所附属『子どもの家』

ピアジェが最初に発表した著作『子どもにおける言語と思考』は、一九二三年のことである。ピアジェは、ここで、子ども研究史上はじめて「自己中心性」という概念を提出したのであるが、その源になるデータは、ルソー研究所附属『子どもの家』(La Maison des Petits) によるものである。

『子どもの家』は、扉写真にあるように、こじんまりとした建物である。一九一二年、ピエール・ボヴェ (Bovet, Pierre) とピアジェの恩師であるエデュアール・クラパレード (Claparede, Edouard) によって「ルソー研究所」が設立され、翌一九一三年、二十世紀に入って開花しはじめていた新教育の実践の場として、『子どもの家』(メゾン・デ・プチ) が創立され、それは、第二次大戦が終った一九四五年まで存続した。

『子どもの家』には、三歳から十歳までの子どもが在籍していた。ここでは、子ども期の観察により、子どもの能力を発見し、それを育

「子どもの家」の幼児が描いた絵

てること、子どもの内的な興味関心を育て、創造的想像力を構成（construction）すること、そのための最も良い題材は「遊び」であると考えられた。

フレーベル、デューイ、モンテッソーリ、ドクロリーに学び、子どもの「自発活動」（Activité spontanée）を尊重した。

『子どもの家』の教育観は、子どもは、実験者であり、模倣者であり、構成主義者であり、発明家であり、アーチストであり詩人である、というものである。

教師は、子どもの観察者であり、指導者であり、教材や情報の提供者であり、監督・コーチであり、ペースメーカーであり、インスピレーションを与える人であり、子どもの解放者であることを目標としていた。

『子どもの家』における子どもの行動観察の結果、次のように子どもの発達段階を措定していた。

〈子どもの自発活動の進展〉

① 第一段階（三〜五歳）

子どもは、対象に順応し、気の向くままに自由に行動する（運動のための運動）。思考（pensée）は、行為によって封印されている。

② 第二段階（五〜七歳）

機関車的な活動は、心的活動と共に動きだす（目的のための運動）。思考を引き起こす行為があらわれる。

③ 第三段階（七〜十歳）

子どもは、対象物に自ら順応するようになる（思考に合致した運動）。思考が行為に先行するようになる。

『子どもの家』のこのような実践的発達段階論の形成についてはピアジェ自らも貢献し、また自らの理論形成に大いに役立ったことは確かなことであろう。

一九五六年に刊行された『子どもの家』には、歴史・思想・実践記録が中心に記述されており、他の研究者のことは書かれていないが、二十世紀の新教育運動の足跡が記された貴重なものである。

参考文献

M. Andemars et L. Lafendel, *La Maison des Petits de l'Institut J. J. Rousseau*, Delachaux et Niestie, 1956, pp. 42-43. 発達段階図。
なお、滝沢武久『ピアジェ理論の展開』（国土社、一九九二年）に、『子どもの家』の詳しい紹介がなされている。

附論　子どもを理解する
——私の教育論——

教師像・保育者像について

(1) 教師は、全部の子どもに好かれることができるか

学校の教師、幼稚園の教師、保育所の保育士は、子ども好きだから先生をやっているのだと言われる。また子ども好きである方がよいし、子ども好きであるべきだとも言う。たしかに、子どもが好きであることは、たいせつな事であるし、必要なことかもしれない。

しかし、教師というものは、子ども好きでなくては務まらない職業なのかどうか。

できるだけ多くの子どもに好かれることは、よい事にはちがいない。しかし、全部の子どもに好かれることができるのだろうか。

教育という仕事は、人間（教師）と人間（子ども）の間に存在する。子どもの中には、教師と非常に気の合う子、言うことをよく聴いてくれる子、クラスのリーダー格の子もいる。しかし、反対にどうしても、教師とうまの合わない子、いつも反抗する子、動作の遅い子も必ずいる。集団の中で、いつも教師の思う通りいかない子、この子さえいなければ、全体がうまくいくのにと思いたくなるような子も、必ずといってよいくらいいる。そういう子をどこまで、好きになり、理解できるか。

(2) きらいな子へ立ちむかう勇気

はっきりいって、教師もまた人間である以上、自分と合わないタイプの子に必ずでくわす。うまの合わない子、全体を乱すような子、問題は、この子をどうするかである。そういう子がひとりぐらいならば、放っておくか、叱るかしてしまえばよいと考えるかもしれない。しかし、これでは、問題はいつまでたってもそのままで解決しない。

教師の仕事は放っておいたり、自分の思う鋳型に子どもをはめこむことではない。こういう子をさけることなく立ちむかうことである。これは、相手が幼児でもかなり勇気のいる仕事である。しかし、自分とはちがうこういう子に眼を向け、その子に合った一番よい方法を見つけだすこと、この勇気が教師には必要なのではないだろうか。

(3) 専門職としての教師

学校の教師は専門職だと言われ、保育者も専門職でなければならないと言われるようになった。専門職とは、一口でいえば、プロのことである。その仕事を職業として、それで生活をしている人のことである。職業であり、専門家である以上、それに必要な能力・経験がいるわけであり、それには責任が伴うものである。

しかしこれだけでは足りない。必要なのは、職業＝仕事への情熱である。そしていま一つは専門家である以上、「ほかの人では、代わることができない」ということである。明日から、隣の八百屋のオバさんに教師になってもらうわけにはいかないからである。

また、ある組の受け持ちの先生の代わりに、すぐ別の先生がピンチヒッターでできるものではない。「このクラスは、この先生でなければだめだ」というようでなければ、真の教育はできないと思う。それは、いわゆる「学級王国」とは異なるものである。つまり、他の先生でも代わりえないということは、それが、だれにも代わってもらえないプロとしての教師が必要だということである。そして、その教師のなすべき仕事は、子どもをどこまで把握しているかにかかっている。「子どもの理解なくして教育は存在しない。」

教師がプロ意識に徹しているかどうかは、教育への情熱＝生きがい、子どもをどこまで理解しているか、理解しようとしているかにかかっている。それがなければ、子どもは死んでしまう。プロ意識のない教師の前では、子どもは死に、教師もまた死ぬのである。

⑷　心の豊かな、そして感覚の鋭敏な教師に

子どもは、めずらしいものを見た時、変わったものを見た時は、驚きと感動の表情を示す。

特にそれが生まれてはじめて経験したものであればなおさらである。絵本を見て、生きている虫を見て、花を見て感動する。その感動は、大人の感動とちがい、ふるえるような、からだ全体がしびれるような感動だ。よく子どもは「頭の先から、足の爪先まで感動する」というのは、このことをさしているのだと思う。

このような感動を教師は鋭敏に感じとってやらねばならない。

子どもは、大人に比較して話すことば数は少ない。まして感動したときの驚きや歓びは言葉にならない。それをキャッチできる教師。大人になんでもないことが、子どもにとって、びっくりするようなことはいっぱいある。それがたった一回の感動でも大切なのだ。一回であるからこそ貴重なのだ。そのために豊かな心、広い心をもつこと――これなくして教育・保育はまた存在しない。

⑸　教育にハプニングはつきものだ

プロとしての教師が教育に情熱をかける姿は、人間的で美しい。自分と合わない子に立ちむかっている姿は美しいものである。

しかし、子どもはみな同じ存在ではない。みな異なる顔をもつのに似て、異なる心をもつ。教師が、どの子にも同じ顔で対し、全部の子に画一的な指導をするとき、子どもはみな同じに見えてしまう。一人ひとりが個性ある子として見えない。

日案どおりに、型通りの教育をして、それで充分だ、今日の仕事は終ったと思っているうちは、教育にハプニングはおこらない。しかし、一人ひとりの子どもに眼をむけた教育をするとき、必ずといってよいくらい日案通りにいかないものである。教師の意図したこととは反対の方向に進むのである。こういう意味で、ハプニング＝突発事件はつきものである。

型通りの教育ではなく、一人ひとりの子どもを深く見つめた教育をすればするほど、日案を深くねりあげた上で教育をする時ほど、ハプニングが起こるのである。

ハプニングは起こさせるものではなく、ハプニングが起こったかどうか気がつくこと、そして、ハプニングのために日案通りにいかないことを認める勇気、これこそ「子どものための教育」ではないだろうか。

ハプニングは、教師にとってかけがえのないもののひとつである。それは、教師が、子どもに個性があり、しかもそれぞれにに異なることを認めているからである。

その意味で「子どもは彼ら自身の世界をもち、教師は、子どもを自分の思う方向にひっぱっていくことができない」のである。

自分の思う通りにできないことを知ることこそ、教育的である。

ハプニングのある教育は、見た眼には、あまりスマートではない。教育の過程がギクシャクしているからである。しかし、そこには他人にはわからない、子どもとの交流があるのである。

反対に、ハプニングのない教育は、スマートでこぎれいである。しかし型にはまったお行儀よい子ばかりの教育の中では、子どもは死んでいるのである。

(6)　参観者のためにバタバタするな

学校・幼稚園・保育所には、よく参観者がやってくる。親の参観もある。こういうときのために掃除をすることもよいであろう。しかし大切なのは「教育の内容」である。特別にきれいに着飾る必要もない。ありのままの、いつもと変わらぬ教育を観てもらうことである。

こういう時をねらって、「私は、いつも一所懸命やっていますよ」といわんばかりに部屋を飾り、演技する教師がいる。

しかしそれは、あまりにも、さもしいというものである。こういう教師には、プロ意識のひとかけらもないようである。参観に飾りや演技はいらない。教育は、芝居＝演技ではないからだ。

こういう時、どこまで裸の自分をさらけ出すことができるか。いつもの自分でいることができるか。これができる教師は、たとえ教育の内容は未熟でも、すばらしいと思う。

第一に、子どもの眼を見るがいい。お客さんが、来ても来なくても、子どもには全然関係ないのだ。子どもには、今日一日の楽しい生活があるだけである。それ以外に何もないのだ。それを、お客のために、お祭りさわぎすることは、「罪悪」である。

お客を恐れる必要は全然ない。主人は子どもたちなのである。お客のために主人が小さくなる必要は全然ない。

教育には、一年中休みもないし、お祭りもない。あるのは、子どもの成長をねがって、デコボコの田舎道を進むことだけなのである。

ありのままを観てもらう勇気、裸の自己をさらけだす勇気が、こういう時には、常にもまして必要である。

(7) うしろ姿の教育

外見上きれいな教室で、見た目にはスマートな教育は、一般に父母、特に母親には評判がよいようである。しかし、教師はこんなうすっぺらな教育で点をかせぐ必要はない。ほんとうの教育は、教師の自然の姿の中から生まれる。片意地をはらない、平凡な教育の中から生まれる。

しかし、いつもと変わらぬ教育は、一時間や二時間の参観では、その中味がなかなかわかってもらいにくい。しかし、いつもと変わらぬ教育の中でなら、子どもは生き生きとしてくる。こういう教育の中には、必ず教師と子どもの間に、眼に見えないが、暖かい心の交流があるものである。眼には見えない糸が両者を結んでいるのである。ここには、誰も入り込めないようなものがある。親さえも入れない教師と子どもだけの世界がある。

こういう雰囲気は、観る人に一瞬、羨ましさを感じさせる。「ここのクラスは、うまくいっているなあ」と。観る人に羨ましさを感じさせる教育、それは嫉妬心にも似たものである。他人に嫉妬心をおこさせるような教育、それは、他の人では代わることのできないところに成立するのである。

(8) 「魂の技師」としての教師

医者は、人の病気を治す専門的技術をもつ。しかるに教師・保育者は、人の心をみがきあげる魂の技師である。しかし、この仕事は、眼に見えないし、効果もなかなかあがらない。教育には、薬をのんでよくなるというような「特効薬」はないのである。まして、機械で、人間を育てるということはとうていできない。

教育という仕事は、本当に地味な仕事である。効果があがっても。なかなかわからない。

しかし、子どもを少しでも深く見つめようとする教師には、それがわかるのである。子どもの成長が観えるのである。これは、必ずしも経験年数の問題ではないようである。経験年数の問題であれば、教師は年とともに、自然に「魂の技師」として、ベテランになっていくはずである。

何年たっても、子どもを理解しようとする姿勢をもたない教師には、子どもはわからないし、見ようとしなければ、何も見えないのである。

そして、魂の技師としての教師、専門家としての教師であるがゆえにしなくてはならないことと、してはならないことがある。

教師が専門家として、しなくてはならないこと、それは、何より子どもの成長を願い、子どもの成長に関しては専門家であることだと思う。一人ひとりの子どもは、自分とはちがうのだという自覚、一人ひとりの子どもたちは、やがて、一人前になったとき、彼ら自身の生き方、考え方のもとに、彼らの人生を歩むのだという遠い将来への見通し、そのために、何よりも「その子なりの個性のある生き方ができる子」に成長するための「日々の教育」にかけることであろうと思う。あたりまえで、そして平凡なことであるが、このことをぬきにして他にないのである。

すぐできる子、ゆっくりした子、明るい子、ハキハキしない子、いろいろな子どもがいる。

しかし、どの子も「自らの人生をもつ」のだ。

過日、保育所で、「お宅の子どもは、字が読めない」と言われたことを悲観して、心中した母子があった。なんと悲しいことがこの世にあるのかと思う。

「なにも、そんなことぐらいで死ぬことはないのに」と、この母親を笑うことはたやすい。しかし、それでこの母親の心の中をどれだけ理解できたというのか。

どれだけ、教育的意味をこめて言ったにしろ、この言葉を吐いた保育者＝教師は、失格ではないだろうか。教師として失格というより、人間として失格ではないのか。

魂の技師としての保育者＝教師が、口が裂けても言ってはならぬこと、してはならぬこと、こういうことであろうと思う。

できない子をできるようにしてやることが、専門家としての教師の仕事である。

腐った魚を売って人を殺した魚屋は、店を閉めるのである。マゲを落として詫びるのである。口が裂けても言ってはならぬことを口にしたら、マゲを落とす＝責任をとる覚悟がなくては、教育の仕事は専門職とはなり得ないし、社会からの信頼も得られないと思う。これ程、教育という仕事はしんどい仕事である。

(9) 現実の社会と歴史への関心を

教師が、豊かな心をもって、魂の技師として、教育に専念する時、いま一つ必要な仕事は、現実の社会への関心をもつことである。日本という社会、二一世紀という時代について関心をもち、理解することが大切である。社会・政治・経済への関心は、何もむつかしい論議をすることではない。今のような不安定な社会にどうしてなったのか、なぜ、こんなにも多くも戦争があり、自殺があり、死があるのか。子どもの食べる菓子、オモチャ、絵本、テレビやマンガ、ゲーム機器や携帯電話やパソコンの問題等々……。

歴史や現実の社会への関心は、教師が人間として成長するために必要なものである。

(10) 教育への不安と希望と

勤めはじめるとすぐ、教師は、子どもや親から「先生」「先生」と呼ばれる。とても一人前になっていないのに、ベテランの人と同じよう、クラスを受けもち、「先生」と呼ばれる。

しかし、子どもたちから無心な気持で、「先生」と呼ばれる時、それが、ストンと腹の中に落ちてしまうのでなく、「先生」と呼ばれることに、何かためらいを感じるものである。「とても、私は、まだ先生なんて呼ばれるガラじゃない」と。この気持ちを大切にしたいと思うのである。

教師の世界、特に保育の世界は、女性が圧倒的に多い。いってみれば、「女だけの世界」である。このごろのようにやめる人の多い園では、五年もたつとベテランの部に入ってしまうこともある。十年もたてば、主任クラスになってしまうこともある。中には、この「主任」を得たことで安住し、新任に世話をやきすぎて、小姑のようになってしまう人もある。

こういう人に限って、「私の眼にくもりはない」と自信たっぷりである。こういう人は常に自分の狭い心の中の小さな窓から外をちょっとのぞくだけで、そこから出ようとしない。その方が、「安定」しているからだ。楽であるからだ。

しかし、「先生」と呼ばれることへ反撥心をもつこと、常に新しいものを求め、自己の心の窓を拡げようとする教師・保育者は、自己の世界に安住しきれない。

安定した世界からとびだすことは不安をともなう。しかし、「安定した世界」から「不安定の世界」へ入ること、そこにこそ、進歩があると思う。そして、不安定の世界も、やがて自己のものとなった時、次の不安定の世界への航海がはじまる。「不安定から不安定へ」――この苦しい生き方の中にこそ、教育に生命を賭ける教師としての成長、人間としての成長がある。

こういう教師は、「私の眼にくもりはない」とは言わない。くもりはないどころか、常に、不安定の世界に生きる。この「不安定」こそ、進歩へのバネである。教育する上で、教師の進歩＝人間的成長なくして、子どもの成長なんてものはありえない。いくらよいものを子どもに見せても、その感動を教師がわからなくてはだめなように、常に前進する教師なくして、教育も存在しないし、子どもの成長もない。教師が、人間として成長せず、子どもの人間としての成長のみを願うという虫のよいことは成り立たない。不安定な世界こそ、成長の源泉である。

附論について、私は上田薫やその他の著作から多くを学んだ。

○有島武郎『一房の葡萄』岩波文庫、一九八三年。

○上田薫『人が人に教えるとは──二一世紀はあなたに変革を求める』医学書院、一九九五年。
○上田薫『個を育てる力』明治図書出版、一九七二年。
○上田薫『絶対からの自由──教育の根本問題』黎明書房、一九七九年。
○加太こうじ『下町教師伝』教師の友社、一九六六年。
○神谷美恵子『こころの旅』みすず書房、一九八三年。
○国分一太郎『教師』岩波新書、一九五六年。
○国分一太郎『君ひとの子の師であれば』(新版)新評論、一九八三年。
○国分一太郎「北に向いし枝なりき」『教師の友』誌、教師の友社、一九六〇—六一年(連載)。
○斉藤喜博『未来につながる学力』麦書房、一九五八年。
○篠島中学みおの会『うず潮の学校──島の教師の記録』風媒社、一九六五年。
○壷井栄『二十四の瞳』角川文庫、二〇一一年。
○林竹二『授業─人間』国土社、一九七八年。
○松田道雄『自由を子どもに』岩波新書、一九七三年。
○無着成恭編『山びこ学校』青銅社、一九五一年(岩波文庫、一九九五年)。

ピアジェ理論に関する文献・資料

「ピアジェ学会」におけるブルーナー（左）
（アメリカ，フィラデルフィアにて　著者撮影）

ピアジェ理論に関する文献は、ピアジェ自身の著作になるもの。ピアジェ理論の研究書、翻訳書、わが国の研究者によるもの等を含めると相当な数にのぼる。さらに毎年、新しい研究書が刊行されており、それに、外国の専門書（ジャーナル）に発表された論文を加えるとその数は尨大なものになる。

ここでは、主に、著作として刊行されたものに限定したが、それもすべてではない。（一部、重複して掲載した。）

ピアジェ理論に関する文献集は、主には、E項目に掲げた次のピアジェ・アーカイヴス財団のものが最良だと考えられる。

Fondation Archives Jean Piaget ed., *Bibliographie Jean Piaget*, 1989.

これは、一九八九年刊行で、ピアジェの写真が入り、ハードカバーの立派な装丁本であるが、数年後に数ページの補遺が発行されただけで、以後の文献を入れたものは刊行されていない。

以下に、文献関係を四項目に分け、資料集、視覚資料、学会を追加した。

A　ピアジェ理論に関する著作(I)

A－1　ピアジェによる著作

A－2　ピアジェの発達理論に関する論文・講演集

B　ピアジェ理論に関する著作(II)

B－1　邦訳されているもの（原著名は省略）

B－2　わが国の研究者によるもの

B―3　ピアジェ理論の研究書（一九七〇年代―二〇〇〇年代　英文）

C　ピアジェの教育論・カリキュラム論に関するもの

C―1　ピアジェによる教育論

C―2　ピアジェ教育論の研究書（邦訳書およびわが国の研究者によるもの）

C―3　ピアジェ教育論の研究書（英文）

D　ピアジェとの対話および伝記

D―1　ピアジェとの対話

D―2　ピアジェの自伝および伝記

E　ピアジェ理論に関する文献・資料集

E―1　ピアジェ理論に関する文献・資料集

E―2　ピアジェ理論に関する視覚資料集

F　ピアジェ理論に関する学会・研究会

A　ピアジェ理論に関する著作(Ⅰ)

A―1　ピアジェによる著作（主なもの）

① 『臨床児童心理学Ⅰ　児童の自己中心性』（大伴茂訳）、同文書院、一九五四年。
Le langage et la pensée chez l'enfant. Delachaux et Niestlé, 1923.

② 『判断と推理の発達心理学』（滝沢武久・岸田秀訳）、国土社、一九六九年。
Le jugement et le raisonnement chez l'enfant. Delachaux et Niestlé, 1924.

③ 『臨床児童心理学Ⅱ　児童の世界観』（大伴茂訳）、同文書院、一九五五年。
La représentation du monde chez l'enfant. F. Alcan, 1926.

④ 『子どもの因果関係の認識』（岸田秀訳）、明治図書、一九七一年。
La causalité physique chez l'enfant. F. Alcan, 1927.

⑤ 『臨床児童心理学Ⅲ　児童道徳判断の発達』（大伴茂訳）、同文書院、一九七七年。
『子供の道徳観』（霜田静志・竹田浩一郎訳編）、東宛書房、一九三六年。
Le jugement moral chez l'enfant. F. Alcan, 1932.

⑥ 『知能の誕生』（谷村覚・浜田寿美男訳）、ミネルヴァ書房、一九七八年。

La naissance de l'intelligence chez l'enfant. Delachaux et Niestlé, 1936.

⑦ 児童における実在の構成（未邦訳）

La Construction du réel chez l'enfant. Delachaux et Niestlé, 1937.

⑧『数の発達心理学』シェミンスカとの共著。（遠山啓・銀林浩・滝沢武久訳）、国土社、一九六二年。

(Avec A. Szeminska) *La genèse du nombre chez l'enfant*. Delachaux et Niestlé, 1941.

⑨『量の発達心理学』イネルデとの共著。（滝沢武久・銀林浩訳）、国土社、一九六五年。

(Avec B. Inhelder) *Le développement des quantités physiques chez l'enfant : Conservation et atomisme*. Delachaux et Niestlé, 1941.

⑩『模倣の心理学』一九六八年、『遊びの心理学』一九六七年、『表象の心理学』一九六九年、（大伴茂訳）、黎明書房。

La formation du symbole chez l'enfant. Delachaux et Niestlé, 1945.

⑪ 児童における時間概念の発達（未邦訳）

Le développement de la notion de temps chez l'enfant. P. U. F., 1946.

⑫ 児童における運動概念と速度概念（未邦訳）

Les notions de mouvement et de vitesse chez l'enfant. P. U. F., 1946.

⑬『知能の心理学』（波多野完治・滝沢武久訳）、みすず書房、一九六七年。

La psychologie de l' intelligence. A. Colin, 1947.

⑭ 児童における空間表象　イネルデとの共著。（未邦訳）

(Avec B. Inhelder) *La représentation de l'espace chez l'enfant*. P. U. F., 1948.

⑮ 論理学概念論：操作的論理学論集（未邦訳）

Traite de logique : Essai de logistique opératoire. A. Colin, 1949.

⑯ 第一巻　数学思想　tome I : La pensée mathématique.

第二巻　物理的思想　tome II : La pensée physique.

第三巻　生物学思想、心理学思想、および社会学思想　tome III : La pensée biologique, la pensée psychologique et la pensée sociologique.

『発生的認識論序説』（田辺振太郎他訳）、三省堂、一九七五・一九七六・一九八〇年（順次）。

Introduction à l'épistémologie génétique. P. U. F., 1950.

⑰ 児童における偶然の発生　イネルデとの共著。（未邦訳）

(Avec B. Inhelder) *La genèse de l'idée de hasard chez l'enfant*. P. U. F., 1951.

⑱ 『現代心理学の系譜』第二巻所収　自叙伝（『自叙伝形式の心理学史』所収）、岩崎学術出版社、一九七五年。

Autobiographie. In: *A history of psychology in autobiography*. Clark University Press. 1952, IV, pp. 237–256.

⑲ フランス語による講演の復元・編集にもとづく英訳『論理学と心理学』（芳賀純訳）、評論社、一九六六年。

Logic and psychology. Manchester University Press, 1953.

⑳ 児童の論理から成人の論理へ　イネルデとの共著。（未邦訳）

(Avec B. Inhelder) *De la logique de l'enfant a la logique l'adolescent*. P. U. F., 1955.

㉑ 基本的論理構造の発生：分類と系列化　イネルデとの共著。（未邦訳）

(Avec B. Inhelder) *La genèse des structures logiques élémentaires : Classifications et sériations*. Delachaux et Niestlé, 1959.

㉒ 知覚の構造：確率論理的モデル・発生的分析・知能との関係（未邦訳）

Les mécanismes perceptifs : Modèles probabilistes, analyse génétique, relations avec l'intelligence. P. U. F., 1961.

㉓『思考の心理学――発達心理学の6研究』（滝沢武久訳）、みすず書房、一九六八年。
Six études de psychologie. Denoël/Gonthier, 1964.
㉔『哲学の知恵と幻想』（岸田秀・滝沢武久訳）、みすず書房、一九七一年。
Sagesse et illusion de la philosophie. P. U. F., 1965.
㉕『新しい児童心理学』イネルデとの共著。（波多野完治・須賀哲夫・周郷博訳）、白水社、一九六九年。
(Avec B. Inhelder) *La psychologie de l'enfant*. Collection « Que sais-je ? », P. U. F., 1966.
㉖児童における心的表象：形象的表象の発達に関する研究　イネルデとの共著。（未邦訳）
(Avec B. Inhelder) *L'Image mentale chez l'enfant : Étude sur le développement des représentations imagées*. P. U. F., 1966.
㉗生物学と認識（未邦訳）
Biologie et Connaissance. Gallimard, 1967.
㉘『構造主義』（滝沢武久・佐々木明訳）、白水社、一九七〇年。
Le structuralisme. Coll. « Que sais-je ? », P. U. F., 1968.
㉙『記憶と知能』イネルデとの共著。（滝沢武久・岸田秀訳）、国土社、一九七二年。
(Avec B. Inhelder) *Mémoire et Intelligence*. P. U. F., 1968.
㉚『発生的認識論』（滝沢武久訳）、白水社、一九七二年。
L'Épistemologie génétique. Coll. « Que sais-je ? », P. U. F., 1970.
㉛『発生的認識論――科学的知識の発達心理学』（芳賀純訳）、評論社、一九七二年。
Genetic epistemology. Transl. by Eleanor Duckworth, NY: Columbia Univ. Press 1970.
㉜『心理学と認識論』（滝沢武久訳）、誠信書房、一九七七年。

Psychologie et Épistémologie. Denoël/Gontier, 1970.

㉝『創造的知能の開発――ピアジェ・インヘルダー訪日講演集』イネルデと共著。（滝沢武久訳）、誠文堂新光社、一九七二年（一九七〇年六月二五日および二七日のピアジェ・イネルデ訪日講演集）。

㉞『発生的心理学――子どもの発達の条件』（芳賀純訳）、誠信書房、一九七五年。

Problèmes de psychologie génétique. Denoël/Gontier, 1972.

㉟『ピアジェとの対話』（宇津木保訳）、誠信書房、一九七五年。

Jean Piaget: The man and his ideas. Transl. by E. Duckworth, NY: E. P. Dutton, 1973.

㊱『矛盾の研究――子どもにおける矛盾の意識化と克服』（芳賀純他訳）、三和書房、一九八六年。

Recherches sur la Contradiction. P. U. F., 1974.

㊲『行動と進化――進化の動因としての行動』（芳賀純訳）、紀伊国屋書店、一九八七年。

Le Comportement, moteur de l'evolution. Gallimard, 1976.

㊳『精神発生と科学史――知の形成と科学史の比較研究』R・ガルシアとの共著。（藤野邦夫他訳）、新評論、一九九六年。

(Avec R. Garcia) *Psychogenèse et histoire des sciences*. Paris: Flammarion, 1983.

㊴『意味の論理――意味の論理学の構築について』R・ガルシアとの共著。（芳賀純他訳）、サンワコーポレーション、一九九八年。

(Avec R. Garcia) *Vers Une Logique des Significations*. Genève: Murionde, 1987.

A―2　ピアジェの発達理論に関する論文・講演集

ピアジェの論文を単独あるいはまとめて邦訳し、単行本として刊行されたもの。

①『思考の誕生』（滝沢武久訳）、朝日出版社、一九八〇年。
②『発達の条件と学習』（芳賀純訳）、誠信書房、一九七九年。
③「心理学と哲学」（岸田秀訳）、『現代思想』誌所収、第六巻第四号、青土社、一九七八年。
④『心理学とマルクス主義』P・リクール他共著（宇波彰訳）、福村出版、一九七四年。
⑤『諸科学と心理学』（芳賀純訳）、評論社、一九七〇年。
⑥『論理学と心理学』（芳賀純訳）、評論社、一九七二年。
⑦『発生的認識論――科学的知識の発達心理学』（芳賀純訳）、評論社、一九七二年。
⑧『ピアジェとブルーナー――発達と学習の心理学』（三嶋唯義訳）、誠文堂新光社、一九七五年（内容は、一九七〇年来日したピアジェとイネルデの読売テレビでの対話をまとめたもの。ブルーナーは、一九七二年、来日の折の講演）。
⑨『現代科学論』（芳賀純他訳）、福村出版、一九八一年。
⑩『現代心理学』（波多野完治他訳）、福村出版、一九八一年。
⑪『人間科学序説』（波多野完治訳）、岩波書店、一九七六年。
⑫『遊びと発達の心理学』E・エリクソンと共著（森楙他訳）、黎明書房、一九八七年。
⑬ Constantin Xypas, ed., *Piaget et L'Éducation*, P. U. F., 1997.

B　ピアジェ理論に関する著作(II)

B―1　邦訳されているもの（原著名は省略）

①　M・A・ボーデン『ピアジェ』（波多野完治訳）、岩波書店、一九八〇年。
②　H・ガードナー『ピアジェとレヴィ＝ストロース――社会科学と精神の探求』（波多野完治他訳）、誠信書房、一九七五年。
③　J・フレイヴル『ピアジェ心理学入門』上・下（岸本弘他訳）、明治図書、一九六九年。
④　I・シーゲル他『認知の発達』（子安増生訳）、サイエンス社、一九八二年。
⑤　H・メイヤ『児童心理学の三つの理論――エリクソン、ピアジェ、シアーズ』（大西誠一郎監訳）、黎明書房、一九七六年。
⑥　M・サイム『子どもの目から見た世界――ピアジェの認識理論の実際』（星三和子訳）、誠信書房、一九八二年。
⑦　M・サイム『乳幼児の考える世界――目で見るピアジェ理論』（星三和子訳）、誠信書房、一九八三年。
⑧　H・ファース『ピアジェ理論と子ども世界』（加藤泰彦訳）、北大路書房、一九八八年。
⑨　H・ファース『ピアジェの認識理論』（植田郁郎訳）、明治図書、一九七二年。

⑩ H・ファース『教師のためのピアジェ入門』（植田郁郎訳）、明治図書、一九七三年。
⑪ R・ケイス『ピアジェを超えて』（吉田甫訳）、サイエンス社、一九八四年。
⑫ K・イーガン『教育に心理学は役立つか――ピアジェ・プラトンと科学的心理学』（塩見邦雄訳）、勁草書房、一九八八年。
⑬ S・ケアリー『子どもは小さな科学者か――J・ピアジェ理論の再考』（小島康次他訳）、ミネルヴァ書房、一九九四年。
⑭ L・コールバーグ『道徳性の形成――認知発達的アプローチ』（永野重史監訳）、新曜社、一九八七年。
⑮ G・セルリエ『ピアジェ――人と思想』（滝沢武久訳）、白水社、一九七五年。
⑯ H・サンクレール『ことばの獲得と思考の発達――ピアジェ心理学と言語下位系の獲得』（山内光哉訳）、ミネルヴァ書房、一九九六年。
⑰ H・ワロンと共著『ピアジェ×ワロン論争――発達するとはどういうことか』（加藤義信・日下正一他編訳）、ミネルヴァ書房、一九九六年。
⑱ R・エヴァンス『現代心理学入門』（犬田充訳）、講談社学術文庫、一九八三年。
⑲ H・ファース『欲望としての知識――フロイトとピアジェについての論考』（氏家洋子他訳）、誠信書房、二〇〇三年。
⑳ J・ライマー他『道徳性を発達させる授業のコツ――ピアジェとコールバーグの到達点』（荒木紀幸監訳）、北大路書房、二〇〇四年。
㉑ M・プライス『ピアジェ理論の理解のために』（和久峻訳）、同文書院、一九八〇年。
㉒ コープランド『ピアジェを算数指導にどう生かすか』（佐藤俊太郎訳）、明治図書、一九七六年。
㉓ P・リッチモンド『ピアジェ入門』（生田雅子訳）、家政教育社、一九七二年。

㉔ E・ヒッチフィールド『幼児・児童教育のためのピアジェ入門』(山内光哉訳)、川島書店、一九七〇年。
㉕ G・マシューズ『哲学と子ども――子どもとの対話から』(倉光修他訳)、新曜社、一九九七年。
㉖ R・ゲルマン『数の発達心理学』(小林芳郎他訳)、田研出版、一九八九年。
㉗ H・ファース『ピアジェ理論と子どもの世界』(北川歳昭他訳)、北大路書房、一九八八年。
㉘ H・ファース『言語なき思考――聾の心理学的内含』(染山教潤他訳)、誠信書房、一九八二年。

B―2　わが国の研究者によるもの

① 大伴茂『ピアジェ幼児心理学入門』同文書院、一九六〇年。
② 波多野完治編『ピアジェの発達心理学』国土社、一九六五年。
③ 波多野完治編『ピアジェの認識心理学』国土社、一九六五年。
④ 波多野完治『ピアジェの児童心理学』国土社、一九六六年。
⑤ 波多野完治・滝沢武久『子どものものの考え方』岩波新書、一九六三年。
⑥ 波多野完治『子どもの認識と感情』岩波新書、一九七五年。
⑦ 波多野完治『ピアジェ入門』国土社、一九八六年。
⑧ 滝沢武久『ワロン・ピアジェの発達理論』明治図書、一九七五年。
⑨ 滝沢武久『ピアジェ理論の展開』国土社、一九九二年。
⑩ 滝沢武久『ピアジェ理論からみた思考の発達と心の教育』幼年教育出版、二〇一一年。
⑪ 鈴木治『思考の発達と学習』学芸図書、一九六五年。
⑫ 渋谷憲一・井上尚美『ピアジェによる論理的思考の構造』明治図書、一九六七年。

⑬高取憲一郎『ヴィゴツキー・ピアジェと活動理論の展開』法政出版、一九九四年。
⑭高取憲一郎『ピアジェ心理学の世界』法政出版、一九九五年。
⑮浜田寿美男『ピアジェとワロン——個的発想と類似的発想』ミネルヴァ書房、一九九四年。
⑯小島康次『認知発達の理論と展望——ピアジェ理論へのあらたな視点』青弓社、一九八七年。
⑰佐野安仁・吉田謙二編『コールバーグ理論の基底』世界思想社、一九九三年。
⑱波多野完治監修「ピアジェ双書」（全六巻）国土社、一九八二年〜一九八三年。
第一巻『ピアジェの発生的心理学』
第二巻『ピアジェ派心理学の発展Ⅰ』
第三巻『ピアジェ理論と教育』
第四巻『ピアジェの発生的認識論』
第五巻『ピアジェ派心理学の発展Ⅱ』
第六巻『ピアジェ理論と自我心理学』
⑲滝沢武久・山内光哉他『ピアジェ——知能の心理学』有斐閣新書、一九八〇年。
⑳日下正一『ピアジェの均衡化概念の形成と発展』風間書房、一九九六年。
㉑市川功『認識と情意——ピアジェ思想の観点・制度・背景』北樹出版、一九九九年。
㉒市川功『ピアジェ発生論の思想と基盤』北樹出版、一九九五年。
㉓市川功『ピアジェ思想入門』晃洋書房、二〇〇二年。
㉔波多野完治『児童心理学』同文館、一九三一年（後、④に収録）。
㉕波多野完治『心理学と教育』作品社、一九三九年。
㉖波多野完治『心理学と教育』牧書店、一九五六年（㉕と㉖の内容は異なる）。

B－3　ピアジェ理論の研究書（一九七〇年代－二〇〇〇年代　英文）

1、一九七〇年代

① Siegler, R. *Children's Thinking: What Develops?* LEA, 1978.

② Inhelder, B. et al., *Learning and the Development of Cognition*. Harvard Univ. Press, 1979.

③ Brown, G. et al., *Piaget's Theory: A Psychological Critique*. RKP, 1979.

④ Inhelder, B. et al., *Piaget and His School*. Springer-Verlag, 1976.

⑤ Lubin, G. et al., *Piagetian Theory and The Helping Profession*. Annual Conference Series Univ. of Southern California, 1971–1978.

⑥ Murry, F. ed., *Critical Featurees of Piaget's Theory of the Development of Thought*. MSS Information Corporation, 1974.

⑦ Klausmeier, H. and Associates, *Cognitive Learning and Development: Information-Processing and Piabetian Perspectives*. Balling Publishing Co., 1979.

⑧ Hersh, R. et al., *Promoting Moral Growth: From Piaget to Kehlberg*. Longman, 1979.

⑨ Murry, F. et al., *The Impact of Piagetian Theory: On Education, Philosophy, Psychiatry and Psychology*. University Park Press, 1979.

⑩ Keats, J. et al., *Cognitive Development: Research Based on a Neo-Piagetion Approach*. John Wiley & Sons, 1978.

⑪ Siegel, L. et al., *Alternatives To Piaget: Critical Essays on the Theory*. Academic Press, 1978.

⑫ Kuhn,O. *Stage Theories of Cognitive and Moral Development: Criticisms and Applications*. Harvard Educational

Review, 1978.
⑬ Dasen, P. *Piagetian Psychology: Cross-Cultural Contributions*. Gardner Press, 1977.
⑭ Geber, B. ed., *Piaget and Knowledge: Studies in Genetic Epistemology*. R K P, 1977.
⑮ Rotman, B. *Jean Piaget: Psychologist of the Real*. Cornell Univ. Press, 1977.
⑯ Forman, G. et al., *The Child's Construction of Knowledge: Piaget for Teaching Children*. Brooks / Cole Publishing Co., 1977.
⑰ Young, R. *Seriation by Children: An Artificial Intelligence Analysis of a Piagetian Task*. Birkhauser Verlag, 1976.
⑱ Campbell, S. ed., *Piaget Sampler*. John Wiley, 1976.
⑲ Duska, R. et al., *Moral Development: A Guide to Piaget and Kohlberg*. Paulist Press, 1975.
⑳ Hardeman, M. ed., *Children's Ways of Knowing: Nathan Issues on Education, Psychology and Piaget*. Teachers College Press, 1974.
㉑ Modgil, S. *Piagetian Research: A Handbook of Recent Studies*, N F E R Publishing Co., 1974.
㉒ Decarie, T. et al., *Intelligence and Affectivity in Early Childhood: An Experimental Study of Jean Piaget's Object Concept and Object Relations*. International Universities Press Inc., 1974.
㉓ Schwebel, M. et al., *Piaget in the Classroom*. R K P, 1973.
㉔ Furth, H. et al., *Thinking goes to School: Piaget's Theory in Practice*. Oxford Univ. Press, 1972.
㉕ Droz, R. et al., *Understanding Piaget*. International Universities Press, 1972.
㉖ Inhelder, B. et al., *Discussions on Child Development.* In one volume, Tavistock Publications, 1971.
㉗ Lavatelli, C. *Piaget's Theory Applied to an Early Childhood Curriculum*. Delta Education Inc., 1970.
㉘ Elkind, D. et al., *Studies in Cognitive Development: Essays in Honor of Jean Piaget*. Oxford Univ. Press, 1969. (J. Mc

V. Hunt, J. Flavell, J. Bruner, B. Inhelder, H. Sinclair, I. Siegel らが寄稿)

2、一九八〇年代

① Kanjirathinkal, M. *A Sociological Critique of Theories of Cognitive Development: The Limitations of Piaget and Kohlberg*. The Edwin Mellen Press, 1989.

② Inhelder, B. et al., *Piaget Today*. L E A, 1988.

③ Lieben, L. ed., *Development and Learning: Conflict or Congruence*. L E A, 1987.

④ Gold, R. *The Description of Cognitive Development: Three Piagetian Themes*. Oxford Univ. Press, 1987.

⑤ Kohlberg, L. *Child Psychology and Childhood Education*. Longman Inc., 1987.

⑥ Kitchener, R. *Piaget's Theory of Knowledge: Genetic Epistemology & Science Reason*. Yale Univ. Press, 1986.

⑦ Shulman, V. et al., eds., *The Future of Piagetian Theory: The Neo-Piagetians*. Plenum Press, 1985.

⑧ Rosen, H. *Piagetian Dimensions of Clinical Relevance*. Columbia Univ. Press, 1985.

⑨ Camaioni, L. et al., eds., *Questions on Social Explanation: Piagetian Themes Reconsidered*. John Benjamin Publishing Co., 1985.

⑩ Modgil, S. et al., *Jean Piaget: An Interdisciplinary Critique*. R K P, 1983.

⑪ Liben, L. ed., *Piaget and the Foundations of Knowledge*. L E A, 1983.

⑫ Cohen, D. *Piaget: Critique and Reassessment*. S T. Martin's Press, 1983.

⑬ Scholnick, E. ed., *New Trends in Conceptual Representation: Challenge to Piaget's Theory?* L E A, 1983.

⑭ Overton, W. ed., *The Relationship Between Social and Cognitive Development*. L E A ,1983.

⑮ Kuhn, D. et al., *On the Development of Developmental Psychology*. Karger, 1983.

⑯ Atkinson, C. *Making Sense of PIAGE*. R K P, 1983.

⑰ Modgil, S. & C. eds., *Jean Piaget: Consensus and Controversy*. Praeger, 1982.
⑱ Scandra, J. & A. eds., *Structual Learning and Concrete Operations: An Approach to Piagetian Conservation*. Praeger, 1980.
⑲ Cohen, D. *Faut — il Bruler Piaget ?* Editions Retz, 1981.
⑳ Formanek, R. et al., *Charting Intellectual Development: A Practical Guide to Piagetian Tasks*. Charles Theomas Publishers, 1981.
㉑ Siegel, I. et al., *New Directions in Piagetian Theory and Practice*. L E A, 1981.
㉒ Vuyk, R. *Overview and Critique of Piaget's Genetic Epistemology: 1965–1980*. vol. 1 and 2, Academic Press, 1981.
(㉒は、ピアジェ独自の専門用語の詳細な解説書)
㉓ Voyat, G. *Piaget Systematized, with a Foroward by Jean Piaget*. R K P, 1982.
㉔ Pulaski, M. *Understanding Piaget*. Harper & Row Publishers, Rerised & Expanded Edition, 1980.
㉕ Modgill, S. & C. eds., *Toward a Theory of Psychological Development*. N F E R Publishing Co., 1980.
㉖ Youniss, J. *Darents and Peers in Social Developmaent: A Sulliran-Piaget Perspective*. Univ. of Chicago Press, 1980.

3、一九九〇年代

① Scholnick, E. et al., *Conceptual Development*. L E A, 1999.
② Langer, J. et al., *Piaget, Evolution and Development*. L E A, 1998.
③ Smith, L. et al., *Piaget, Vygotsky and Beyond*. R K P, 1997.
④ Smith, L. et al., *Sociological Studies: Jean Piaget*. R K P, 1965.（仏語版） 1995（英語）
⑤ Barrelet, J. et A Perret-Clermont, *Jean Piaget et Neuchatel*. Editions Payot Lausanne, 1996.
⑥ Smith, L. ed., *Critical Readings on Piaget*. R K P, 1996.

⑦ Vidal, F. *Piaget Before Piaget*. Harvard University Press, 1994.

⑧ Beilin, H. et al., *Piaget's Theory: Prospects and Possibilities*. L E A, 1992.

4、二〇〇〇年代

① Marti, E. et al., eds., *After Piaget*. Transaction Publishers, 2012.

② Russell, J. et al., eds., *Jean Piaget*. Lennex Corp, 2012.

③ Muller, U. et al., *The Combridge Companion to PIAGET*. Combreidge University press, 2009.（ケンブリッジ大学の歴史上の思想家叢書の１冊）

④ Sweeney, J. *I'd rather be dead than be a girl: Implications of Whitehead, Whorf and Piaget for Inclusive Language in Religious Education*. Univ. Press of America, 2009.

⑤ Wadsworth, B. *Piaget's Theory of Cognitive and Affective Development*. Pearson Education Co., 2004 (5th Edition).

⑥ Pass, S. *Pararell Paths to Constructivism: Jean Piaget and Lev Vygotsky*. Information Age Publishing Inc., 2004.（ヴィゴツキーとの交流に関する記述に詳しい）

⑦ Tryphon, A. et al., *Working with Piaget: Essays in Honour of Barbel Inhelder*. Tayloy & Francis Inc., 2001.

⑧ W. Callaway, *Jean Piaget: A Most Outrageous Deception*. Nova Science Publishers Inc., 2001.（ピアジェ理論に対する排戦的批判の書）

⑨ Mooney, C. *Theories of Childhood: Erikson, Piaget and Vygotsky*. Redleaf Press, 2000.

C　ピアジェの教育論・カリキュラム論に関するもの

C－1　ピアジェによる教育論

①『教育学と心理学』（竹内良知他訳）、明治図書、一九七五年。
②『教育の未来』（秋山茂夫訳）、法政大学出版局、一九八二年。
③『ピアジェ・ワロンの教育論』（竹内良知訳）、明治図書、一九六三年。（論文集）
④S・パラット他編『ピアジェの教育学――子どもの活動と教師の役割』（芳賀純他訳）、三和書籍、二〇〇五年。
⑤Xypas, C. éd., *Piaget et l'éducation*, PUF, 1997.
⑥Xypas, C. éd., *L'Éducation Morale à L'École*, Anthropos, 1997.

C－2　ピアジェ教育論の研究書（邦訳書およびわが国の研究者によるもの）

①C・カミイ、R・デヴリース『ピアジェ理論と幼児教育』（稲垣佳代子訳）、チャイルド社、一九八〇年。
②C・カミイ『幼児の数の指導』（中沢和子訳）、チャイルド社、一九八二年。

③ C・カミイ、R・デヴリース『幼稚園・保育所　集団あそび』（成田錠一監訳）、北大路書房、一九八四年。
④ C・カミイ、G・デクラーク『子どもと新しい算数――ピアジェ理論の展開』（平林一栄訳）、北大路書房、一九八七年。
⑤ C・カミイ、R・デヴリース『あそびの理論と実践』（吉田恒子他訳）、風媒社、一九八五年。
⑥ C・カミイ編著『ピアジェの構成論による幼児の読み書き』（加藤泰彦他訳）、チャイルド社、一九九七年。（論文集）
⑦ C・カミイ他著『子どもたちが発明する算数――ピアジェの構成論にもとづく教育』（加藤泰彦・尾崎恭子監訳）、大学教育出版、二〇〇三年。（論文集）
⑧ C・カミイ編著『子どもの遊びと発達Ⅰ――ピアジェの構成論と物と関わる遊び』（尾関恭子他訳）、大学教育出版、二〇〇七年。（論文集）
⑨ C・カミイ編著『ピアジェの構成論と幼児教育Ⅰ』（尾関恭子他訳）、大学教育出版、二〇〇八年。（論文集）
⑩ R・デヴリース、L・コールバーグ『ピアジェ理論と幼児教育の実践』上・下（加藤泰彦監訳）、北大路書房、一九九二年。
⑪ G・フォアマン、F・ヒル『知能を育てる一〇〇の遊び』（高橋晃他訳）、八代出版、一九九四年。
⑫ G・レヴィン『もうひとつの幼稚園――ピアジェ理論に基づく実践』（石垣恵美子訳）、相川書房、一九九六年。
⑬ C・カミイ「認知学習と発達」（竹内通夫訳）、B・スポデック『幼児教育カリキュラムの革新をめざして』（上野辰美他訳）所収、黎明書房、一九九〇年。
⑭ J・ライマー他『道徳性を発達させる授業のコツ――ピアジェとコールバーグの到達点』（荒木紀幸監訳）、北大路書房、二〇〇四年。

⑮ R・デヴリース他『子どもたちとつくりだす道徳的なクラス——構成論による保育実践』（橋本祐子他監訳）、大学教育出版、二〇〇二年。
⑯ H・ファース他『思考のための学校——ピアジェ理論による教室や家庭でできる知能の鍛え方』（武富真紀訳）、東京図書出版会、二〇〇六年。
⑰ 斉藤法子他『ピアジェ理論による幼児教育』明治図書、二〇〇二年。
⑱ 松井公男『創造的教育論——ピアジェ博士より幼児教育者へ——ピアジェ博士誕生一〇〇年記念出版』明治図書、一九九六年。
⑲ 斉藤毅『発生的地理教育論——ピアジェの地理教育論的展開』古今書院、二〇〇三年。
⑳ 滝沢武久『ピアジェ理論からみた幼児教育』幼年教育出版、二〇〇二年。
㉑ 滝沢武久『ピアジェ理論からみた思考の発達と心の教育』幼年教育出版、二〇一一年。
㉒ 永野重史『道徳性の発達と教育——コールバーグ理論の展開』新曜社、一九八〇年。
㉓ 全米乳幼児教育学会『乳幼児の発達にふさわしい教育実践』（白川容子他監訳）、東洋館出版社、二〇〇〇年。
㉔ T・ウォーラー『ピアジェ理論と幼児の読みの指導』（竹内通夫訳）、中部日本教育文化会、一九八七年。

C―3　ピアジェ教育論の研究書（英文）

① Varma, V. et al., *Piaget, Psychology and Education.* Hodder and Stoughton, 1970.
② McNally, D. W. *Piaget, Education and Teaching.* The Harvester Press 1973.
③ Lavatelli, C. *Piaget's Theory Applied to an Early Childhood Curriculum.* Delta Education Inc., 1973.

④ Renner J. et al., *Research, Teaching, and Learning with the Piaget Model*. Univ. of Oklahoma Press, 1976.

⑤ Gallagher, J. et al., *The Learning Theory of Piaget & Inhelder*. Brooks / Cole Publishing Co., 1981.

⑥ Jacob, S. H. *Foudations for Piagetian Education*. University Press of America, 1984.

⑦ Saunders R. et al., *Piagegtian Perspective for Preschools: A Thinking Book for Teachers*. Prentice Hall Inc., 1984.

⑧ Fosnot, C. *Enquiring Teachers, Enquiring Learners: A Constructivist Approach for Teaching*. Columbia University, 1980.

⑨ Brooks, J. *The Case for Constructivist Classrooms*. Association for Supervision and Curriculum Development, 1995.

⑩ Steffe, L. et al., eds., *Constructivism in Education*. Routledge, 1995.

⑪ Richardson, V. ed., *Constructivist Teacher Education*. The Falmer Press, 1997.

⑫ Larochelle, M. et al., eds., *Constructivism and Education*. Cambridge Univ. Press, 1998.（仏語版）2008（英語版）

⑬ Phillips, D. C. ed., *Constructivism in Education: Opinions and Second Openions on Controversial Issues*. 99th Yearbook of N S S E, Univ. of Chicago Press, 2000.

⑭ Branscombe, N. A. et al., *Early Childhood Education: A Constructivist Perspective*. Hougton Mifflin Co., 2000.

⑮ DeVries, R. et al., *Developing Constructivist Early Childhood Curriculum*. Columbia University, 2002.

⑯ Chaille, C. *Constructivism across the Curriculum in Early Childhood Classrooms*. Pearson Education Inc., 2008.

⑰ Jardin, D. *Piaget and Education*. Peter Lang, 2006.

D　ピアジェとの対話および伝記

D－1　ピアジェとの対話

①　R・エヴァンス編『ピアジェとの対話』（選書3　宇津木保訳）、誠信書房、一九七五年。（講談社学術文庫に収録。）（英語版　一九七三年）

②　J・ブランギエ編『ピアジェ晩年に語る』（大浜幾久子訳）、国土社、一九八五年。（仏語版　一九七七年、英語版　一九八〇年）

D－2　ピアジェの自伝および伝記

①　（自伝）『ピアジェ』（波多野完治訳）、『現代理学の系譜Ⅱ――その人と学説』所収、岩崎学術出版社、一九七五年。

②　（伝記）G・セルリエ『ピアジェ――人と思想』白水社、一九七五年。

③　生誕八十年記念写真集（仏語版）『ピアジェに捧げる――生誕八十周年を記念して』（*A JEAN PIAGET: en l'honneur de son 80ème anniversaire.*　未邦訳）

④ M・ラトクリフ編『ピアジェさん　今日は』(*Bonjour Monsieur Piaget.* Somogy, 2010.　ピアジェの生涯を写真中心に英仏両語で解説、未邦訳)

E　ピアジェ理論に関する文献・資料集

E―1　ピアジェ理論に関する文献・資料集

① Fondation Archives Jean Piaget, Ed., BIBLIOGRAPHIE JEAN PIAGET, Geneve, 1989, 269pp.

これは、スイス・ジュネーヴにあるジャン・ピアジェ資料館が編集したもので、ピアジェの全著作・全論文および世界各国における著作の翻訳文献が収録されている(全二六九頁)。ピアジェの著作の外国語文献は、アラビア語、中国語、ギリシャ語、ヘブライ語、日本語、ロシア語、ドイツ語、英語、スペイン語、イタリア語、ポルトガル語、オランダ語、など二十カ国近くにのぼる。近年、追加文献も刊行された。

Archives, Jean Piaget, Universit de Geneve: 18, route des Acacias-1227 Acacias-Geneve, Suisse (E-mail: archives@ibm.unige.ch)

② Modgill, S. & C. eds., *Jean Piaget: Consensus and Controrersy*, Praeger Press, 1982, 446pp.

③ Vuyk, R. *Overview and Critique of Piaget's Genetic Epistemology 1965–1980, I, II*, Academic Press, 1981, 537pp.

④ Droz, R. & Rahmy, M. *Understanding Piaget*, International Universities Press, 1972, 227pp.

⑤　教育研究革新センター（ＯＥＣＤ　一九七七）編『ピアジェ　思考の発達診断法』（山内光哉監訳）、ナカニシヤ出版、一九八八年（解説書及カード付）。

これらは、ピアジェの膨大な研究内容と著作をテーマ別・年代別に分析したもので、各々に詳細な文献が掲載されている。

⑥　ピアジェ理論に関する用語辞典

Battro, A. *PIAGET: Dictionary of Terms*, Pergamon Press, 1966.

本書の原著はフランス語版。その英語版で、ピアジェが、序文を寄せている。ピアジェの著作の中で使われている用語の関係部分を原著から引用し、そのページを付したもので便利である。

Ｅ－２　ピアジェ理論に関する視覚資料集

①　ピアジェ・シリーズ

1、Classic Piaget, vol. 1, 76min., 1968 (DVD $ 250.00)

2、Classic Piaget, vol. 2, 104 min., 1973 (DVD $ 250.00)

（第二巻の中に、一九七〇年に来日にした折に大阪で行った講演「記憶と知能」（Memory and Intelligence）が収録されている。）

②　Constructivism 5 volumes (DVD $ 250.00 each)

1、Adolescent Cognition, 38 min., 1999.

2、Concrete Operation, 25 min., 1993.

3、Morality: Judgement and Action, 32 min., 2002.

4、Scaffolding Self-regulated Learning, 35 min., 1996.

5、Using what we know: Applying Piaget's Developmental Theory, 35 min., 1991.

③ Play: A Vygotskian Approach, 26 min., 1996, DVD.

④ Giants of Psychology Series ($ 250.00 each)

1、Piaget's Developmental Theory: An Overvview 25 min., 1989, DVD.

2、Vygotsky's Developmental Theory: An Introduction, 28 min., 1994, DVD.

3、John Dewey: An Introduction to his Life and Work, 40 min., 2001, DVD.

4、Maria Montessori: Her Life and Legacy 35 min., 2004, DVD.

（このシリーズには、他に、E. Erikson, J. Bowlby B. Skinner らが収録されている。）

以上の1から4までのものは、いずれも左記から発売されている。

Davidson Films Inc., P. O. Box 664.

P. O. Box 664 Santa Margarita, CA93453, U.S.A.

Email: df;@davidsonfilms.com

Website: www.Davidsonfilms.com

⑤ Dr. Jean Piaget with Dr. Barbel Inhelder, Part 1 & 2, 1969.（各六〇分、英語による同時通訳。VTR）

Media Sales, Penn State University, 118 Wagner Building, University Park, PA 16802 U.S.A.

この記録は、ピアジェ理論をピアジェとインヘルダー自身がのべたものを記録したもので、聞き手は、リチャード・エヴァンスである。左記の訳書に収録されている。

※R・エヴァンス『ピアジェとの対話』（宇津木保訳）、誠信書房、一九七五年。

⑥ Constructivism in Education, 1995.（五巻シリーズ）各巻三五〜四五分。（VTR）

Project Construct National Center, Univ. of Missouri-Columbia, 27 South 10th St., Suite 200, Columbia, Missouri 65211, U.S.A.

これは、構成主義の教育実践をめざすグループのもので、全国規模の研究会を開き精力的に活動を続けている。（後出）

⑦ How Young Children Learn to Think: A Duscussion with Constance Kamii.（英語版、一九八二年、約二〇分。VTR）

National Association of Education for Young Children, 1509 16th St., N.W. Washington, DC 20036–1426 U.S.A.

⑧ C・カミイ『自律性の発達』日本語版、一九八四年、約九〇分。（VTR）

一九八五年、来日の折、日本語で行った講演で、教育の目的は、自律性の発達にあるとして、わかりやすく例を引きながら、ピアジェ理論を平易にのべている。

⑨ G・フォアマン『子どもの思考を目に見える形に』一九九五年、約六〇分。（VTR）

逐語訳付。日本幼年教育会におけるG・フォアマンの講演集。彼も、カミイと同じようにピアジェ理論にもとづいた教育理論の確立をめざすひとりである。

主催は、日本幼年教育会（大阪府東大阪市）であるが、記録は保存されていない。

⑩「子どもの道徳性の発達　理論・段階・影響」Learning Seed, U.S.A. 2010. 日本語版　新宿スタジオ、二〇一一年製作（DVD／VHS）定価二六、二五〇円。

⑪ フイルム

Piaget on Piaget, 1970. 四十二分、仏語版（サブタイトル英語版）、一六ミリフイルム版。

Yale University, Media Design Studio, 396 Orange St., New Haren, CT 06511 U.S.A.

タイトルは「ピアジェ自らを語る」とでもいうべきか。自らの発達理論を、非常に簡潔にのべており、わかりやすい。途中の「ピアジェ課題」の実験は、すべて英語で行われている。

F　ピアジェ理論に関する学会・研究会

1、アメリカ

①　Jean Piaget Society

Ashley Maynard, Treasurer, Jean Piaget Society, Univ. of Hawaii., Dept. of Psychology, 2430 Campus Road, Garpley #110 Honolulu, HI, 96822 U.S.A.

E-mail: JPSTreas@hawaii.edu

個人会費、年一四〇米ドル（二〇一四年度）（会報および、学会の著作刊行物が含まれている。）

②　Association for Constructivist Teaching (ACT)

Committee Chair Jim PePech (jpelech@ben.edu

C・フオスノット（ニューヨーク市立大学）を中心につくられた構成主義的教育の研究と実践の学会で、研究大会、夏期研修大会を開き、機関誌 "The Constructivist" を、年四回発行している（個人会費、年四〇米ドル）。

2、日本

「日本幼年教育会」

一九六九年設立のピアジェ理論と研究と実践をめざす私立幼稚園のグループで、各地に支部がある。
会報『ＪＡＰＥ』と保育実践研究誌『ぴあじぇ〜る』を刊行している。
本部　東大阪市鴻池一六七一の二
電話〇六―七四六―〇七八四

「あとがき」にかえて

三年近くかかり、ようやくピアジェ理論をどこまで理解しえたかと自問してみると、少し輪郭がわかりかけた様な感じで、巨象の背中に触れたというより、巨象の尾にとまる蝿の羽根に触れたぐらいという感じで、全く気が遠くなる思いである。

ピアジェという巨大な山はひとつではなく、ひとつ越えようとすると次にまた大きな山が見えてくる山脈（やまなみ）のような存在に思える。私たちは、彼とほぼ同時代を生きたので、なお客観的に彼の理論体系をみることがむずかしいのかもしれない。ピアジェをソクラテス、デカルト、カントになぞらえる人もいるが、五十年、百年後には冷静に彼の理論が評価されるかもしれないという位の存在であると思われる。

発足して間もない日本発達心理学の第二回大会（一九九一年三月）でラウンド・テーブルに「ピアジェ理論の魅力を語る」を組むことになり、中垣啓、大浜幾久子両氏と共に、私は幼児教育の立場から参加した。その席上で、私は、教育思想史および、子ども観の歴史をおよそ次のように四つに分けピアジェを位置づけた。

第一は、西洋の伝統的な見方であるキリスト教にもとづく、一種の「動物モデル」の子ども観である。

これは、子どものしつけおよび教育を動物の飼育になぞらえるもので、「鞭をもって懲らしめる」（旧約聖書）ことを教育の本旨とした。この子ども観は、父性的であり、性悪説にもとづくものである。

第二は、同じ西欧の土壌から十八世紀に出現したもので、ルソーの『エミール』（一七六二）やフレーベルの

『人間教育』（一八二六）に代表される「植物モデル」の子ども観で、子どもが本来もっている善なる能力を引き出すことが教育の目的であるとする教育観である。同様の思想は、わが国にもみられ、すでに十八世紀のはじめに香月牛山（一六五六―一七四〇、中津藩小児科医）が、『小児必用養育草』（一七〇三）の中で、「植物モデル」の子ども観について、のべている。これは、母性的であり、性善説にもとづいている。

第三は、十七世紀のイギリスの経験論者ジョン・ロックに代表される「タブラ・ラサ」（幼児白紙説）である。これは、知識は、白紙に印刷され、吸収されると考えた一種の「無機的子ども観」である。

第四は、「ヒューマン・モデル」というべきもので、これこそ、ピアジェの子ども観である。彼は、長年の子ども研究から、人間の認識の発達のプロセスを明らかにしたのであり、動物も、植物も、無機質もモデルにせず、人間をその対象とした点で、二十世紀の金字塔である。

ピアジェの教育思想は、児童中心主義の系譜につながるものであるが、ルソーやフレーベルとも、モンテッソーリとも異なる臨床的観察法にもとづいて、子ども観を確立し、活動教育法を考え出したのであった。近年、世界各国で、またわが国で実践されている「自由学校」や「個性化教育」に対して大いなる示唆を含んでいる点においても、ピアジェの認識発達論にもとづく構成主義の教育思想は、二十世紀の世界の教育界に与えた影響は革命的意義をもっているといってよいであろう。

ピアジェの理論は、ヨーロッパで生まれたものであるので、それが、私たちがどのように取り入れるかが大きな課題である。

どんな思想も理論も、それが生まれた歴史的・文化的背景があるわけで、何らかのその時代の影響は無視できない。

特に教育となると、その国、その地域に固有の精神風土があるので、いかに解釈して、その文化・風土に合うものにするかが大きな課題である。ピアジェの活動教育論も同様で、その本来の精神（自律性の教育）を生かしつつ、いかに「日本的活動教育法」を確立していくかであろうと考えられる。

ピアジェは自然科学（生物学）から出発し、哲学を経て、自然科学・社会科学の枠を超えた学際的領域において、発生的認識論を確立しようとしたわけで、その研究領域の広さ、深さは既存の学問体系では説明できないスケールである。しかし、ピアジェのいくつかの関心の中の一つであった「子どもの思考の発達」から全体像をみることもできると考えられる。

デューイ、ブルーナー、ヴィゴツキーなど多くの同時代の巨人との比較を試みたが、彼らは、みな心の中に大きな問題意識「デーモン」(demon) をかかえており、それが彼らを突き動かしていたのではないか。

ピアジェのように、「書きながら考える」タイプの研究者も、どうにも押さえきれない心の中の「デーモン」と日々、格闘していたのではないかと思われてならない。

本書で、上田薫と和田實を取り上げたことは奇異に思われるかもしれない。

わが国の教育学の中で、ともに理論と実践に生き、体系的理論をつくりあげた人である。上田の「動的相対主義」は、三十歳代のはじめに基本線は確立しており、デューイや祖父西田幾太郎に学ぶところはあったにしてもその独創的理論は、わが国教育学界では異色であり、その著作の多さも他を圧倒するばかりである。しかも、その理論を確立するために、何千回も現場の小学校・中学校に通い、授業を参観し、教師と語り合って練り上げられたものである。デューイと共に、引用があえて長くなったことをお許しいただきたいと思う。

戦後のわが国の教育界は、現実の政治に振りまわされ、教育学界においても、「保守派」とか「進歩派」とかの政治的イデオロギーによる色分けが長い間なされてきた。

上田理論は、「左右いずれとも闘ってきた」と上田自身がのべているが、政治に翻弄されてきたといってもよいが、しかし、それは、政治から独立した教育理論であったことの証拠でもあるといえるのである。その理論は、戦後一貫して変節はないのである。

上田は、本年（二〇一四年）九十三歳であるが「上田薫著作集」（全十五巻）以外にも著作も多く、近年は、『私はいつまで生きていてよいのか』（亜紀書房　二〇〇五年）、『沈まざる未来を――人間と教育の論に歌と詩と句』（春風社　二〇〇八年）、『聞き書　上田薫回顧録』（教育哲学会　二〇〇九年）、『林間抄残光』（黎明書房　二〇一四年）と立て続けに著書を刊行されており、九十歳を超えてなお、彼もまた、湧きあがる「デーモン」と闘っている姿はやはり巨人である。

上田薫は、私の恩師でもあるので、敬称なしで書くことには、ためらいがあった。

少々、私事めいたことになるが、名古屋大学で上田先生の講義を受講した当時は、「よくわからない」というのが正直な感想である。

上田流にいえば、すぐわかるような講義内容では全くだめなのであろうが、上田先生は、「知識のすべてを知ることはできない」とか、「絶対というものは存在しない」とか、「客観的知識を教えることはできない」とか、私の頭をガンガンさせることを次々といわれた。講義は、無論テキストもなく、考えながら、考えながら、蚕が絹糸を吐くように口から言葉がでてくるというものであった。

したがって、自分で意識してノートをとらなければ、その時間のノートは白紙というようなものであった。

当時は、マルクスに代表される史的唯物論全盛の時代で、その単純明解な理論は、多くの若者の心をとらえた。それは、理解するには、割り切りの強い、絶対的立場から「絶対を追求」するという明解さをもっていた。

私もその理論の明解さは、なる程と納得はできたものの当時の現実世界の矛盾――同じ社会主義の中共・ソ連の対立、国内の共産党の党派争い、日本の現実社会の矛盾――を見るにつけ、理論と実践（現実）のズレを感じていた。

史的唯物論は、「存在」は「意識」に先行すると主張するが、実は、その「存在」を「意識」する主体の問題はどうなるのかと考えると、唯物論とて観念論的に解釈できるのではないかと考えたりもした。

つまり、上田先生の講義内容は「わからない、理解不能」であり、「どうして、そのような考えができるのか」気づかなかったのである。「自分とは、異なる考え・思考について考える」という思考態度がなかったのである。

私は、貴重な機会を失ったのであるが、それすら気づかなかった。

後年になって「動的相対主義」の重層的構造を知って、私自身、がく然とするのである。

しかし、これとて「上田理論」でいえば、「わかった」という固定された状態は、閉鎖された断片と化せる以外に道がないのに対し、「疑問をもつということは、明らかに未来に対して開かれた動的状態」であり、ずれがあったのであり、教育としては成功したといえるのかもしれない。

上田先生は野球がお好きで少年時代、甲子園の近くに住んでおられたので、夏は、毎日、ひとりで甲子園に通われたという。先生のひいきのチームは、今はもうなくなってしまった往年の雄「阪急ブレーブス」である。野球に関するエッセイもいくつか書かれている。

野球は、上田先生の人生の中で大きな位置を占めているはずで、野球好きの私も、一度、お話を伺ったことがあるが、その詳しさには驚いた経験がある。

上田先生は、広岡亮蔵先生と一九五〇年代後半から戦後教育史に残る論争（「上田・広岡論争」）を行っているが、実は、名古屋大学教育学部の研究室は隣同士であった。広岡先生が「教育内容」の研究室、上田先生が「教育方法」の研究室であった。

普通の人間によくあることだが、意見のちがいで対立すると、仲違いして、人間としてのつき合いもなくなるものだが、両先生は、教授会やその他の会議では日常のつき合いをされていたという。

当時、私は院生であったが、流石、両先生は、「大人（たいじん）」であったと思われてならない。（広岡ゼミでは、ブルーナー『教育の過程』の原書で悪戦苦闘した忘れ難い思い出がある。）

和田實は、幼児教育の理論と実践の統一を示した人であるが、東京女子高等師範学校助教授を退職し、幼児教育の現場に入ったので、幼児教育界の表舞台にでることはほとんどなくなり、今日では忘れられた存在である。しかし、彼が設立した保姆養成所と幼稚園が、今日、東京のＪＲ目白駅前に目白幼稚園として、保姆養成所が、東京教育専門学校として、その精神が息づいているのは見事というほかない。残念なことに、彼の著書は、文語調で書かれたものが多く、なじみにくい面があるかもしれないが、『幼児教育法』の現代語訳が、東京教育専門学校から刊行されているが、学生用のテキストとして使われ、公刊されていないのが残念である。（入手は可能である。）

しかし、実践をもとに体系的幼児教育理論を築きあげた点は明治・大正・昭和期にわたって幼児教育界に類をみないものである。

今、わが国の教育は危機に直面している。それは、教育制度そのものが「制度疲労」を起こしてその機能を充分果たしていないのである。

このことは一部の人しか発言していない。

文部科学大臣も政策決定にかかわる文部科学省の内部の各審議会も無視しているかの如くである。

一つは、予備校・学習塾へ通う子どもの増加である。

いわゆる「塾通い」は、希望の学校・大学へ入るには、学校の授業だけでは間に合わないから通うのであろうか。

これは、消極的には、学校教育に期待できないということであり、積極的には、教育ニーズを親や子どもが自主的に選んだ結果である。

いずれにしても、学校はその教育機能を果たしえていないということで、明らかに制度としての学校教育に問題があるのである。そのために、家計に多大な教育費の負担がかかるのである。

私は、学力向上やそのための補習が悪いとは思わないが、大学が入学した学生に学力援助と称して、予備校の教師が補習の授業をしたり、教育委員会が教師の研修会に予備校の教師を講師にして「授業方法」の研修をするということは一体どういうことなのか、私には理解ができない。

魚屋が新鮮な魚の見分け方を他人に聞いているような話だといったら言いすぎであろうか。

文部科学省の行う「全国学力・学習状況調査」（全国学力テスト）の結果の取り扱いをめぐって議論百出の様子であるが、秋田県が二〇〇七年から小学校全国一位、中学校一—三位の成績を収め続けていることがビッグニュースとなり、授業参観者が絶えないという。

秋田県教育長曰く。一九九一年度の指針で「自ら学ぶ意欲と態度の育成」という「探究型の授業」に力を入れてきた成果であるという。しかし、大学進学率が全国平均より低いので、高校の授業力向上を図り、二〇一六年三月までに、東大十五人、東北大一三〇人、医学部四十人合格という目標を掲げている（「読売新聞、二〇一四年七月九日朝刊」）。

学力テスト全国一の最終目標は、高校教育を強化し有名大学への合格者を増やすことであったのかと思うと「学力形成の目標」としていたのは、「受験学力」であったのか。こんなうすっぺらなものが最終目標であったのか、これでは小・中学生を、受験勉強に狩り立てるばかりである。

すでに、各地で夏休みの学校の宿題を、請け負ってくれる塾もあるとかで、なぜ、そこに頼むかといえば、学校の宿題に追われて、塾の勉強ができないからだそうで、一体どこの国の話かと耳を疑いたくなる現実である。

政府の「子供の貧困対策に対する大綱」案によれば、子どもの貧困解消への12指標を定め、今後五年の重点施策が盛り込まれている。

「国民生活基礎調査」（厚生労働省、二〇一三年度）によれば、子どもの貧困率が、二〇一二年段階で、一六・三％で、ＯＥＣＤ加盟三四カ国中、十番目に悪い数値で深刻である。（注、子どもの貧困率　全国民の平均所得の半分を下回る世帯で暮らす十八歳未満の子どもの割合）

無論、これは、生活保護世帯、ひとり親家庭、児童養護施設の子どもへの財政・福祉・教育政策による援助が必要であることはいうを待たないが、よくいわれているのは、「貧困が学力低下の要因である」「貧困家庭の子どもの学力が低い」という言説の落し穴である。こうして、「貧困＝低学力」という図式がひとり歩きしているのは、一つには専門家の発言に責任がある。

アメリカでこのことが問題化した時、ブルーナーは、「貧困家庭の子どもは、自分自身に対する自己評価が低く、自分をだめな人間だと思い込んでいて、達成動機も低い」とのべ、学力を規定する家庭的・情緒的・社会的要因を重視し、問題は「家庭」と「学校」の両方にあり、両者の改革を提案し、多くのプログラムが実行された。これは、一つの参考になる点が多いと考えられる。「ヘッドスタート計画」は、一九六五年以来現在も実施されている連邦政府の「貧困との戦い」（War on Poverty）である。（拙書『戦後幼児教育問題史』二〇一一年第七章以下）

果して、わが国の学校教育は、「貧困問題」にどう対処できるのであろうか。「貧困＝低学力」をいう前に、低学力のまま卒業させる前に、学校教育の組織、カリキュラム、授業方法、ティーム・ティーチング、個別学習、教員の増員、クラスの人数を減らすこと、生活指導の改善等、問題は山積みしている。

今日まで私が勇気づけられていることばがある。それは、元立命館大学末川博総長が卒業生に贈ったことばが書かれていたものである。

私の友人が立命館卒業の折にいただいたもので、それをみた時の衝撃というか感動は、今も鮮明に残っている。それは、次のようなことばであった。

未来を信じ、未来に生きる　そこに青年・学徒の生命がある。
その尊い未来と生命を、諸君は自ら汚してはならず、また他から奪われてもならない。
これから諸君が歩む道は、ジグザグと時には暗く時には険しいこともあろう。だが諸君がいつも心に太陽をもって希望に燃えながら前進するとき、脚下の大地は揺るぎなく頭上の星は黎明の近きに輝く。
理想は高く姿勢は低く、学習を終生の業として一歩づつ前へ前へと進もう。かくて諸君の若い生命は、二十一世紀の平和なすばらしい歴史につながる。諸君の自重と自愛を望むや切である。
平素諸君に述べたることばをつらねて

末川　博

私は、今もこのことばを誦じている程、それは、私にとって鮮烈なものであった。

このことばのままに生きたかどうか自信はないが、このことばにいつも突き動かされていたことは確かである。(後に、立命館大学末川文庫に問い合わせたところ自筆のものが収蔵してあり、そのコピーを送って下さったことに感謝したい。)

私が書物の上から影響を受けた人々は多い。

松田道雄。小児科医、評論家、歴史家（わが国近代史やロシア革命の研究）、そして幼児教育研究家。多くの著作の中で私が最も影響を受けたのは『自由を子どもに』であった。私は、こういう本が一冊著わすことができたら本望だと思った。（岩波新書で刊行されたが、現在、絶版であるのは誠に残念である。）

神谷美恵子。私は、大学の講演会の講師として真先に希望を出したが、その時すでに病の床にあり叶わなかった。三十数年前の事である。

一九二三（大正一二）年、九歳の時、父前田多門のジュネーヴ赴任（ＩＬＯの日本政府代表）に伴い、ルソー研究所付属小学校で学ぶ。

ピアジェは、この年『子どもにおける言語と思考』を刊行。ピアジェは「子どもの家」を研究の場としていたので、ピアジェに会ったどうか？

ご存命ならば、本年、百歳。「天は二物を与えず」といわれるが、三物も四物も与えられた彼女は、いくつかの病と闘い、内から湧きあがる「デーモン」（Demon）と闘った。

精神科医として、ハンセン氏病患者の治療にあたり特異な業績と多くの著作を残された。今は残された著作集によって学ぶしかない。『こころの旅』（みすず書房）は、ピアジェの発達論とフロイトの精神分析とエリクソンのライフ・サイクル論を軸に、人の一生を豊富な事例で語った人生論、否、人生についての思索へと誘う「人間学」の著作である。私は、この本をゼミで何回もテキストとして選んだ。

レイチェル・カーソン（Carson, Rachel 1907–1964）。『サイレント・スプリング』（*Silent Spring*, 1962）により、化学物質による環境破壊を指摘し、環境問題の深刻さを指摘した生物学者。死後出版された『センス・オブ・ワンダー』（*Sense of Wonder*, 1965）は、エッセイであると共に「教育論」でもある。

〝子どもの世界は、新鮮で、驚異と感謝にみちあふれています。私は「知る」ことは、「感じる」ことの半分も重要ではないと信じています。豊かな情緒や感受性は、知識や知恵を生みだす種子を育む肥沃な土壌です。〟とのべている。

『サイレント・スプリング』や『センス・オブ・ワンダー』にみられる彼女の思想は、西洋の「ヒューマニズム」（人間中心主義）思想とは異なる東洋的な「自然と人間の一体観」（万有共存）の思想を思わせる。

最後に、正岡子規。子規は、地獄へ行ってもベースボールをやろうというくらいの「野球青年」であった。小説、随筆、短歌、俳句とそのジャンルは多岐にわたるが、結核で寝たきりの生活の中で、あの精神の透明性、高潔性はどこから来るのか。私が子規に魅かれるのは、その一点である。

多くの弟子に慕われ、いつも来客の絶えなかった子規の家。俳句・短歌の革新を訴え、「写生主義」を貫いたその心意気。病床日録に自ら偽りなく書かれた子規の精神は、百年後の今、私の前にある。

私の好きな短歌

眞砂ナス数ナキ星ノ其中ニ
我ニ向ヒテ光ル星アリ

私がこれまで公私にわたり、お世話になった先生や先輩方に御礼申しのべたい。

上田薫先生（名古屋大学教授、元都留文科大学学長）は、前述の通り、「動的相対主義」は、私の理論的バックボーンである。

大学での講義や膨大な数の著書、また直接お会いした折のお話から、いつも教育の根幹を教えられ今日に至った。その「動的相対主義」の思想は戦後一貫しており、時の流れによる変節がない。現在も「社会科の初志をつらぬく会――個を育てる教師のつどい」を中心にしてご活躍中である。その意気込みに圧倒されるばかりである。近年、「上田教育哲学」を博士論文とする研究書や「動的相対主義」を扱った著作も刊行されている。わが国の教育学者の思想が研究対象になるということは希有のことであり、ただただ頭の下がる思いでいっぱいであります。（大野僚『上田薫の人間形成論――新しい教育言説の誕生』学術出版会　二〇一〇年、川合春路編著

『教育をひらき支える言葉――上田薫、人生と教育へのアフォリズム』黎明書房　二〇〇〇年他）

大学院時代から、私は、多くの先生方の研究室やご自宅へお邪魔して多くを学ぶことができた。先生方の著作の一部に参加させていただいたことは感謝以外の何ものもない。

森楙先生（広島大学名誉教授）先生が文部省の在外研究でアメリカ・イリノイ大学滞在中にはじめてお会いして以来、学位論文のご指導をいただきましたことを心より感謝申し上げます。（野球がお好きな先生とは、時々お電話やメールで野球談議ができることは、誠にうれしい限りである。）

江藤恭二先生（名古屋大学名誉教授、西洋教育史・教育文化史）が、二〇一三年、亡くなられたのは誠に寂しい限りである。研究以外で、「古書談義」の相手をして下さった。「また、古書談義をやろう」といって下さったが、それができなかったのは、本当に心残りである。

田浦武雄先生（名古屋大学名誉教授、教育哲学、特にデューイ教育哲学）には、いつも笑顔でお話下さり、共著でお世話になった。

潮木守一先生（名古屋大学名誉教授、教育社会学・高等教育史）各国の高等教育の比較研究により、国際的に活躍され、共同研究「高校不進学者の社会的背景」に参加させていただいた。

小嶋秀夫先生（名古屋大学名誉教授、発達心理学・家庭教育）は、国際的に活躍され、子ども発達の歴史的研究をされ、共著で大変お世話になった。

平光昭久先生（椙山女学園大学名誉教授、教育哲学）デューイ、ブルーナー、ピアジェ、上田薫、小川太郎の認識論の研究をされ、特に、ブルーナーの翻訳を多く手がけられ、著書・論考も多い。私は、直接お会いして色々とお聞きして教えられたことは数多い。

宍戸建夫先生（愛知県立大学名誉教授、保育史）宍戸先生には、同じ分野の研究者として、大変お世話になり、現在に至った。近著、『日本における保育園の誕生』（新読書社）という大著を出版された。『日本の幼児保育』(上・下)と共に、研究史に残る著作と思われる。

鈴木正幸(神戸大学名誉教授、西洋教育史)、加藤幸次(上智大学名誉教授、カリキュラム・教育方法個性化教育学会会長)両氏には、先輩として、個人的にもお世話になった。加藤氏には、アメリカ留学時代からお世話になり、会えば、いつも長時間の議論となり、ピアジェ・ブルーナー理論についての示唆をいただいた。長年、色々とお世話になり、議論できましたことに感謝申し上げます。

また、金城学院大学在職中から今日に至るまで、ご交誼いただいている水野秀夫先生(在職時、金城学院大学特任教授、静岡大学名誉教授、元日本畜産学会会長、動物生命科学・農学生命科学)からは、ご専門の科学論から社会問題に至るまで、特に、近年話題となっているｉＰＳ細胞等について、ご教示いただけましたことに感謝申し上げます。

山口正久先生(元金城学院大学教授、民法、製造物責任法〈ＰＬ法〉)からは、法律論、社会問題、教育問題等、お願いすれば、いつも長時間の議論となり、教えられること多く、感謝申し上げます。

私は在職中に、学生の要望で創設した女子野球チーム「金城リリーズ」に十五年間、顧問・監督・コーチで関わったが、その間、水野・山口先生からはいつも激励して下さったことも忘れ難く、感謝申し上げたいと思います。

愛知学芸大学(現愛知教育大学)の学生時代の歴史学教室の先生方の講義、ゼミ、夏の合宿ゼミ、史跡旅行も忘れられないことが多い。就中、小木曽公先生(西洋史)の講義(「史学史研究」)は、私に歴史に対する見方・考え方を培って下さった。その型破りな講義や「竹内君、飯を食いに行こう」と誘っていただいたり、病弱で、痩せておられたが、性格は豪放磊落、私もそういうお人柄に魅かれ、ご自宅へお邪魔したりしたことがあった。

後に学長として愛知教育大学の統合の大業を果たされたのも、先生の人柄あってのことであろうと感慨深いものがある。

市井三郎先生。市井先生は、バートランド・ラッセル著『西洋哲学史』(みすず書房)の翻訳等で著名であるが、大学では『歴史哲学』の講義において、小木曽先生とは、別の角度からの歴史の見方を教えられた。鶴見俊輔氏らと『思想の科学』等の編集委員もされ社会的に多方面で活躍された。『明治維新の哲学』等で、進歩主義史観とは異なる歴史の多岐性を主張され、「キー・パースン論」を展開され、歴史学界に大きな問題提起をされた。

本書に関していえば、次の先生方にお世話になっている。

コンスタンス・カミイ教授(Dr. Constance Kamii, University of Alabama)。ほぼ、毎年、来日され、各地でピアジェ理論とその実践について講演会、シンポジウム、現場の保育者の指導をされている。私が金城学院大学在職中に、講演をお願いしてお世話になった。

I・ラザー教授(Dr. Irving Lazar, Vandebilt University)は、全米の主要な就学前教育プログラムの長期的効果に関する連邦政府の研究グループ(Consortium for Longitudinal Studies)の最高責任者を務めた方であるが、私がピアジェがコーネル大学で行った講演の記録をコーネル大学に問い合わせた折に、当時、コーネル大学にいた彼がその講演記録をわざわざ送って下さったのが縁となって、来日の折に、金城学院大学、名古屋大学で講演を引き受けて下さった。

名古屋城を案内した折に、太平洋戦争で負傷して、足に金具が入っているとおっしゃってみえたので、もう相当の年齢と思われるが、アメリカの多くの大学は定年制がないので、お元気で活躍中とのご様子である。

(その折、送って下さったのは、本書中に引用した R. Ripple et al., *Piaget Reconsidered*, 1964である。)

最後に、本書で使用した写真について、許可をいただいたことに感謝申し上げたい。

表　紙　「ピアジェの切手」　スイス郵政省（Swiss Post, Berne, Suisse）
目　次　「来日したピアジェとメッセージ」　日本幼年教育会（大阪）から許可をいただきました。
第一章　「書斎におけるピアジェ」　ピアジェ研究財団（Fondation Archives Jean Piaget , Genève, Suisse）
第二章　「来日したピアジェとイネルデ」　日本幼年教育会（大阪）から許可をいただきました。
第三章　「ピアジェとカミイ」　カミイ先生から許可をいただきました。
第四章　「ヴィゴツキー」　中村和夫教授の特別のご厚意により次の著書から掲載ができました。
　中村和夫『ヴィゴツキーに学ぶ――子どもの想像と人格の発達』（福村出版、二〇一〇年）
第五章　「デューイ」　イースタン・イリノイ大学図書館（Eastern Illinois University Library, U.S.A.）
　「上田薫」　上田先生の許可をいただきました。
第六章　「和田實」　和田実学園から許可をいただきました。
第八章　“Bonjour Monsieur Piaget” ピアジェ研究財団

以上の写真等に、個人、大学、財団から掲載の許可をいただきましたことに心より感謝申し上げます。

終りに、上田薫先生からいただいた句を揚げる。これは、私の宝である。

哲といふは　むしろほのかよ　光る秋

私は、正岡子規が「奥の細道」に芭蕉をたずねた句が好きである。

その人の　足あと踏めば　風薫る

私は、はじめ原稿をパソコンで書きだしたが、医師から目の保護のためには、一回四十分と時間制限を受けたので、エンピツ（8～10B）で書き進んだら右手首の腱鞘炎になってしまった。汚い原稿をパソコンでの活字化をするのに助けて下さった林早苗さんに厚くお礼申し上げたいと思います。

今回の出版も、「あるむ」の鈴木忠弘さんと古田愛子さんにお世話になりました。心より感謝申し上げます。

二〇一四年　酷暑の名古屋にて

竹内通夫

人名索引

事項索引

さ

し

す

せ

そ

た

ち

へ

ほ

ま

み

む

め

も

著者略歴

竹内　通夫（たけうち　みちお）

一九三九年名古屋市生れ。愛知学芸大学（現愛知教育大学）卒業後、離島・漁村の中学校に勤務、その後、名古屋大学大学院教育学研究科博士課程満期退学。教育学博士（広島大学）、アメリカ・ウィスコンシン大学客員研究員。金城学院大学名誉教授。名古屋女子大学客員教授（二〇一四年三月まで）。

（著書）

○『うず潮の学校——島の教師の記録』（共著、風媒社、一九六五年）
○『授業への挑戦』（共著、黎明書房、一九六八年）
○『現代幼児教育論史』（風媒社、一九八一年、日本保育学会賞）
○『現代幼児教育小辞典』（共編著、風媒社、一九八六年）
○『幼児の発達と環境』（高文堂出版社、一九八八年）
○『二十一世紀の幼児教育』（編著、風媒社、一九九三年）
○『幼児教育8つの問題——子どもの発達と教育』（黎明書房、一九九三年）
○『戦後幼児教育問題史』（風媒社、二〇一一年）
○『幼児教育を考える』（あるむ、二〇一二年）
○ *Children's Play in Diverse Cultures*, State University of New York Press, U.S.A. 1994.（共著）
○ *New Directions for Early Childhood Education and Care in the 21st Century: International Perspectives*, Martin Quam Press, U.S.A. 2006.（編著）

ピアジェの構成主義と教育

ピアジェが私たちに投げかけたもの

2015年2月20日　第1刷発行

著　者　竹内通夫 ©

発　行　株式会社 あるむ
〒460-0012 名古屋市中区千代田3-1-12 第三記念橋ビル
TEL (052)332-0861　FAX (052)332-0862
http://www.arm-p.co.jp　E-mail: arm@a.email.ne.jp
印刷／松西印刷　　製本／渋谷文泉閣

ISBN 978-4-86333-092-4　C1037